La justice sénégalaise
et les crimes internationaux au Tchad
1982-1990

Contribution africaine
à l'avancée du Droit Pénal International

Émergences Africaines

Dirigée par Magloire KEDE ONANA

La collection « ÉMERGENCES AFRICAINES » se propose de renverser des certitudes faciles. Nous sommes convaincus que l'Afrique, longtemps considérée comme en retrait, s'ouvre au monde, et est plus que jamais au cœur des enjeux. Son Histoire ne doit plus s'écrire ailleurs, par des continents eux-mêmes en crise de modèles à proposer/ imposer.

Une nouvelle génération très entreprenante d'Africains et d'Africanistes existe aujourd'hui, qui problématise et réécrit l'Histoire du continent dans toutes ses facettes, et par une approche multidisciplinaire. Il s'agit de dévoiler une Afrique des « Bonnes Nouvelles » : celle qui, parce que plus ouverte au monde, présente tous ses atouts d'émergence.

Dernière arrivée dans la compétition mondiale, l'Afrique est capable d'apporter un élan différent à la mondialisation grâce à son devenir, qui est subordonné à son être.

Déjà parus

Pr Roger Bernard ONOMO ETABA, Dr Béatrice BELLINI, Dr Magloire KEDE ONANA, Michael BUECHI, Kléber BIBOUM, *Cameroun : normes et sécurité pour un tourisme durable. Actes du Forum Mercatour 2018*, 2020

René NGEK MONTEH, Solomon NSAH KEKEISEN, *Challenges of non-governmental organisations (NGOs) in conflict resolution in the North West Region of Cameroon*, 1990-2010, 2020.

Luc NDJODO, *L'exercice du ministère public à la juridiction des comptes au Cameroun*, 2020

Jeannot MVE BELINGA, *Pratique de la médecine traditionnelle et changements climatiques au Cameroun, Conséquences sur les soins à base de plantes médicinales, 1924-2017*, 2019.

Lionel MESSIA NGONG, L*a diplomatie militaire camerounaise*, 2019.

Claude Henri BELLA AMBATINDA, *L'école du chef de brigade des Douanes Camerounaises*, 2018.

Michel Carrel MANG, *Pour l'efflorescence nationale, Essai sur l'insertion sociale des jeunes camerounais pour le développement*, 2018.

Dr Aminata Touré

La justice sénégalaise et les crimes internationaux au Tchad

1982-1990

Contribution africaine
à l'avancée du Droit Pénal International

L'Harmattan

5-7, rue de l'École-Polytechnique ; 75005 Paris

http://www.librairieharmattan.com

ISBN : 978-2-343-21348-4
EAN : 9782343213484

SOMMAIRE

A toutes les victimes de toutes les barbaries.
A tous ceux qui se battent contre toutes les barbaries.
Au Président Macky Sall qui a pris la décision historique
d'accepter la tenue du procès de Hissène Habré au Sénégal.

Quelques préalables conceptuels et méthodologiques sur la problématisation de l'étude

La présente étude s'inscrit dans une perspective d'apporter une contribution originale à l'appréhension et à la construction d'une problématique de l'instauration des chambres extraordinaires africaines et des règles processuelles à adopter pour traduire en justice un ancien président du Tchad Hissène Habré, accusé de crimes contre l'humanité.

Quand bien même nous soyons reconnue comme une fervente défenseuse des droits humains, de la justice sociale et de l'équité du genre, nous avons tenu dans cette étude, à ce que nos convictions ontologiques ne prennent pas le dessus sur la rigueur épistémologique dans la collecte des données et la recherche de la vérité sur l'affaire Hissène Habré.

Dans ce processus, nous n'avons à aucun moment, essayé de placer notre conception philosophique de l'équité et du devoir de reddition juridictionnelle en défense des victimes, et notre probité intellectuelle et morale, au-dessus du principe d'égalité entre les deux parties, dans la construction d'une trame narrative et analytique, à partir des données objectives et tangibles révélées par l'enquête.

C'est ici le lieu de l'indiquer, nous avons, soigneusement évité de faire passer nos jugements de valeurs à la place des jugements de faits, qui plus est, nous avons adopté une posture de réflexivité permanente entre ces valeurs et les exigences d'un exercice scientifique.

De là, découle une épreuve complexe liée à la recherche, à savoir, le maintien du caractère indépendant d'une œuvre scientifique, séparée des valeurs auxquelles nous adhérons.

Max Weber (2013), a développé le concept de « Neutralité axiologique », comme un outil pédagogique pour résoudre ce dilemme, en exhortant l'intellectuel à une prise de conscience de ses valeurs intrinsèques dans son travail scientifique pour davantage en éliminer les biais cognitifs.

Cependant, comme l'indique Jürgen Habermas, (2005), l'objectivité et la « neutralité axiologique» qu'on peut observer dans les sciences expérimentales, sont difficilement applicables dans les sciences sociales, du fait de la complexité comportementale de la nature humaine, qui n'est en rien « coulée dans le béton ».

Cette même conception du rapport entre le chercheur et le travail scientifique est aussi partagée par Immanuel Wallerstein dans son ouvrage « The uncertainties of knowledge » (2004).

Fort de cela, nous avons adopté une démarche équidistante entre une « neutralité axiologique », et une « théorie enracinée » telle que développée par Glaser et Strauss, dans « La découverte de la théorie ancrée : Stratégies pour la recherche qualitative », (2010) dans la recherche de la vérité, et engagée dans un projet d'émancipation de toute forme de domination, et d'oppression de la condition humaine.
En nous appuyant sur l'approche de la « théorie enracinée », (Luckerhoff et Guillemette,2012) dont le postulat de départ met l'accent sur la découverte des faits et des évidences sur le terrain, nous avons pu procéder par une démarche inductive, qui s'appuie sur une méthode de percolation de la base des données pour identifier et élaborer des questionnements sur les accusations avancées par les victimes contre Habré et son régime durant la période 1980-1990, au Tchad.
Bien entendu, nos convictions politiques pour la défense de l'égalité des genres, pour un monde « dégenré » et notre culture de militante des droits humains peuvent à priori nous situer dans une posture partisane dans le cas qui nous occupe.

Mais, nous sommes en mesure d'assurer qu'à aucun moment aussi bien dans la phase de collecte des données construites à partir de témoignages, d'enquêtes, et de documentaires sur les atrocités et violations des droits humains au Tchad sous Habré, aussi bien que dans la mise sur pied des chambres extraordinaires africaines, nous n'avons eu à, interférer, ni à influencer le cours processuel de ces chambres, afin de garantir à Habré un jugement équitable, avec le principe de présomption d'innocence à l'esprit.
C'est dire donc que l'indépendance de ces chambres inédites dans l'histoire du droit pénal international en Afrique et dans le monde a été maintenue pour assurer un procès équitable, « a fair trial ».
Cependant, il est toujours difficile de réduire fortement les biais dans toute forme de recherche, ils sont grandement liés à la nature humaine. Dans les recherches en sciences sociales, contrairement aux assertions de l'école du positivisme avec son approche logico-déductiviste, où le caractère scientifique de la recherche induit une certaine objectivité insoluble, il convient de se départir de toute fermeture théorique et de ne pas tomber dans une démarche hypothético-déductiviste dans l'analyse des faits et évidences.
Dans cette critique du positivisme, nous nous sommes inspiré de la théorie critique de l'école de Frankfort, telle qu'elle se manifeste dans les travaux de Jürgen Habermas, «Knowledge and human interests », (1987), mais aussi « La logique des sciences sociales » (2005) et de l'œuvre de Michel

Foucault intitulée « l'Archéologie du savoir » (2015) pour dégager un regard introspectif sur, d'une part la lutte menée par les victimes, les ONG, la société civile, tant au Tchad qu'au Sénégal pour que la justice fasse son travail, et d'autre part, la réfutation des accusations lancées par les conseils et la défense de Habré.

Peut-on décliner une posture équidistante dans cette confrontation, à la lumière de la monstruosité des faits avérés qui incriminent l'ancien président du Tchad, des faits qui s'apparentent fort bien à des crimes contre l'humanité ?

Quelle doit être la posture du chercheur censé maintenir un degré d'objectivité dans un contexte où la violation répétée et flagrante des droits et de la condition humaine a été systématiquement démontrée et établie par des archives, témoignages, enquêtes qui en dernière instance, décrivent un cas de génocide et d'extermination politique perpétré par un régime tchadien frappé d'une crise de légitimité politique ?

Ce sont là, des questions principales qui surgissent dans l'affaire Habré, et qui exigent des réponses épistémologiques dans l'analyse des divers éléments recueillis le concernant. Comment ne pas être sensible aux charges de crime introduites par les victimes qui sont passées , d'une démarche victimaire à un combat politique international, et tenir en même temps notre exigence de probité intellectuelle et morale pour garantir la présomption d'innocence avant la condamnation, dans les règles processuelles qui donneraient à Habré un procès équitable.

Une autre dimension dans cette affaire, est son aspect politique qui véritablement, constitue un cas inédit en matière de jurisprudence africaine. Le fait de pouvoir construire l'armature institutionnelle juridique avec la mise sur pied des chambres extraordinaires africaines pour juger un ancien président africain en dehors de son pays, après plus de vingt ans de mobilisation des organisations de défense des victimes, la société civile africaine et des ONG internationales confère à ce procès un cachet éminemment politique.

Dorénavant, l'Afrique peut s'enorgueillir du fait qu'aucun dirigeant, de surcroit président d'un pays membre de l'Union Africaine ne pourra se soustraire des mailles de la justice, et que l'ère de l'impunité et de la couverture des actes odieux d'anciens dirigeants contre leur peuple est révolue.

L'unité révélée dans la construction de ces chambres extraordinaires témoigne d'un degré de maturité démocratique consensuelle en Afrique, largement imposée par les mobilisations continues des victimes et de leurs

alliés, mais aussi les Etats membres, et l'engagement indéfectible du Président sénégalais Macky Sall de nous instruire en tant que son ministre de la justice à l'époque des faits de tout faire pour que le droit pénal international soit dit, affirmé, et respecté quel que soit le territoire et l'environnement dans lequel ces crimes contre l'humanité sont commis.
Il s'agit là d'une victoire majeure de ces forces démocratiques.
Avant la tenue du procès, la question préjudicielle qui taraudait l'esprit de beaucoup d'observateurs des problèmes juridiques et politiques était, la suivante : le Sénégal pourrait l'organiser et traduire en toute indépendance, en justice l'ancien président du Tchad ?

Mais à la suite de la condamnation de Habré la presse internationale salua cette décision en des termes élogieux, du Gardian, (Septembre 2015), BBC, (May 2015), New York Times (2016), aux journaux Le Monde, (2016), La Croix, (2017), RFI, (2016), avec cette citation de l'avocat Maitre William Bourdon qui éloquemment résume cette unanimité dans les réactions :
« C'est un immense jour de fierté pour le Sénégal et l'Afrique, parce que ça tord le cou à tous les sceptiques qui pensaient que l'Afrique était un continent damné, interdit de rendre une justice exemplaire, interdit d'assumer un procès dans le respect des meilleurs standards internationaux. Eh bien, à tous les sceptiques, ce verdict et ce procès apportent un démenti absolu ».
Des publications dans des revues scientifiques sont aussi apparues pour magnifier cette exemplarité : « Journal of African Law (Juin 2019) », « The International journal of Human Rights » (2017) « Journal of International Criminal Justice », (May 2015), mais aussi les travaux de Céleste Hicks (2018), Pierre Hazan, (2016), Marie Gibert, (2016) et Reed Brody, 2015), (2017), pour n'en citer qu'une partie.
Maintenant, il convient d'affirmer, de consolider et d'outiller cet arsenal juridique pour en faire un instrument légitime de lutte contre l'impunité et la violation des droits humains et des crimes de guerre en Afrique.
Dans cette étude, nous avons retenu deux démarches : une méthodologie qualitative, de par le caractère narratif et descriptif de la genèse historique du cas Habré et de son procès, et une méthodologie quantitative dans la collecte des données objectives, suivant l'approche de la percolation des faits et évidences.
Nous n'avons pas pris l'option de la construction d'hypothèses et d'un cadre théorique préétabli ; nous avons recueilli des données dans une

procédure inductive qui nous a permis de générer une armature conceptuelle et théorique à même de nourrir l'analyse des faits.
L'accès aux données secondaires a été facilité par notre proximité en tant que ministre de la justice de l'époque, du Sénégal, tout en maintenant une séparation « arm length » entre l'actrice que nous fûmes et la chercheuse dans ce procès.

En effet, l'attention portée à ce principe du « arm length » confère à cette étude un détachement dans l'appréciation des faits, même s'il est clairement établi, pour reprendre Thomas Piketty, (2019), que le choix d'un sujet de recherche n'est d'aventure pas neutre et souvent comporte un soubassement idéologique.
Dans l'étude qui suit, nous avons périodiquement navigué entre la construction théorique et le lien organique avec la collecte des données, tenant en bandoulière une série de questionnements sur les faits et évidences, pour ainsi satisfaire les exigences de validité et de fiabilité dans la recherche et lui conférer un caractère scientifique.

Introduction générale

Le continent africain est très souvent dépeint comme lieu de prédilection des violations massives des droits humains sans toujours rappeler qu'aucune partie du monde, qu'aucun peuple, n'a subi au cours de l'histoire récente autant de brutalités et de crimes contre l'humanité que l'Afrique et les populations africaines. Les missions d'exploration et de découverte de l'Afrique, l'esclavage transatlantique, la colonisation et le travail forcé ont été accompagnés d'atrocités et de violations généralisées des droits fondamentaux des populations. Cette domination fondée sur des rapports d'oppression violente laissera, longtemps après les indépendances, de profondes marques dans l'histoire politique, économique et sociale du continent avec des conséquences en matière de violations graves des droits humains.

Au lendemain de l'accession à la souveraineté nationale, de nombreux jeunes Etats africains connurent des troubles politiques sérieux qui engendrèrent massacres, crimes et violations graves et massives des droits humains. De 1960 à nos jours, le continent africain a connu une quarantaine de guerres civiles d'intensité et de durée variables. On peut citer, entre autres conflits de longue durée, l'Angola dont le conflit interne a duré 27 ans, l'Erythrée, 30 ans, le Sud-Soudan, 37 ans et le Tchad, 40 ans. Toutes les régions géographiques du continent ont été touchées. Au niveau de la corne de l'Afrique, on peut compter les conflits internes de l'Ethiopie, le Soudan, l'Erythrée et la Somalie. Au niveau de l'Afrique Australe, il y'a eu plus de 12 conflits. En Afrique de l'Ouest, on peut recenser une dizaine de guerres. A cela s'ajoutent les coups d'Etat et putschs militaires qui ont entrainé dans leur sillage des violations graves des droits humains. Sur le continent africain, 53 coups d'Etat sont enregistrés de 1952 à 1989 et 20 autres de 1989 à nos jours avec un record détenu par les Comores avec 18 coups d'Etat enregistrés. Depuis les années 60, l'Afrique de l'Ouest compte 33 coups d'Etat dont le plus récent date du mois de septembre 2015 au Burkina Faso. « En Afrique, 200 Coups d'Etat en 70 ans », Radio-Canada, 19 Janvier, 2019.

Ces coups d'Etat s'inscrivent dans une logique historique et coloniale. Lorsqu'ils obtiennent leur indépendance, les pays africains ne disposent guère d'institutions de gouvernance efficientes. En l'absence de systèmes démocratiques pour arbitrer et réguler les appétits de pouvoir des différents groupes socio-ethniques, de nombreuses élites africaines nouvellement aux commandes se déchirent sur des bases ethniques, tribales et quelques rares fois pour des divergences d'orientation idéologique (en Angola notamment). Les populations payeront un lourd tribut en conséquence de ces luttes sanglantes de quête de pouvoir le plus souvent à des fins claniques ou familiales. Plus de deux décennies après la fin de la colonisation, à quelques très rares exceptions comme le Sénégal par exemple, les pays africains sont gouvernés jusqu'au début des années 90 sous le régime du parti unique, ce qui n'offre que peu de possibilité d'alternance politique pacifique pour les groupes non associés au pouvoir. S'y greffent la monopolisation des ressources nationales par des cercles ethno-familiaux et l'absence de système de redistribution pour répondre aux besoins de base des populations. Ces gestions patrimoniales du pouvoir, pour reprendre le concept de Patrimonialisme de Max Weber, (2013), ont également contribué largement à l'instabilité politique et sociale de nombreux pays africains avec des spirales de coups d'Etat à répétition et de guerres civiles cycliques. Les forces de sécurité, le plus souvent sans formation et essentiellement constituées sur des bases ethniques sont généralement inféodées aux hommes « forts » à la tête de nombreux pays africains. Alors qu'elles sont supposées protéger leurs populations, ces forces de sécurité ont plutôt été les principaux pourvoyeurs de violence gratuite et de violations massives des droits des citoyens.

Parallèlement à ces insuffisances institutionnelles, les anciennes puissances coloniales ont très souvent joué un rôle ambigu dans ces différents épisodes d'instabilité génératrice de violations massives des droits sur le continent africain. Soucieuses de conserver le contrôle sur leurs anciennes colonies pour des raisons géostratégiques et surtout économiques, notamment pour un accès privilégié aux ressources naturelles des pays africains, ces anciennes puissances coloniales ont dans l'ombre ou à travers un jeu diplomatique trouble, soutenu des régimes peu respectueux des droits fondamentaux de leurs citoyens

C'est notamment le cas au Tchad où a régné en maître absolu pour la période de 1982 à 1990 Hissène Habré accusé de massacres de dizaines milliers de personnes.

Perçu comme un sanctuaire de l'impunité pour ses dirigeants, le continent africain a été très souvent un sujet de préoccupation du droit pénal

international et des tribunaux pénaux internationaux, notamment de la Cour Pénale Internationale, du Tribunal International pour le Rwanda et du Tribunal Spécial pour la Sierra Leone. Cette préoccupation a amené certains intellectuels et dirigeants africains à parler de harcèlement pénal des occidentaux envers les dirigeants africains tandis que d'autres violations des droits humains dans d'autres parties du monde seraient ignorées par les mêmes instances pénales internationales3, Vilmer, (2014).
Dans une période très récente, l'Afrique à travers l'Union Africaine et surtout le Sénégal, pays où l'ex-président tchadien Hissène Habré a trouvé refuge depuis 1990, ont manifesté une volonté de mettre fin à l'impunité en jugeant sur le sol africain les crimes et violations graves des droits humains intervenus au Tchad pour la période 1982-1990 suite aux nombreuses plaintes de victimes déposées depuis plusieurs années auprès des tribunaux sénégalais et belges.

En 2012, à la faveur d'une alternance politique au Sénégal qui plaça le Président Macky Sall à la tête du Sénégal, l'Etat signera quelques mois plus tard un accord historique avec l'Union Africaine pour juger les crimes et violations massives des droits humains au Tchad pour la période de 1982 à 1990. Ainsi verront le jour en 2013 les chambres africaines extraordinaires établies au sein des tribunaux sénégalais.

Avec la mise en place de cette architecture judiciaire unique en son genre, l'Afrique n'est plus seulement un objet du droit pénal international mais également un acteur important dans la lutte internationale contre l'impunité. L'Afrique et le Sénégal en particulier apportent ainsi une contribution importante au droit pénal international.

L'objectif de cette étude est de mettre en évidence cette contribution en démontrant l'originalité et les particularités de ce mécanisme judiciaire auquel son auteur a contribué à mettre en place. Pour mieux appréhender la portée historique des chambres africaines extraordinaires et leur contribution au droit pénal international, une revue critique sera consacrée aux expériences de l'Afrique avec les juridictions de droit pénal, notamment avec la Cour pénale internationale, le Tribunal Pénal International pour le Rwanda et le Tribunal Spécial pour la Sierra Léone. Cette revue critique tire sa pertinence du fait que ces institutions constituent des mécanismes exogènes au continent, et sont davantage nées de la volonté de la communauté internationale que du volontarisme des pays africains. Les différentes tentatives de juger des crimes commis au Tchad pour la période 1980-1990 au Sénégal et en Belgique seront étudiées pour mettre en évidence les causes essentielles de leur échec. Des enseignements tirés de ces échecs sous-tendront le mécanisme opérationnel des chambres africaines extraordinaires auprès des tribunaux sénégalais qui ont permis de démarrer le procès de Hissène Habré en juillet 2015 à Dakar, au Sénégal.

Afin que ce procès ne soit pas une exception mais plutôt le point de départ d'une nouvelle page de l'histoire africaine dans la lutte contre l'impunité des dirigeants africains et leurs exécutants, il s'agira d'articuler des propositions pour la pérennisation des acquis juridiques découlant des chambres africaines extraordinaires et de mettre en cohérence les législations nationales des pays membres de l'Union Africaine. Il est question pour le reste des pays africains d'emprunter la voie du Sénégal en reconnaissant leur compétence universelle pour juger des crimes internationaux.

PREMIÈRE PARTIE :

Évolutions du Droit pénal international favorables à la tenue du procès jugeant des crimes intervenus au Tchad dans la période de juin 1982 à décembre 1990

CHAPITRE 1 :

Revue de la notion de justice internationale

I Le Contexte historique

Les conséquences de la première et de la deuxième guerre mondiale, le massacre des Juifs sous l'Allemagne Nazi, les conflits en Ex-Yougoslavie et au Rwanda, ont constitué autant de circonstances qui ont nourri l'idée d'une justice internationale. A la suite de ces événements barbares, la communauté internationale ne pouvait rester inactive face à la violation des droits humains et se devait d'agir au nom du principe de sacralité de l'individu consacré par toutes les nations. Pendant longtemps, partout dans le monde en période de conflit interne ou externe, les auteurs d'exactions sont très souvent restés libres et pas inquiétés. Mais la mondialisation a aussi créé une conscience mondiale et des voix se sont élevées pour réclamer que les auteurs de crimes et violations graves et massives des droits de l'homme soient jugés et punis, comme ce fut le cas durant les deux guerres mondiales. Ainsi se développa l'idée d'une justice internationale conduisant en 1948 l'Assemblée Générale de l'ONU à inviter la commission du droit international à discuter de la création d'un organe judiciaire international dont la responsabilité sera de juger les crimes internationaux.

La justice internationale reste un concept complexe. En effet, le terme « justice » pourrait être entendu au plan littéraire comme le dit Proudhon (1860), comme étant « le respect réciproquement garanti de la dignité humaine, en quelque personne et dans quelque circonstance qu'elle se trouve compromise et à quelque risque que nous expose sa défense ». Toutefois, sur le plan juridique, la justice internationale désigne selon Guichard (2010) ce qui est juste et reste soit distributive lorsqu'elle vise à répartir entre les personnes, les biens, les droits et devoirs, les honneurs, en fonction de la valeur, des attitudes, des besoins de chacun et de son rôle dans la société, soit commutative lorsqu'elle veille à une égalité arithmétique dans les échanges. Elle peut enfin désigner l'autorité judiciaire ou l'ensemble des juridictions d'un pays donné. Quant au caractère "international", il pourrait être vu comme le dépassement des frontières, ce qui lie une nation à une autre. Parler d'une justice internationale suppose une société appelée "communauté internationale", qui décide de mettre en place des instruments juridiques en vue d'incriminer et de réprimer les comportements jugés contraire à la morale universelle. Cette justice internationale devient un moyen de progression du droit international et un instrument efficace pour assurer la paix et la sécurité entre pays dont les cultures, les intérêts et les parcours historiques sont le plus souvent différents.

Cependant, pour matérialiser l'idée de justice internationale, il s'est avéré nécessaire de créer des juridictions internationales dont l'impact serait de rendre les relations internationales plus paisibles, de dissuader les conflits armés ou encore de favoriser la réconciliation au sein d'Etats déchirés. Cependant, d'aucuns posent un débat fondamental concernant cette idée de justice internationale : il a été soulevé que la justice ne peut être rendue dans une société donnée qu'en vertu d'un minimum de consensus social, (Ourdan, 2019). Or, la justice internationale, imposée de l'extérieur, n'est le plus souvent qu'une justice étrangère et incomprise par les acteurs locaux. Ce qui a notre avis, ne peut être retenu comme un principe valide puisque les droits humains fondamentaux consacrés au niveau international et admis par tous les Etats ne sauraient dépendre du niveau de compréhension et de l'appréciation d'acteurs locaux. Le principe « nul n'est censé ignorer la loi » restant tout aussi valide en cas de crimes internationaux et violations graves des droits humains.

II. Les principales juridictions du droit pénal international

Les juridictions pénales internationales sont au nombre de huit, mais peuvent être classées selon leur importance. L'objet de leur création permet de les classer en juridictions pénales internationales Ad Hoc, juridictions pénales internationalisées et une juridiction pénale permanente. Néanmoins, les plus importantes sont les juridictions Ad Hoc et la Cour Pénale Internationale, contrairement aux juridictions Internationalisées qui sont intégrées dans le dispositif interne.

Créées par des résolutions du conseil de sécurité de l'ONU, les juridictions internationales Ad Hoc, sont d'une part le Tribunal Pénal International pour l'ex-Yougoslavie-TPIY de 1993 et d'autre part le Tribunal Pénal International pour le Rwanda-TPIR de 1994. Leur création résulte de la nécessité d'une garantie de la paix et de la sécurité à la suite des conflits meurtriers dans les deux pays qui ont entrainé des massacres et violations massives des droits humains, Damien Scalia, (2015).

S'agissant du TPIY, il a vu le jour suite aux exactions commises par les serbes après l'éclatement de la Yougoslavie au lendemain de l'indépendance de la Croatie et de la Slovénie en 1991. Le « ethnic cleansing ou nettoyage ethnique » pratiqué lors de ce conflit a été à l'origine de la mise en place d'une commission d'experts avec comme mission de réunir le maximum d'informations relatives aux violations graves des conventions de Genève et du droit humanitaire. Par ailleurs, il a fallu attendre 1993 pour reconnaitre que les exactions commises en ex-Yougoslavie constituaient une véritable menace à la paix et nécessitaient la création d'une juridiction pénale internationale contre les auteurs des massacres et violations massives des droits humains. Enfin, ce n'est que le 25 mai 1993 que le TPIY a été adopté en annexe à la résolution 827 du Conseil de Sécurité des Nations Unies et déclaré compétent pour connaitre des infractions graves à la convention de Genève de 1949 , de violations des lois ou coutumes de la guerre, de crimes de génocide , et de crimes contre l'humanité .

Pour ce qui est du TPIR que nous analyserons plus tard, il a été créé par la résolution 955 du Conseil de Sécurité des Nations Unies du 08 novembre 1994 pour juger les personnes présumées responsables de violations graves du droit international humanitaire commises sur le territoire du Rwanda et les citoyens rwandais présumés responsables de tels actes ou violations commis sur le territoire d'États voisins, entre le 1er janvier et le 31 décembre 1994. Plus de huit mille Tutsis appartenant au Front Patriotique Rwandais ont été massacrés par le pouvoir Hutu dans une lutte de pouvoir sans merci avec comme soubassement une haine ethnique attisée et entretenue durant la période coloniale pour perdurer après l'indépendance. L'ONU après avoir constaté l'existence d'un génocide planifié durant ce conflit au Rwanda, décidera de lutter contre l'impunité et de sanctionner les responsables auprès d'une juridiction pénale internationale, en l'occurrence, le Tribunal Pénal International pour le Rwanda.

Même si les circonstances politiques ayant motivé leur création sont différentes, l'objectif du TPIR et TPIY est fondamentalement le même, leur structuration et leur mode de fonctionnement relativement identiques. En effet, les deux tribunaux internationaux sont tous les deux composés de Chambres, d'un Procureur et d'un Greffe. Concernant les Chambres des deux juridictions, il y a celle de Première Instance dont le nombre diffère et celle d'appel composée de sept juges avec seuls cinq juges qui connaissent de l'appel. Le nombre de juges permanents et leur mandat sont identiques contrairement aux juges ad litem pour les deux juridictions. Les juges élisent le Président du tribunal.

En plus des Chambres, un procureur siège dans chaque juridiction pour un mandat de quatre ans. Il est chargé des enquêtes, des poursuites et est indépendant de l'ensemble des autres organes du Tribunal.

Pour ce qui est du greffe, il exerce les mêmes fonctions dans les deux juridictions. Sa mission consiste à assurer l'administration et la gestion du tribunal.

Le TPIY et le TPIR obéissent à un règlement de procédure de type anglo-saxon, ce qui explique d'ailleurs l'absence d'instruction préalable. Ensuite, l'opportunité de poursuites reste une prérogative du procureur et sa décision de poursuite est sanctionnée par un acte d'accusation. Puis l'obligation de confirmation de l'acte d'accusation pèse sur le juge s'il considère les poursuites fondées et l'accusé bénéficie d'une liberté de choix d'un avocat sur une liste de conseils, en provenance du monde entier, qui ont manifesté le désir de travailler avec le tribunal. Enfin, les peines prononcées sont celles d'emprisonnement et sont exécutées dans l'Etat d'origine du conflit ou dans un pays désigné par le Tribunal.

A. La Cour pénale internationale

L'idée d'une Cour pénale internationale permanente a commencé à germer avec la Convention sur le génocide qui en avait confié la tâche à la commission du droit international des Nations unies au début des années 1950. Cette commission était chargée de réfléchir à la création de cette Cour. Le rapport produit par cette commission après quelques années de travail n'a pas connu de suite.

Cependant, le projet resurgit vers les années 1990, quand l'Assemblée générale de l'ONU saisit à nouveau la même commission. Ainsi, dans un contexte plus favorable avec l'existence des tribunaux internationaux ad hoc, la commission du droit international des Nations unies élabora un nouveau projet qui fût soumis à la sixième commission de l'Assemblée générale en 1994 qui à son tour crée un comité préparatoire. A partir de 1995, des négociations accrues se tiennent sur un projet de Statut. Des délégations composées de représentants des différents Etats membres ainsi que des experts en droit international et en droit pénal participèrent activement aux différentes sessions de négociations. Il faut noter également le rôle significatif des ONG. Ces organisations, lors des plénières firent des propositions détaillées et exercèrent un lobbying efficace pour faire aboutir les négociations.

B. La Conférence de Rome

La conférence de Rome en juin-juillet 1998 fut le point d'orgue du processus de création de la Cour pénale internationale (CPI). Même si l'objectif fondamental est la préservation de la paix, la création de la Cour pénale internationale donna lieu à des débats houleux faisant ressortir les clivages entre Etats sur la question d'une avancée aussi fondamentale que la création d'une justice pénale internationale permanente coexistant avec les juridictions nationales pouvant connaître des mêmes faits. Cependant, la Conférence fût un succès avec l'adoption du Statut qui en ressortit. Cette étape franchie, un autre défi se présenta : la consolidation d'un droit pénal international encore jeune. La Cour nouvellement créée devra encore attendre des décennies avant d'arriver à maturité et se frayer une place dans le concert des institutions internationales.

Le Statut de la nouvelle Cour fût adopté par la conférence de Rome, le 17 juillet 1998, par 120 voix pour, 7 contre et 20 abstentions. Cela montre les

divergences qui se sont cristallisées autour de l'adoption de ce texte. En effet, on avait d'un côté, les Etats qui manifestaient un fort attachement au respect de la souveraineté et qui militaient pour une restriction quant au champ de compétences accordé à la nouvelle Cour, qu'aux conditions de sa saisine. De l'autre côté, un groupe d'Etats engagés, appuyés par une coalition d'ONG (Plus de deux mille ONG) souhaitaient une avancée du droit international dans le domaine pénal afin de favoriser la mise en place d'une juridiction pénale forte internationale, dotée de larges compétences. Ces Etats dit « Etats-pilotes » souhaitaient la mise sur pied d'une Cour qui pourrait être saisie par des personnes privées, des organisations non gouvernementales, indépendamment de la volonté des Etats et de leurs juridictions nationales, (Kate Crontin-Furman, 2013).
A ce débat de principe viendra se greffer un autre débat entre les grandes traditions du droit qui ont sécrété des méthodes et des procédures assez différentes en matière de droit pénal. Il a donc fallu la combinaison au mieux des acquis de la Common Law et ceux du droit civil romano-germanique.

Au fil des négociations, les Etats-pilotes acceptèrent d'abandonner leurs prétentions au profit d'une adhésion massive au statut de Rome. Malgré ces concessions, il a fallu l'intervention des Nations unies dans le cadre des négociations de suivi pour une acceptation définitive des termes de Rome. C'est dans ce contexte d'approches et de philosophies différentes que la Cour pénale internationale a pris forme. Les Etats-Unis se sont rétractés après une tardive signature à la veille de la fin du mandat de Clinton. Quant à l'Inde, la Chine et les pays arabes du moyen orient, ils ont tout bonnement boycotté le Statut de Rome.
Ces méfiances et hostilités de la part des Etats sont justifiées par les innovations qu'apporte le Statut de Rome. C'est d'ailleurs la raison pour laquelle beaucoup de restrictions et d'amendement entourent son application.

C. Les Innovations du statut de Rome

Jusqu'avant la naissance de la Cour pénale internationale-CPI, il n'existait que des juridictions ad hoc créées pour répondre à un besoin précis avec une existence limitée dans le temps. Cependant, avec la nouvelle Cour, on assiste à la création d'une juridiction permanente composée de juges et d'un procureur élu par l'Assemblée des Etats parties au Statut de Rome. Ainsi, cette juridiction internationale permanente a comme le précise l'article 4 de son Statut, une personnalité juridique internationale. Depuis son siège installé à la Haye, elle juge des individus de plus de 18 ans, indépendamment de leur qualité d'officiel et de leur statut hiérarchique, ayant commis des crimes particulièrement graves qui choquent la conscience de l'humanité et qui sont de nature à menacer la paix, la sécurité et le bien-être du monde. Ce qui marque sa différence avec la Cour internationale de justice (CIJ) qui, elle, connaît des différends entre Etats.

LA CPI connaît du génocide, des crimes contre l'humanité, des crimes de guerre et d'agression. Cette liste pourra être revue sept ans après, à partir de l'entrée en vigueur du Statut. Il faut noter au passage que le crime d'agression n'a pas été défini dans le Statut de Rome faute de consensus. Ainsi, seul le génocide, les crimes contre l'humanité et les crimes de guerre ont fait l'objet d'une définition précise.

La définition du crime de génocide est celle de la convention de 1948 : « la perpétuation d'actes graves commis dans l'intention de détruire en tout ou en partie un groupe national ethnique, racial ou religieux comme tel : meurtre de membres du groupe; atteinte grave à l'intégrité physique ou mentale de membres du groupe; soumission intentionnelle du groupe à des conditions d'existence devant entraîner sa destruction physique totale ou partielle; mesures visant à entraver les naissances au sein du groupe; transfert forcé d'enfants du groupe à un autre groupe».

La définition des crimes contre l'humanité est plus complexe, ces crimes devant s'inscrire « dans le cadre d'une attaque généralisée ou systématique ». Ils doivent, en outre, satisfaire à deux autres critères cumulatifs : non seulement les actes doivent avoir été commis en nombre, mais également, ils doivent l'avoir été de façon délibérée ou et ne pas être seulement la conséquence d'une politique qui constitue un des éléments du crime contre l'humanité. Ainsi, il est distingué les crimes contre l'humanité des actes isolés qui échapperaient à la compétence de la CPI.

Ainsi, dans son article 7, la CPI élargi la définition de crimes contre l'humanité en ces termes :

« Aux fins du présent statut, on entend par crime contre l'humanité, l'un quelconque des actes ci-après lorsqu'il est commis dans le cadre d'une attaque généralisée ou systématique lancée contre toute population, et en connaissance de cette attaque :

a) Meurtre b) Extermination c) Réduction en esclavage d) Déportation ou transfert force de population e) Emprisonnement f) Torture g), Viol, esclavage sexuel, prostitution forcée, grossesse forcée, stérilisation forcée h) Persécution de tout groupe ou de toute collectivité identifiable pour des motifs d'ordre politique, racial, national, ethnique, culturel, religieux ou sexiste. » (2013).

Concernant la définition des crimes de guerre retenue par l'article 8 du statut, elle s'inspire largement des infractions graves aux conventions de Genève de 1949. Le crime de guerre peut concerner des actes isolés à la différence des deux premières catégories, à savoir le génocide et crime contre l'humanité. Sur la question des conflits armés non internationaux, la définition retenue est plus restrictive que celle du protocole II puisqu'il est précisé que rien dans le Statut n'affecte le droit des Etats à maintenir l'ordre public. Les crimes de guerre retenus dans ce cadre relèvent des violations graves de l'article 3, commun aux quatre conventions de Genève et des violations du protocole II, aux conventions de 1949 qui protègent les victimes de conflits non internationaux. L'article sur les armes dont l'usage constituerait un crime de guerre ne mentionne ni les armes chimiques, ni les armes nucléaires mais prévoit que toutes les armes agissant sans discrimination pourront, dans le futur, être intégrées au statut par amendement, à condition que ces armes fassent l'objet par ailleurs d'interdictions générales.

Dans un premier temps, la Cour n'exercera pas sa compétence en matière de crime d'agression parce que comme précisé un peu plus haut, aucune définition consensuelle n'a pu être trouvée. Les membres du Conseil de sécurité souhaitent que l'existence d'une agression soit constatée au préalable par le Conseil. Les pays du sud qui ne sont pas des membres permanents du Conseil de sécurité sont plutôt favorables à une définition autonome sur la base de la résolution 3314 adoptée en 1974 par l'assemblée générale des Nations Unies.

Enfin, aucune réserve ne peut être faite au statut par les Etats qui y adhèrent. D'autres innovations ont été adoptées en matière de protection des victimes, ces dernières peuvent participer à la procédure.

La plupart des concessions faites tournent autour de la préservation de la souveraineté des Etats. Ce qui a pour conséquence de limiter le champ de compétence de la CPI en diverses matières.

A la différence des tribunaux ad hoc, la CPI n'a aucune compétence rétroactive, elle ne peut connaître que des faits entrant dans son objet et commis après l'entrée en vigueur de son Statut (le 1er juillet 2002). Ce qui veut dire que la Cour n'a pas une compétence universelle comme le souhaitaient les Etats-pilotes.

En effet, la compétence universelle qui était prédestinée à la nouvelle Cour a finalement cédé la place à une compétence obligatoire tempérée. De ce fait, un Etat qui devient partie à la convention accepte par la même occasion la compétence obligatoire de la Cour pour tous les crimes relevant de la compétence matérielle de celle-ci. Donc, pour que la Cour puisse exercer sa compétence, il faut que l'Etat de nationalité des auteurs présumés du crime ou l'Etat sur le territoire duquel les faits incriminés ont été commis soit partie au Statut ou qu'il ait donné son aval à ces poursuites. Le dernier cas concerne les Etats non parties à la convention, qui peuvent donner leur accord par une déclaration ad hoc déposée auprès du greffier de la Cour et qui acceptent de coopérer pleinement avec la Cour sans retard et sans exceptions.

Par ailleurs, dans le lot des concessions et à la demande de la France, l'article 124 prévoit qu'en matière de crime de guerre, les Etats qui le souhaitent peuvent faire une déclaration déclinant la compétence de la nouvelle Cour. Cette déclaration serait valable pour une durée de sept ans à compter de l'entrée en vigueur du Statut. Il est aussi prévu un réexamen de cette disposition ou clause échappatoire à la fin des sept ans. Cependant en 2008, la France et la Colombie qui ont bénéficié des dispositions de l'article 124, y ont finalement renoncé. Aujourd'hui, cette durée pendant laquelle un Etat partie au Statut peut l'invoquer a été réduite à cinq ans suite à la conférence de Kampala.

En matière de saisine, on retrouve la même démarche de prudence et de concession développée plus haut. C'est la raison pour laquelle, il a été admis que tous les Etats parties et le Conseil de Sécurité pourraient saisir le Procureur. Cependant, lorsque la saisine émane du Conseil de Sécurité agissant en vertu du chapitre VII de la charte des Nations unies, elle confère à la Cour des compétences étendues et cela peut lui permettre de connaître des crimes survenus sur le territoire d'un Etat non partie ou commis par les ressortissants d'un tel Etat. Cela implique, en effet, que les conditions d'un recours au chapitre VII de la charte aient été remplies et que le Conseil ait trouvé en son sein la majorité nécessaire pour procéder à la saisine de la Cour. A côté de ces garanties, l'idée d'une auto-saisine par le procureur à partir d'éléments d'information recueillis par lui ou n'émanant de personnes privées ou d'ONG, s'est heurtée à de fortes résistances. Elle n'a finalement été admise qu'à la condition qu'intervienne une décision collégiale d'une chambre préliminaire, comparable à une chambre d'instruction en droit pénal pour les pays de tradition romano-germanique, seule habilitée à confirmer les poursuites demandées par le procureur.

D. Une juridiction complémentaire des juridictions nationales

La CPI est une juridiction complémentaire des juridictions nationales. Elle ne peut connaître de faits incriminés que lorsque les Etats sont dans l'incapacité, l'impuissance ou ne manifestent aucune volonté de poursuivre eux-mêmes les auteurs de crimes relevant de la compétence de la Cour pénale internationale. La CPI doit se dessaisir lorsqu'une juridiction nationale est saisie des mêmes faits. Cette subsidiarité du fait de la préservation de la souveraineté des Etats-parties est une énième concession faite aux Etats réticents au Statut. En effet, beaucoup d'Etats souhaitaient sauvegarder l'autorité de leurs tribunaux et réserver l'exercice de la compétence de la Cour aux seuls cas où il y'aurait une défaillance incontestable du système judiciaire national ou une manipulation claire pour faire échapper des suspects à la Cour internationale. Tandis que d'autres voyaient la Cour comme un double degré de juridiction dans les matières relevant de crimes atroces et n'excluaient pas une prééminence de la CPI sur les juridictions nationales. La poire fût coupée en deux avec un accord autour du concept de complémentarité.
C'est cet accord qui sert de fondement à l'article 20 du Statut qui dispose que : « quiconque a été jugé par une autre juridiction [...] ne peut être jugé par la Cour que si la procédure devant l'autre juridiction n'avait pour but que de soustraire la personne concernée à sa responsabilité pénale pour des crimes relevant de la compétence de la Cour [...] ». Le Statut de Rome prévoit également le principe du non bis in idem, au nom duquel nul ne peut être jugé deux fois pour les mêmes faits, la même cause et entre les mêmes parties. Il faut cependant souligner que la CPI est juge de sa propre compétence et sa chambre préliminaire tranchera seule en cas de désaccord avec un Etat.

Les Etas-parties se doivent de coopérer pleinement avec la CPI. Elle est habilitée à adresser des demandes de coopérations aux Etats-parties, demandes transmises par voie diplomatique ou toute autre voie appropriée choisie par chaque Etat-partie lors de la ratification, de l'acceptation, de l'approbation ou de l'adhésion au Statut de Rome.

En ce qui concerne les Etats non parties, la Cour peut les inviter à lui prêter assistance sur la base d'un engagement ad hoc ou d'un accord conclu avec cet Etat. Après la signature d'un tel accord, si l'Etat acceptant n'apporte pas l'assistance sollicitée, la CPI peut en informer l'Assemblée des Etats parties. Elle peut aussi saisir le Conseil de sécurité, si c'est celui-ci qui est à l'origine de la poursuite, lorsque l'Etat n'accède pas à sa demande de coopération ou empêche la Cour d'exercer ses fonctions et pouvoirs.
Cependant, la CPI ne peut présenter une demande d'assistance qui contraindrait l'Etat requis à mettre en péril sa sécurité nationale ou à agir de façon incompatible avec ses obligations en droit international. Cela en matière d'immunité des Etats ou d'immunité diplomatique ou d'un Etat-tiers à moins d'obtenir au préalable la coopération de cet Etat-tiers. Donc aucune sanction ne pèse sur les Etats défaillants.
La coopération peut revêtir plusieurs formes qui s'apparentent aux accords de coopération judiciaire bilatéraux ou aux conventions internationales existantes telles que l'arrestation et la remise des personnes, le rassemblement des preuves et les interrogatoires des personnes poursuivies.

Les Etats réticents ont tout fait pour différer l'entrée en vigueur du Statut de Rome. Ainsi, il a été exigé un nombre de soixante ratifications pour que le Statut puisse entrer en vigueur. Cela n'a pu se réaliser qu'en 2002 c'est-à-dire quatre ans après l'adoption du statut. Malgré tout, un comité préparatoire s'est réuni plusieurs fois, dans cet intervalle, afin de préciser un certain nombre de dispositions du Statut notamment les éléments constitutifs du crime, la procédure et le rassemblement des preuves.
Ainsi on peut noter que la CPI profite largement aux citoyens des pays où il y a une organisation judiciaire solide. Ces citoyens seront à l'abri de plaintes abusives du fait de l'exercice plein des prérogatives de leurs juridictions nationales. En effet, ces citoyens ne pourront être poursuivis par la nouvelle Cour que dans des circonstances particulières (faits couverts par une loi amnistie ou prescrits dont les auteurs présumés échapperaient de fait aux tribunaux nationaux). En ce qui concerne les crimes d'une extrême gravité, lorsqu'il est peu probable que les juridictions nationales engagent des poursuites ou soient en état de fonctionner l'intervention de la CPI semble nécessaire. Cependant, le débat actuel s'articule autour de la question de l'indépendance d'une telle juridiction, (Fannie Lafontaine, (2014). A la dernière Assemblée générale des Etats

parties, on a prêté à certains Etats africains comme le Kenya et l'Afrique du Sud la volonté de se retirer de la convention de Rome.

III Les crimes poursuivis par les juridictions pénales internationales

Les Juridictions Pénales Internationales sont compétentes pour poursuivre des crimes internationaux. Il s'agit du génocide, des crimes contre l'humanité, des crimes de guerre et des crimes d'agression. Mais, parmi les crimes poursuivis par les Juridictions Pénales Internationales, on peut constater que le génocide et les crimes contre l'humanité convergent quant à leurs éléments constitutifs, seul l'élément psychologique les distingue. Parmi les crimes internationaux les plus graves, le génocide vient en première ligne, sa supériorité en gravité n'est pas remise en cause et c'est ce qui explique qu'il soit qualifié de "crime le plus grave de tous les crimes contre l'humanité, à supposer que l'horreur soit divisible » , ou encore qu'il est « le crime des crimes » par le TPIR dans l'affaire le Procureur c. Jean Kam banda.

En effet, la définition que donne la convention de l'ONU du 09 Décembre 1948 pour la Prévention et la Répression du Crime de Génocide est la même qui a été reprise par les Statuts des TPIY et TPIR respectivement en leurs articles 04 et 02 et par le Statut de Rome pour la Cour Pénale Internationale en son article 06, (Michael Broache, 2014).

En tant qu'infraction, le génocide tel que défini recouvre un élément matériel et un élément intentionnel. L'élément matériel de ce crime se caractérise d'une part par l'acte de tuer quel que soit le moyen utilisé ou encore par l'atteinte grave à l'intégrité physique ou mentale d'individus à travers le viol, la torture, les actes de barbarie, etc. La jurisprudence du TPIR vient renforcer cette définition en y ajoutant les menaces de mort contre les victimes. Il faut constater dans cette définition que les victimes doivent appartenir à un groupe national, ethnique, racial ou religieux.

L'élément intentionnel a été clairement pris en compte par la convention de 1948 qui estime que les actes incriminés doivent être commis dans « l'intention de détruire ». Il s'agit en effet de l'existence d'un dol spécial justifié dans ce cas par l'intention de tuer, de détruire ou d'éradiquer l'existence d'un groupe. Le TPIY étend le champ d'application de cet élément intentionnel en y ajoutant la perpétration d'actes portant atteinte au fondement du groupe.

En somme, la reconnaissance et la consécration des crimes contre l'humanité trouvent leur source dans la volonté de punir à la fin de la seconde guerre mondiale les massacres perpétrés par les nazis. C'est pourquoi le tribunal de Nuremberg a énoncé la première définition des crimes contre l'humanité dans l'article 6-c de son Statut. Progressivement d'autres textes internationaux sont intervenus pour renforcer l'incrimination des crimes contre l'humanité. Il en est ainsi des résolutions 2184 (XXI) du 12 décembre 1966 et 2202 (XXI) du 16 décembre 1966 de l'ONU, de la convention de l'ONU du 26 novembre 1968, et comme indiqué précédemment les Statuts du TPIY et TPIR, du Statut de Rome sur la Cour Pénale Internationale des statuts des tribunaux pénaux internationalisés.

Toutefois, la définition donnée aux crimes contre l'humanité est aujourd'hui harmonisée dans les textes internationaux. En effet, dans leur statut respectif, le TPIY et le TPIR ont, en plus des définitions énoncées par le tribunal de Nuremberg, remplacé le terme « expulsion » par celui de «déportation ». De plus, ils y ajoutent l'emprisonnement, la torture et le viol. Il y'a donc une variation de l'élément matériel pour cette infraction au vu des plus récentes violations massives des droits humains notamment pour ce qui concerne le viol, devenu une arme de guerre en ex-Yougoslavie et au Rwanda. Une autre différence est à relever dans le contexte de commission des crimes, le Tribunal de Nuremberg et le TPIY font état d'un contexte de « conflit » contrairement au TPIR qui parle « d'attaque systématique à la population civile ». Pour éviter toute ambigüité, la Cour Pénale Internationale retient les énoncés du TPIR, et rajoute dans sa définition l'apartheid, les disparitions et les crimes sexuels autres que le viol à la liste des actes visés par la Cour. Néanmoins, quel que soit la pluralité de la définition des crimes contre l'humanité, leurs auteurs sont sanctionnés par des peines d'emprisonnement considérables

L'incrimination des crimes de guerre trouve sa source dans la violation du droit de la guerre consacré à l'issue des quatre conventions de Genève du 12 Aout 1949. Mais c'est seulement avec le Statut du tribunal de Nuremberg que la première définition a été émise. En effet, les crimes de guerre ont été définis par l'article 6-b dudit Statut comme étant « les violations des lois et coutumes de guerre ». « Ces violations comprennent, sans y être limitées, l'assassinat, les mauvais traitements ou la déportation pour des travaux forcés, ou pour tout autre but, des populations civiles dans les territoires occupés, l'assassinat ou les mauvais traitements des prisonniers de guerre ou des personnes en mer, l'exécution des otages, le pillage des biens publics ou privés, la destruction sans motif des villes et des villages ou la dévastation que ne justifient pas les exigences militaires ».

Malgré cette consécration, des textes internationaux n'ont cessé de paraitre en la matière. Il en est ainsi des trois protocoles additionnels du 8 juin 1977, des Statuts du TPIY, du TPIR et de la Cour Pénale Internationale. Force est de constater que la Cour Pénale Internationale contrairement aux autres Juridictions Pénales Internationales a élargi le domaine d'application des crimes de guerre aux conflits armés internes et a établi ensuite la liste des actes poursuivis à cet effet. Dès lors, on pourrait en déduire que les actes criminels prohibés accomplis dans un contexte de conflit armé international ou interne, constituent les éléments matériels des crimes de guerre. L'existence d'un élément intentionnel est incontournable pour ce type d'infraction. Il se caractérise par la volonté de commettre l'acte criminel prohibé dans un contexte de conflit international ou interne en toute connaissance de cause. L'incrimination des crimes de guerre n'est pas restée sans effet car des sanctions n'ont pas manqué d'être prononcées par la Cour Pénale Internationale à l'encontre de certaines personnes comme Germain Katanga en 2014 et Thomas Lubanga Dyilo en 2012.

A l'instar de toutes les infractions internationales, le crime d'agression trouve encore une fois ses premières marques dans le Statut du tribunal de Nuremberg qui utilisait l'expression « crime de paix » à la place de « crime d'agression » . L'inexistence d'une définition du crime d'agression dans le Statut de Rome faisait que la Cour Pénale Internationale ne pouvait exercer sa compétence pour ce crime qu'après l'adoption d'une disposition définissant le crime d'agression ainsi que les conditions d'exercice de la compétence de la cour.

Ainsi, un amendement au Statut de la Cour Pénale Internationale a été adopté le 11 juin 2010 à Kampala définissant de ce fait le crime d'agression. Et même si l'entrée en vigueur de cet amendement n'est possible qu'après sa ratification par trente Etats, le crime d'agression est représenté comme « la planification, la préparation, le lancement ou l'exécution par une personne effectivement en mesure de contrôler ou de diriger l'action politique ou militaire d'un Etat, d'un acte d'agression qui, par sa nature, sa gravité et son ampleur, constitue une violation manifeste de la Charte des Nations-Unies. ». Pour ce qui est de l'acte d'agression lui-même, il est défini comme « l'emploi par un Etat de la force armée contre la souveraineté, l'intégrité territoriale ou l'indépendance politique d'un autre Etat, ou de toute autre manière incompatible avec la Charte des Nations-Unies (…) ».

CHAPITRE 2 :

L'Afrique principale cible des juridictions pénales internationales

Le continent africain semble être le théâtre du plus grand nombre de poursuites par les juridictions pénales Internationales notamment la Cour Pénale Internationale. De nombreuses critiques ont été émises par des dirigeants et des intellectuels africains à l'encontre de la Cour Pénale Internationale lui reprochant de consacrer la plupart de son temps et de son énergie à poursuivre les crimes et violations graves des droits humains en Afrique alors que ces crimes existent partout dans le monde notamment dans le conflit qui oppose Israël et la Palestine.
Selon Anne Charlotte Martineau, « des accusations de « néo-colonialisme » sont souvent lancées contre la Cour Pénale Internationale, au motif que le procureur s'est intéressé quasi exclusivement à des affaires concernant le continent africain » (2016).
Alors que le magazine français Le Point s'interroge sur la possibilité d'une réconciliation entre l'Afrique et la Cour Pénale Internationale, dans sa livraison du 21 Janvier 2019.
C'est dire donc qu'un doute sévit sur l'objectivité, voire l'impartialité de cette cour de justice dans le traitement des affaires africaines, posant ainsi, l'absence d'une équité processuelle dans les prises de décision en matière de droit pénal international.

C'est pourquoi beaucoup d'intellectuels africains considèrent qu'il s'agit d'une cour de justice installée en Europe et financée par des puissances occidentales pour ne traiter essentiellement que d'affaires africaines. En effet, 90% des poursuites de la Cour Pénale Internationale concernent des africains (Fannie Lafontaine, 2014.).
Kenneth Roth, directeur exécutif de Human Rights Watch, justifie ce fait en ces termes : « dans cinq des huit pays ou des suspects sont activement poursuivis, l'Etat en question a lui-même demandé au tribunal d'intervenir ». Ce constat bat relativement en brèche l'accusation de harcèlement de l'Afrique puisque dans la plupart des cas ce sont les pays africains eux-mêmes qui sont à l'origine des poursuites de la Cour Pénale Internationale.
Cependant, si on se base objectivement sur les missions de la Cour Pénale Internationale, on peut valablement s'interroger sur son inaction ou manque d'intérêt concernant les crimes internationaux commis en Syrie, en Irak, en Afghanistan, en Tchétchénie ou en Palestine alors qu'elle a accepté d'être saisie pour des Etats non parties au Statut de Rome. Une telle singularisation de l'Afrique altère le caractère international de la Cour. Ce

qui amène le journaliste François Soudan à dire « qu'étant financée par les occidentaux, la Cour Pénale Internationale restera suspendu au-dessus d'un seul continent : l'Afrique ». Un autre fait dubitatif fragilisant l'impartialité de la Cour Pénale Internationale est relatif au cas Charles Taylor, ancien Président du Libéria, poursuivi et condamné en 2012 pour sa participation dans le commerce des diamants. Dans cette affaire, les réseaux de complicité pour le recel et la distribution des diamants en cause au niveau de certains pays européens ne semblent avoir aucun intérêt aux yeux de la Cour Pénale Internationale. Il résulte de ce constat le sentiment que la Cour Pénale Internationale est influencée par le jeu géopolitique des pays dominants sur la scène internationale. Il convient d'élargir son champ géographique au-delà du continent africain pour ne pas accréditer le sentiment de partialité. Néanmoins, on peut se féliciter du rôle dissuasif de la CPI qu'il joue au niveau du continent africain. A travers différentes procédures ciblant des hautes personnalités, la CPI lance un message clair de lutte contre l'impunité des crimes internationaux.

I Affaire Omar El Bachir et la Cour Pénale Internationale

Au lendemain de la seconde guerre mondiale, le Soudan, deuxième plus grand pays de l'Afrique trouve son autonomie. Il s'agit d'un Etat fédéral dont le nord est majoritairement arabe islamiste ; alors que le sud est composé d'animistes et de chrétiens. L'essentiel de l'économie du pays repose sur le pétrole qui se situe dans la zone sud. En 1956, le Soudan accède à l'indépendance avec comme capitale Khartoum. Il est dirigé par les arabes islamistes et une rébellion commence du côté des populations du sud. Le pays fait l'objet de nombreuses tentions et en 1958, le général Ibrahim Abbud prend le pouvoir et dissout les partis politiques. Les résistances du sud s'organisent de leur côté et créent le front de libération avec des militaires. Le Soudan fait dès lors l'objet d'alternance du pouvoir entre civils et militaires mais le pays est très marqué par la rébellion du sud. Cette situation continue jusqu'en 1972, année au cours de laquelle les pourparlers de l'Etat soudanais et le sud connaissent un important succès. Celui-ci aboutit à un accord dit accords d'Addis Abéba du 27 mars 1972. Ces accords confèrent au Sud-Soudan une large autonomie avec une assemblée régionale représentative des différentes provinces du sud. On assiste à une période de paix et des efforts de réconciliation au niveau du Soudan.

Mais cette situation de tranquillité a été bouleversée par la découverte de gisements de pétrole dans le sud en 1980. Le général président d'alors, Djafar al-Nimayri décide ainsi d'annuler les accords d'Addis Abéba et procède en 1983 à une division du Sud-Soudan. Ces actes marquent la fin de la trêve, n'ayant aucun contrôle sur les richesses de leur territoire, les sudistes reprennent leur rébellion. Sous la direction d'un colonel chrétien, John Garang, le Mouvement Populaire de Libération du Soudan est créé. Le président Nimayri fait appel aux frères musulmans et décide d'appliquer la Charia avec les lois de septembre 1983. Apres plusieurs contestations de son régime, il finit par être renversé par un coup d'Etat dirigé par le général Sawwar en 1986. Celui-ci rétablit la démocratie parlementaire. L'Umma des Mahdistes remporte en coopération avec les frères musulmans les élections de 1986. Les négociations avec Garang n'ont pas eu beaucoup de succès et l'armée finit par reprendre le pouvoir. Le général El Bachir arrive au pouvoir en 1990 et s'appuie sur le Front National Islamique. Des périodes d'agitation s'en suivent avec notamment des offensives contre le sud qui n'ont pas eu de succès. En plus de ces confrontations avec le sud, le gouvernement soudanais assiste à une détérioration de ses relations avec l'extérieur ; comme c'est le cas avec l'Egypte, l'Ethiopie, l'Erythrée ou la Lybie. Les Etats-Unis, eux, finissent par soutenir le mouvement de John Garang.

Les années 90 marquent une période trouble, la rébellion devient plus forte du fait de ses alliances avec l'opposition. A l'issue des élections de 1996, boycottées par l'opposition, El Bachir est officiellement élu président avec comme président du Parlement Hassan al-Tourabi du Front National Islamique. En 1997, les Etats-Unis de Carter adoptent un embargo économique contre le gouvernement soudanais car ils lui reprochent de soutenir le terrorisme international. Au même moment, des organisations humanitaires dénoncent des violations graves des droits de l'homme.

En 1998, Khartoum reconnait au sud un droit à l'autodétermination. Cet accord marque une période intérimaire à l'issue de laquelle un référendum devrait être organisé sur la question de l'indépendance du sud. Néanmoins, la question de l'application de la Charia n'était pas tranchée ; et la guerre continua malgré les cessez le feu de 1998 et 1999 pour permettre l'accès des aides alimentaires aux populations du sud du pays menacées par la famine. Les années 2000 sont marquées par des crises politiques internes.

Les relations du Général El Bachir avec son ancien allié et président du parlement, Hassan al-Tourabi se détériorent. Et ce dernier finit par dissoudre le Parlement et décrète l'état d'urgence tout en rétablissant l'activité des partis politiques. Plusieurs membres du gouvernement démissionnent et le Général El Bachir met en place un nouveau gouvernement en 2000 alors que l'ex président du Parlement crée son propre parti : le Congrès National du Peuple.
Aux élections de décembre 2000, le Général El Bachir est réélu président. Hassan al-Tourabi rejoint l'opposition en 2001 et signe un accord d'entente avec le SPLM du sud. Il est arrêté et placé en résidence surveillée. En 2002, les négociations entre le Nord et le Sud donnent naissance à la signature d'un protocole d'accord majeur qui porte sur deux points : le premier concerne une période d'autonomisation du sud à l'issue de laquelle un référendum sur son indépendance devrait être organisé. Le second se rapporte à la non application de la Charia au sud. En 2004, un accord sur le partage du pétrole est signé puis un accord a été trouvé sur une partie du territoire le Nil Bleu qui a longtemps été revendiqué par le sud.

L'accord de paix du 9 janvier 2005 marque la fin de la guerre civile au Soudan. Un conflit qui a duré plus de vingt ans et a fait au moins deux millions de morts et plus de six cent millions de déplacés au Soudan. Cet accord prévoit une gestion partagée du pouvoir dans le nouveau gouvernement d'union nationale du Soudan. 28% des fauteuils reviennent au SPLM reconverti en parti, 52% au parti des congrès nationaux du Général El Bachir, 14% à l'opposition du nord et 6% à celle du sud. Malgré le découpage des frontières par la Cour permanente de la Haye ; les territoires ayant un intérêt économique restent des sources de conflits.

Le conflit le plus important a commencé en février 2003 au Darfour, région très fertile qui se trouve au nord-ouest du Soudan. Cette région abrite deux ethnies différentes, les agriculteurs africains et les pasteurs arabes. Ces populations se disputent l'accès à la terre et à l'eau. Avec le soutien de Khartoum aux nomades, des mouvements rebelles ont vu le jour comme le Front de Libération du Darfour. Ces mouvements tiennent en échec les forces gouvernementales et Khartoum s'appuie alors sur des milices arabes pour combattre la rébellion d'origine négro-africaine. Ces confrontations ont été à l'origine de la commission de plusieurs actes qualifiés de catastrophes humanitaires. Un accord de cesser le feu a été conclu en 2004 mais il a été souvent violé malgré le déploiement d'une force de maintien de la paix de l'Union africaine. L'ONU déplore cette situation avec la détérioration de la situation humanitaire et tente d'y mettre fin. Ainsi la première résolution 1566 a été adoptée en juillet 2004, celle-ci qualifie la situation du Darfour comme une menace à la paix et à la sécurité internationale. Elle exhorte le gouvernement soudanais à y mettre fin en menaçant l'application de l'article 41. Face à l'absence de réaction du gouvernement soudanais, une deuxième résolution 1564 a été adoptée en septembre 2004. Cette dernière prévoit la mise en place d'une commission d'enquête de haut niveau sur la situation du Darfour. C'est l'ancien président du Tribunal Pénal International de l'ex-Yougoslavie, Antonio Cassese qui a été mis à la tête de cette commission. Suite à son enquête, il présente en janvier 2005 un rapport qui établit la responsabilité des forces gouvernementales dans la commission d'actes de torture et de viols perpétrés au Darfour mais le crime de génocide n'a pas été retenu. Après ces conclusions de la commission d'enquête, des sanctions devraient être appliquées et une cour devrait juger les responsables. Trois possibilités ont été évoquées : la création d'une nouvelle cour au niveau du tribunal pénal de Rwanda qui serait administré conjointement par l'Union africaine et l'ONU, une autre possibilité était la création d'un tribunal ad hoc et l'extension du mandat d'un tribunal existant et en dernier lieu la transmission de l'affaire à la CPI.

Cette dernière possibilité évoque quelques réticences du fait que le Soudan n'a pas ratifié le Statut de Rome donnant naissance à ladite cour. Ainsi les activités de la CPI pourraient être largement entravées par les autorités soudanaises pour qui la cour n'a pas d'autorité. Par conséquent, le premier problème posé était quel mode de saisine adopté dans le cas du Darfour. En effet le Statut ne prévoit que quatre modes de saisine de la cour : par un Etat membre, par un Etat non membre mais qui accepte que la cour traite des dossiers sur son territoire, sur propre initiative du procureur de ladite cour mais avec l'accord des juges et enfin sur initiative du Conseil de Sécurité de l'ONU. Dans la mesure où les trois premières possibilités étaient difficilement applicables au Soudan, c'est finalement le dernier mode de saisine qui sera retenu. C'est le 31 mars 2005 que le Conseil de Sécurité de l'ONU défère le cas du Darfour à la CPI par la résolution 1593. Par la suite, le Procureur reçoit tous les éléments de l'enquête menée par la commission de l'ONU au Darfour. Parmi ces documents, une enveloppe scellée dans laquelle figure les noms de personnes accusées de crimes internationaux. Après examen de ces documents, le Procureur de la CPI Luis Monero O campo ouvre officiellement au Darfour une enquête le 6 juin 2005. Il demande la coopération des autorités nationales et internationales et surtout celle des autorités africaines pour faciliter le travail de la Cour et la réconciliation. La chambre préliminaire de la CPI incrimine sept personnes ayant joué des rôles déterminants durant le conflit au Darfour et en avril 2007 elle lance un mandat d'arrêt à l'encontre de Ahmad Harun, ex-ministre soudanais chargé de l'intérieur et actuel ministre des affaires humanitaires. Il est accusé de crimes de guerre et de crimes contre l'humanité. En même temps, Ali Kushayb présumé dirigeant de miliciens Janjaouid est aussi accusé de crimes similaires. Quatre autres dirigeants ont aussi été incriminés : Bahar Idriss Abu Garda, président-coordinateur des opérations du Front Uni de résistance ; Abdallah Banda Abakaer commandant en chef du Mouvement pour la Justice ou l'Egalité, une des composantes du Front Uni, Nourain Saleh Mohammed Jerbo Janus, membre du Mouvement pour la Justice ou l'Egalité, Abdelrahim Mohammed Hussein, ministre soudanais de la défense.

La septième incrimination de la cour concerne une grande personnalité du Soudan, il s'agit d'Omar El Béchir président du Soudan depuis 1993. La CPI a ainsi lancé un mandat d'arrêt à son encontre le 4 mars 2009. Pour ce premier mandat d'arrêt, la cour l'accuse uniquement de crimes de guerre et de crimes contre l'humanité. C'est lors d'un second mandat d'arrêt délivré le 12 juillet 2010 que la cour finit par y ajouter les crimes de génocide. L'accusation estime que « dans la mesure où il était en droit et en fait le président de l'État du Soudan et le commandant en chef des Forces armées soudanaises pendant toute la période concernée, Omar el-Béchir a joué un rôle essentiel dans la coordination de l'élaboration et de la mise en œuvre ». La Chambre préliminaire de la CPI estime que le président soudanais « a joué un rôle dépassant la simple coordination puis qu'il exerçait un contrôle total sur toutes les branches de l'appareil d'État ». El Bachir est finalement accusé de cinq chefs de crimes contre l'humanité (meurtre, extermination, transfert forcé, torture et viol), de deux chefs de crimes de guerre (le fait de diriger intentionnellement des attaques contre une population civile en tant que telle ou contre des personnes civiles qui ne participent pas directement aux hostilités) et de trois chefs de génocide (génocide par meurtre , génocide par atteinte grave à l'intégrité physique ou mentale et génocide par soumission intentionnelle de chaque groupe ciblé à des conditions d'existence devant entraîner sa destruction physique).

L'affaire du Darfour pose au procureur des difficultés de deux ordres : d'une part le Soudan n'avait pas ratifié le Statut de Rome, ainsi la légitimité et la compétence de la CPI étaient difficilement reconnues par les autorités soudanaises.(Kate Crontin furman, 2013). Il faut rappeler que le Procureur avait dès le début de cette procédure fait appel à la coopération des autorités du pays. Mais les autorités en question n'avaient pas répondu favorablement à cet appel, (Vilmer, 2014). Ainsi, en décembre 2007 et juin 2008, le Procureur a dénoncé cette situation au niveau du conseil de sécurité de l'ONU. Cette institution a ainsi adopté une déclaration en juin 2008 qui rappelle au Soudan son obligation de coopérer avec la CPI. L'Union européenne a aussi demandé au Soudan d'arrêter et de remettre à la Cour Haroun et Kushayb. Ces différentes déclarations n'ont eu aucun effet car les personnes en questions continuaient d'être en liberté et même d'exercer leurs fonctions.

D'autre part, le cas El Béchir pose un autre obstacle à la cour du fait qu'il est président en exercice au moment de son inculpation. Il bénéficie ainsi du soutien de sa population sur le plan national. Il s'agit de celle du nord qui considère que la situation au Darfour est liée aux activités des rebelles qui menacent leur pays. Sur le plan international, El Bachir s'appuie sur les institutions régionales ou sous régionales comme l'Organisation de la Conférence Islamique, la Ligue Arabe ou encore l'Union Africaine. Le soutien de cette dernière se reflète dans les propos du président de la Commission de l'Union Africaine Jean Ping : « la justice internationale est à géométrie variable. Elle ne s'attaque qu'aux dirigeants des pays faibles. Si nous sommes contre l'impunité, nous constatons néanmoins deux poids deux mesures dans la mise en œuvre du principe de compétence universelle ». Ce sentiment est partagé par d'autres dirigeants africains. Par ailleurs, sur le plan légal, le Soudan prône l'application de l'article 16 du Statut de Rome. Cet article prévoit la suspension des poursuites pour une durée d'un an ou plus lorsque la sécurité internationale est menacée. Le Soudan a par ailleurs constamment remis en cause les rapports du Procureur.

Ainsi l'activité de la CPI au Soudan reste très limitée, les mandats d'arrêt contre le Président soudanais n'ont produit aucun effet. Lors du sommet de l'Union Africaine en Afrique du Sud qui s'est tenu du 7 au 15 juin 2015, la CPI a demandé aux autorités sud-africaines d'arrêter El Bachir. L'Afrique du Sud n'a pas obtempéré et El Béchir est rentré dans son pays. La CPI n'a pas omis de rappeler à l'Etat sud-africain son obligation en tant que signataire du Statut de Rome. C'est dans une décision du 12 juin 2015 que la chambre préliminaire II a précisé « qu'il n'existe aucune ambiguïté ni incertitude s'agissant de l'obligation qui est faite à la République d'Afrique du Sud d'arrêter Omar Al–Bachir et de le remettre sans plus tarder à la Cour, et du fait que les autorités sud-africaines compétentes en sont déjà informées ». Ceci serait le résultat d'une immunité implicite dont jouissaient tous les participants à ce sommet. L'attitude du président sud-africain Jacob Zuma s'expliquerait également selon certains analystes politiques par sa volonté de protéger les soldats sud-africains présents au Soudan en mission de paix.

Malgré les tentatives de la CPI pour l'arrestation et le jugement des différentes personnes incriminées, des jugements n'ont pu être exécutés. Les différentes personnes incriminées continuent d'être en liberté. Ils sont soit en exil, soit elles continuent d'occuper leurs postes. S'agissant de l'affaire Al–Bachir, le Bureau et les Chambres de la CPI ont continué de suivre les déplacements fréquents de ce dernier et ont longuement communiqué avec les États au sujet de l'obligation qui leur incombe de l'arrêter et de le remettre à la Cour. Pendant la période concernée, l'accusé s'est rendu en Égypte le 20 janvier, le 13 mars et les 28 et 29 mars 2015, en Éthiopie du 29 au 31 janvier et le 17 février 2015, en Arabie saoudite les 25 et 26 mars 2015, aux Émirats arabes unis du 21 au 24 février 2015, et en République d'Afrique du Sud du 13 au 15juin 2015. C'est le Vingt-et-unième rapport en application du paragraphe 8 de la résolution 1593 du Conseil de sécurité de l'Organisation des Nations Unies qui dresse la situation actuelle au Darfour. Après avoir déclaré sa déception sur la position de l'Etat sud-africain, la Cour fait état de ses intentions. Celles-ci consistent à privilégier d'autres affaires pendantes devant la Cour. La procureur a fait savoir à l'ONU « qu'il était difficile pour le Bureau, au vu de ses ressources limitées et de l'énorme charge de travail en cause, de s'investir pleinement et activement dans des enquêtes sur les crimes commis au Darfour alors que d'autres affaires concernant d'autres accusés – dans le cadre d'autres situations portées devant la Cour – actuellement détenus par la CPI et pour lesquels la procédure judiciaire progresse rapidement, nécessitent son attention. Nous n'avons pas pour autant clos les affaires dans le cadre de cette situation, mais nous avons placé en tête de nos priorités d'autres affaires qui se situent à un stade avancé ». Le Bureau du Procureur a ainsi décidé de ne plus faire de la situation au Darfour une priorité dans ses activités ; même si les enquêtes continuent d'être effectuées. En effet, le Bureau du Procureur a souhaité préciser qu'il n'a pas totalement mis fin aux enquêtes portant sur les crimes présumés commis dans cette région. Au contraire, le Procureur a toujours souligné la nécessité de veiller à ce que justice soit faite pour les victimes de ces crimes. Le Procureur Fatou Bensouda continue d'exhorter le Conseil de Sécurité des Nations Unies de mettre en œuvre les moyens nécessaires afin de permettre l'arrestation et le jugement des personnes incriminées.

II Le Cas Gbagbo et compagnie

Laurent Gbagbo a été le Président de la Cote d'Ivoire de 2000 à 2010. Voulant se maintenir au pouvoir, il aurait, en compagnie de Charles Blé Goudé ancien leader des jeunes du Front populaire ivoirien –FPI et d'autres membres de son parti, mis en place un système générateur de violence et de terreur pour sa réélection aux élections présidentielles de 2010. Ce système aurait consisté à attaquer de manière générale et systématique certaines populations considérées comme des partisans de son adversaire Alassane Ouattara. Ces attaques auraient été perpétrées par des partisans qui se dénomment « forces pro-Gbagbo » mais aussi par les Forces de Défense et de Sécurité (FDS) qui tous, étaient sous l'autorité et le commandement de Gbagbo. Leurs agissements sont supposés avoir eu lieu entre le 16 et le 19 décembre 2010 pendant et après une marche de partisans d'Alassane Ouattara qui se rendaient au siège de la RTI, le 3 mars 2011 lors d'une manifestation de femmes à Abobo, le 17 mars 2011 par bombardement au mortier d'un secteur densément peuplé d'Abobo, et le 12 avril 2011 ou aux alentours de cette date à Yopougon. Ainsi auraient été commis sur ces populations des actes de crimes, de viols et de persécutions.

A l'issue des élections présidentielles, la communauté internationale, consciente des atrocités post-électorales qui auraient été commises par le camp de Gbagbo, a décidé d'ouvrir une enquête à la demande des victimes. C'est ainsi qu'un mandat d'arrêt a été lancé contre Gbagbo et Blé Goudé respectivement le 23 novembre et le 21 décembre 2011. En effet, quatre chefs d'accusation de crimes contre l'humanité pèsent sur les deux accusés. Il s'agit de meurtres, de viols et d'autres violences sexuelles, d'actes de persécution et d'autres actes inhumains commis par les forces pro-Gbagbo et réprimés respectivement par les articles 7(1)(a), 7(1)(g), 7(1)(k), 7(1)(h) du Statut de Rome .

Gbagbo est poursuivi par la CPI en tant que co-auteur indirect en vertu de l'article 25(3)(a) du Statut de Rome. En effet, sa responsabilité repose sur le fait qu'il est supposé avoir ordonné, sollicité, encouragé, ou encore contribué à la commission des crimes en vertu des dispositions des articles 25(3)(b) et 25(3)(d) du Statut de Rome. En définitive, il serait considéré comme celui qui a conçu, supervisé un plan d'attaque contre les partisans de son adversaire, après avoir créé une force armée pour la réalisation du plan.

Suite à un mandat d'arrêt émis à leur encontre, Gbagbo et Blé Goudé ont été arrêtés puis transférés à la CPI respectivement le 30 novembre 2011 et le 22 mars 2014. Leur première comparution a eu lieu le 05 décembre 2011 pour Gbagbo et le 27 mars 2014 pour Blé Goudé. Et pour ce qui est de la décision de confirmation des charges, elle est intervenue le 12 juin 2014 concernant Gbagbo et le 11 décembre 2014 pour Blé Goudé. Enfin la similarité des chefs d'accusation, des victimes et le souci de rapidité de la procédure, ont conduit la CPI à joindre les deux affaires par une décision du 11 mars 2015. Pour éviter les risques sécuritaires et suite à des implications logistiques, l'ouverture de ce procès a eu lieu à la Haye le 28 janvier 2016.

L'affaire Gbagbo et Blé Goudé n'a pas cependant, manqué de faire l'objet de critique pour ce qui est de la compétence de la CPI. Cela s'explique par le fait que la Côte d'Ivoire n'est pas un Etat partie du Statut de Rome qui a instauré la CPI. En principe et en application du principe de territorialité, les juridictions ivoiriennes sont compétentes pour connaître de cette affaire. Mais le caractère international des crimes supposés et la pression, l'opinion internationale, ont poussé l'Etat ivoirien, par une décision en date du 18 avril 2003, à accepter la compétence de la CPI pour connaître de cette affaire. La base légale de cette possibilité découle des dispositions de l'article 12-3 du Statut de Rome qui stipule « Si l'acceptation de la compétence de la Cour par un État qui n'est pas Partie au présent Statut est nécessaire aux fins du paragraphe 2, cet État peut, par déclaration déposée auprès du Greffier, consentir à ce que la Cour exerce sa compétence à l'égard du crime dont il s'agit. L'État ayant accepté la compétence de la Cour coopère avec celle-ci sans retard et sans exception conformément au chapitre IX » (Sara Dezalay, 2017).

Toutefois, la confirmation de cette décision par la Côte d'Ivoire le 14 Décembre 2010 et le 03 Mai 2011 n'a pas freiné les contestations des avocats de Gbagbo sur la compétence de la CPI. Ils jugent d'une part, qu'il y a une incompétence de la Cour pour les faits et la période mentionnés dans le mandat d'arrêt, et d'autre part qu'il y a une nullité de la décision de confirmation du 18 avril 2003. Ces arguments semblaient être insuffisants devant la Chambre Préliminaire qui, par une décision du 11 juin 2013, a rejeté l'exception d'irrecevabilité soulevée par la défense au motif qu'il n'est pas démontré que Gbagbo fait l'objet de poursuites en Côte d'Ivoire pour cette affaire ou pour une autre.

Outre la question relative à sa compétence, la CPI, dans cette affaire, a encore vu son impartialité remise en cause. (Fannie Lafontaine, 2014). Cela s'explique par le fait que les conflits postélectoraux ont fait des victimes non seulement du côté des partisans d'Alassane Ouattara, mais aussi chez les partisans de Gbagbo. Les poursuites menées contre Gbagbo uniquement ont conduit certains à affirmer qu'il s'agit d'une justice des vainqueurs orchestrée par la justice internationale. De telles accusations ont fait réagir la procureure Fatou Ben

souda qui a précisé que des enquêtes seront menées et un traitement égal sera effectué sans distinction de l'appartenance politique de la personne soupçonnée.

III Le Cas Uhuru Kenyatta et compagnie

Le Président Uhuru Kenyatta, le vice-président William Ruto et Joshua Arap Sang animateur de radio, seraient au centre des conflits postélectoraux de 2007-2008 au Kenya. L'ampleur des crimes imputés à ces derniers justifie l'inexistence d'un chiffre précis sur le nombre de morts. Durant les élections de 2007-2008, Ruto et Kenyatta étaient deux adversaires politiques farouchement opposés. Après la proclamation des résultats qui donne la victoire à Kibaki , adversaire de Raila Odinga , des crimes auraient été commis à l'encontre des partisans du PNU parti de l'ancien président Mwai Kibaki et une expulsion forcée de la vallée du Rift menée contre des groupes ethniques Kikuyu, Kamba et Kisii. Ces exactions planifiées bien avant les élections de 2007, auraient été accomplies par des responsables du Mouvement Démocratique Orange (Orange Démocratique Mouvement, ODM) de Raila Odinga. Ces responsables sont principalement William Ruto vice-président du Kenya et son coaccusé l'animateur de radio de la station Kas FM basée à Eldoret Joshua Arap Sang qui, par ses messages radio, est supposé avoir favorisé les attaques. D'un autre côté, des crimes auraient également été commis

dans les villes de Nakuru et de Naivasha fief des partisans de l'ODM mais sont imputés à Uhuru Kenyatta, membre du PNU de l'époque.
Après les élections de 2007, Ruto et Sang ont été accusés de crimes contre l'humanité, de meurtres, déportation ou transferts forcés de population et persécution contre des partisans du Parti de l'unité nationale (Party of National Unity, PNU) de l'ancien président Mwai Kibaki. Leurs agissements se sont matérialisés par la destruction de biens appartenant à des groupes ethniques Kikuyu, Kamba et Kisii.

S'agissant de Kenyatta, il était accusé d'être pénalement responsable des crimes contre l'humanité identiques à ceux imputés à Ruto et Sang, mais contre des partisans de l'ODM. Il a été poursuivi en tant que co-auteur indirect en application de l'article 25-3-a du Statut de Rome qui stipule « Aux termes du présent Statut, une personne est pénalement responsable et peut être punie pour un crime relevant de la compétence de la Cour si elle commet un tel crime, que ce soit individuellement, conjointement avec une autre personne ou par l'intermédiaire d'une autre personne, que cette autre personne soit ou non pénalement responsable »
Suite à de tels chefs d'accusation, le procureur devait démontrer d'une part, que Kenyatta avait recruté les Mungiki, une organisation criminelle, pour mener des attaques contre des partisans supposés de l'ODM dans les villes de Nakuru et de Naivasha et alentours pendant la dernière semaine de janvier 2008. D'autre part, il revenait au parquet de prouver d'un côté, que Ruto a planifié puis supervisé l'exécution des exactions dans la vallée du Rift et d'un autre côté, que Sang a facilité ces exactions par des messages radios codés.

Les accusations portées par le parquet international n'ont pas donné lieu à un mandat d'arrêt à l'encontre des trois accusés. Seules des citations à comparaitre volontaires ont été émises. A la date du 23 janvier 2012, le juge a rendu sa décision de confirmation des charges. Il est important de souligner que Kenyatta a été le premier Président à comparaitre volontairement devant la CPI le 08 octobre 2014. Pour ce qui est du procès de Ruto et de Sang, il a débuté le 10 septembre 2013 à la Haye.
Pour ce qui est du procès proprement dit, son ouverture a été ajournée pour défaut de preuve et c'est ce qui explique la décision de la procureure du 5 décembre 2014 concernant l'abandon des charges portées contre Kenyatta. En effet, le retrait des charges est, à la lecture des arguments de la procureure, dû à l'insuffisance d'éléments de preuve justifiant, au-delà de tout doute raisonnable, la responsabilité criminelle de Kenyatta. Le retrait des charges par le parquet a produit des effets sur la conduite à tenir par la

Chambre de Première Instance qui à son tour, par une décision en date du 13 Mars 2015, abandonne les charges retenues à l'encontre de Kenyatta. Cependant une remarque importante est à souligner concernant la décision de non-lieu de la procureure. Cette décision relève en fait de plusieurs obstacles qui émanent des autorités kényanes. C'est pourquoi la procureure a souligné que « la non-transmission de certains documents importants par les autorités kényanes a eu des répercussions fâcheuses sur cette affaire » et « entravé ma capacité à mener une enquête à son terme ». Cette affirmation de la procureure s'explique par la non coopération du Kenya qui depuis l'émission des chefs d'accusation contre Kenyatta et Compagnie, a manifesté son refus systématique de coopérer avec la CPI. Il s'en est suivi des accusations de subordination et intimidation de témoins contre les autorités Kényanes. A cela s'ajoute le soutien des membres de l'Union Africaine qui, depuis longtemps, fustigent l'acharnement sur les Chefs d'Etats Africains par la juridiction pénale internationale.
A la suite de la décision sur le retrait des charges à son encontre, Kenyatta affirme qu'il est « soulagé par cette décision qui aurait dû être prise il y a déjà six ans (..). ». Toutefois, il faudra préciser qu'il y a seulement un abandon des charges pour défaut de preuve et non un acquittement. Dès lors, l'affaire pourra revenir si la procureure dispose de nouveaux éléments de preuve. C'est ce qui pousse la procureure à affirmer que l'abandon des charges n'exclut pas «la possibilité de retenir de nouvelles charges contre M. Kenyatta»

La position des victimes ne s'est pas faite attendre. Pour ces dernières, l'issue de cette affaire favorise l'impunité. En effet, en prenant position après l'abandon des charges par la procureure, Fergal Gaynor représentant des victimes a souligné qu'il s'agit d'une « trahison cruelle des victimes », et que « la quête de justice des victimes a été terriblement entravée, à la fois au Kenya et devant la CPI (…) Le système judiciaire pénal kenyan n'a pas rendu justice aux victimes survivantes. Des milliers vivent aujourd'hui dans la misère, sans aucune indemnisation pour la destruction de leur maisons, entreprises et familles ».
Enfin, le constat pour les défenseurs des droits de l'Homme va dans le sens qu' « abandonner l'affaire Kenyatta accorde un blanc-seing à l'impunité (.Michael Broache 2014). Les victimes des violences postélectorales restent sans recours pour obtenir justice et réparation». Il faut toutefois se demander s'il était réaliste pour la CPI de continuer à poursuivre Kenyatta et Ruto, les deux plus importants dirigeants du Kenya qui ont entre-temps fait la paix et sont devenu respectivement président et vice-président de

leur pays. La stabilité du Kenya en tant que nation a certainement prévalu aux dépens des victimes des violences politiques qui, tout au moins, devraient bénéficier de compensations financières au titre des dommages et intérêts.

CHAPITRE 3 :
Les juridictions pénales internationales spécifiques à l'Afrique

I. L'historique de la création du tribunal international pour le Rwanda

En raison de la violation du droit international humanitaire lors de la guerre civile rwandaise, le conseil de sécurité des Nations-Unies a eu l'idée de création d'une instance pénale internationale chargée de juger les auteurs des crimes de génocide : le tribunal pénal international pour le Rwanda. La création de cette juridiction étant justifiée par le caractère odieux des massacres fait que son historique reste lié à la nécessité de lutter contre l'impunité. Compte tenu de son caractère international, le TPIR dispose d'une structuration et d'un mode de fonctionnement particuliers. Quoi qu'il en soit, le TPIR a pu atteindre les objectifs de sa création en mettant en accusation près de quatre-vingt-treize personnes. Une appréciation positive pourrait sanctionner un tel résultat même si de nombreuses critiques ont été émises à son endroit.

Du 7 avril 1994 à juillet 1994 au Rwanda, plus de huit cent mille Tutsis ont été massacrés par le régime Hutu au pouvoir. De telles atrocités trouvent leur source dans une guerre civile entre le gouvernement rwandais, regroupant essentiellement des Hutus et le Front patriotique rwandais essentiellement Tutsis. Cette guerre civile trouve son origine dans le changement politique de 1959 ayant entrainé la fuite de nombreux Tutsis. En octobre 1990, des Rwandais exilés et regroupés au sein du Front patriotique rwandais-FPR ont décidé de revenir au pays et de prendre le pouvoir par les armes. Ils occuperont pendant près de trois ans une partie du pays. Pour tenter de dissuader le Front patriotique rwandais de poursuivre sa reconquête, le pouvoir Hutu se donna comme mission de procéder à une tuerie massive ciblant les Tutsis.
C'est le 28 juin 1994 que l'ONU a publié son premier rapport officiel en indiquant l'existence d'un génocide systématique et planifié au Rwanda. Par la suite, il a été recommandé que les auteurs soient traduits en justice. Le 1er juillet 1994, le Conseil de sécurité de l'ONU manifesta sa réelle préoccupation sur la violation du droit international humanitaire au Rwanda pour finalement inciter le Secrétariat Général à mettre sur pied une commission impartiale d'experts aux fins d'examiner les atrocités commises dans ce pays. A la lecture des conclusions de cette commission, la gravité des crimes nécessitera la mise en place d'une juridiction pénale internationale pour les acteurs du génocide. Mais mis à part les initiatives

de l'ONU, les dirigeants rwandais par une lettre datée du 01 octobre 1994 ont sollicité l'assistance internationale pour lutter contre l'impunité.
Ainsi, c'est le 08 novembre 1994 que le Conseil de sécurité de l'ONU a décidé, par une résolution 955 de créer un tribunal international habilité à juger les personnes présumées responsables de violations graves du droit international humanitaire commises sur le territoire du Rwanda et les citoyens rwandais présumés responsables de tels actes ou violations commis sur le territoire d'États voisins, entre le 1er janvier et le 31 décembre 1994. Ainsi fut créé le Tribunal Pénal International pour le Rwanda. Pour motiver la création du TPIR, l'ambassadeur rwandais a déclaré lors de l'adoption de la résolution, que « le tribunal aiderait à la réconciliation nationale et à la reconstruction d'une nouvelle société fondée sur la justice sociale et le respect des droits fondamentaux de la personne, tout cela n'étant possible que si les responsables de la tragédie rwandaise sont traduits en justice ».
Son siège se situe à Arusha en Tanzanie et la Chambre d'appel siège à La Haye (Pays-Bas). Le TPIR constitue la deuxième instance judiciaire internationale créée et chargée de juger les responsables de crimes contre l'humanité depuis les procès de Nuremberg et de Tokyo en 1945.

A. Structuration du Tribunal Pénal International pour le Rwanda -TPIR

En tant que juridiction pénale, le TPIR est composé selon l'article 10 de son statut, de chambres, d'un procureur et d'un greffe.
S'agissant des chambres, elles sont au nombre de trois : deux chambres de première instance et une chambre d'appel. En effet, chaque chambre de première instance est constituée de trois juges permanents et d'un maximum de six juges ad litem et peut compter jusqu'à trois sections. Par contre la chambre d'appel comprend sept juges permanents et chaque appel est entendu par cinq juges. Les juges élisent le Président du tribunal selon l'article 13.1 du statut du TPIR.
Pour ce qui est du procureur, ses attributions ont été prévues par l'article 15 du statut. Il est chargé des enquêtes, des poursuites et est indépendant de l'ensemble des autres organes du Tribunal. Il est nommé pour un mandat de quatre ans renouvelable par le Conseil de Sécurité sur proposition du Secrétaire général des Nations Unies et devient procureur spécial.

Enfin, concernant le greffe, il est selon l'article 16.1 du statut, responsable de l'administration et de la gestion du tribunal. Outre la structuration, le fonctionnement du TPIR est également particulier malgré la prise en compte des principes généraux d'un procès pénal(III).

B. Le fonctionnement du Tribunal Pénal International pour le Rwanda

Le TPIR est compétent pour connaitre des crimes commis entre le 1er janvier et le 31 décembre 1994 sur le territoire du Rwanda et sur le territoire d'États voisins en cas de violations graves du droit international humanitaire commises par des citoyens rwandais, du génocide, des crimes contre l'humanité. En outre, il exerce sa compétence en concurrence avec les juridictions nationales. La règle du « non bis idem » reste applicable devant le TPIR. Toutefois, une personne jugée par une juridiction nationale ne peut l'être de nouveau par le TPIR que si le fait pour lequel elle a été jugée était qualifié de crime de droit commun ou, si la procédure nationale engagée devant elle visait à la soustraire à sa responsabilité pénale internationale.

Le TPIR dispose d'un règlement de procédure de type anglo-saxon. Les juges n'ont aucune information sur le dossier avant le procès et ne statuent que d'après ce qu'ils entendent au prétoire. C'est ce qui explique d'ailleurs l'absence d'instruction préalable. Il faut préciser que le TPIR a été créé sur la base du modèle accusatoire. C'est pourquoi les juges ne sont pas tenus d'avoir une connaissance préalable du dossier concernant la culpabilité des accusés et la détermination de la sanction ne se fait que sur la base des éléments de preuve c'est à dire après audition des témoins et présentation des arguments des parties. Sur la procédure, le procureur, maitre des poursuites se saisit d'office sur la base des renseignements qui lui ont été transmis et apprécie de l'opportunité des poursuites. L'absence d'instruction préalable fait qu'il se charge non seulement d'enquêter mais aussi d'instruire en accomplissant l'ensemble des actes d'instruction (interrogations, auditions des témoins, conservation des preuves etc.). Sa décision de poursuivre donne lieu à un acte d'accusation qui sera transmis à un juge de la chambre de première instance. Cet acte d'accusation fera l'objet de confirmation par le juge s'il estime les poursuites fondées. Dès lors il sera laissé au juge le choix de décerner des mandats et ordonnances.
Durant le procès, la Chambre est tenue de veiller au respect d'un procès équitable et des principes généraux d'un procès pénal. L'accusé doit être informé des chefs d'accusation portés contre lui et de son droit de présenter ses moyens de défense. Les droits qui lui sont accordés analogues à ceux de droit commun et sont énumérés à l'article 20 du statut. Les accusés sont

libres de se faire représenter par le conseil de leur choix, et lorsqu'ils ne sont pas en mesure de le faire, le Tribunal est tenu de leur en commettre un d'office. Dans ce dernier cas, les accusés doivent choisir un avocat sur une liste de conseils, en provenance du monde entier, qui ont manifesté le désir de travailler avec le TPIR.

Le tribunal ne prononce que des peines d'emprisonnement exécutées au Rwanda ou dans un Etat désigné par lui, et peut ordonner la restitution de tous les biens obtenus illicitement, comme stipulé par les dispositions des articles 23 et 26 du statut.

Les recours déposés par les accusés ou les condamnés ou par le Procureur, relatifs aux erreurs sur un point de droit, ou aux erreurs de fait ayant entrainé une erreur judiciaire sont traités en appel par la chambre d'appel qui peut soit confirmer, soit annuler ou réviser les décisions de première instance.

Le TPIR a émis les premiers actes d'accusation en novembre 1995 et l'ensemble de ses enquêtes devaient être terminées en fin 2004, y compris les procès en appel, en 2010. Le TPIR n'a cependant pas réussi à finaliser son travail dans les délais. C'est pour cette raison que le Conseil de sécurité a mis en place le mécanisme international appelé à exercer les fonctions résiduelles des tribunaux pénaux, et ce à travers sa résolution 1966. Par ce fait, cette résolution a prévu l'entrée en fonction de la division chargée du mandat du TPIR le 1er juillet 2012. Jusqu'à fin 2015, date de fermeture officielle du tribunal, certaines compétences du mécanisme se sont chevauchées avec celles du TPIR. Grace à son fonctionnement, le TPIR est parvenu à juger les principaux auteurs et complices du génocide de 1994.

C. Les résultats du Tribunal Pénal International pour le Rwanda

Depuis son ouverture en 1995, le Tribunal a mis en accusation quatre-vingt-treize personnes considérées comme responsables des violations graves du Droit international humanitaire commises au Rwanda en 1994. TPIR a inculpé 93 personnes, en a condamné 61 et en a acquitté 14, contribuant d'une manière sans précédent à faire connaître la vérité sur l'un des plus grands génocides du vingtième siècle ; il a inauguré une nouvelle ère de lutte contre l'impunité en Afrique et il a contribué à rendre la justice aux victimes.

Il faut aussi noter que le TPIR est ainsi le premier tribunal international à avoir prononcé un jugement relatif au génocide et le premier à interpréter la définition du génocide énoncée dans les Conventions de Genève de 1948 , à définir le viol en droit pénal international, à reconnaître le viol comme un moyen de perpétrer le génocide et à déclarer coupables les membres des médias pour avoir diffusé des programmes destinés à inciter le public à commettre des actes de génocide. Le 20 décembre 2012, le TPIR a rendu son dernier jugement dans l'affaire Ngirabatware et a mis en accusation trois personnes encore en fuite: Félicien Kabuga, Protais Mpiranya et Augustin Bizimana pour génocide et crimes contre l'humanité.

Pour ce qui est des recours, les appels du Procureur et de la défense dans l'affaire Rutaganda sont en délibéré. Un acquittement a également été prononcé par la Chambre de première instance et confirmé par la chambre d'appel, celui d'Ignace Bagilishema, Bourgmestre de Mabanza .
Malheureusement deux affaires sont terminées sans avoir été jugées au fond, à la suite du retrait des actes d'accusation. La première implique Bernard Ntuyahaga . La Chambre de première instance a pris la décision d'accorder au Procureur le retrait de son acte d'accusation le 18 mars 1999 et de remettre en liberté le major Ntuyahaga, la seconde concerne Léonidas Rusatira.

Diverses condamnations ont été prononcées par le TPIR conformément à ses objectifs. Il en est ainsi des condamnations à perpétuité à l'encontre de Jean Paul AKAYESU, Sylvestre Gacumbitsi et Jean Kambanda . A cela s'ajoute, les condamnations à la prison à vie contre Jean de Dieu Kamuhanda, François Karera, Clément Kayishema, Mikaeli Muhimana, Alfred Musema, Emmanuel Ndindabahizi, Eliezer Niyitegeka et Georges Anderson Nderubumwe Rutaganda. Enfin des peines différentes ont aussi été prononcées contre les personnes suivantes : Jean-Bosco Barayagwiza, 32 ans; Paul Bisengimana, 15 ans ; Samuel Imanishimwe, 12 ans ; Juvenal Kajelijeli, 45 ans; Ferdinand Nahimana, 30 ans; Hassan Ngeze 35 ans; Elizaphan Ntakirutimana 10 ans; Gérard Ntakirutimana 25 ans; Joseph Nzabirinda 7 ans; Juvenal Rugambarara 11 ans; Georges Ruggiu 12 ans ; Vincent Rutaganira 6 ans; Obed Ruzindana 25 ans; Laurent Semanza 35 ans; Omar Serushago 15 ans; Théoneste Bagosora, 35 ans et Aloys Simba, 25 ans.

Enfin, au cours de la période allant du 1er juillet 2014 au 30 juin 2015, la Chambre d'appel a rendu trois arrêts concernant quatre personnes, ce qui porte à 55 le nombre total de personnes dont les appels ont été tranchés. Le

Tribunal a vu l'achèvement, avant le 31 décembre 2014, des procédures d'appel dans l'ensemble des affaires, sauf une, le dernier arrêt en l'affaire Nyiramasuhuko et consorts (Butare) concernant six accusés étant prévu pour le dernier trimestre de 2015. Les procédures en première instance ont été menées à terme en 2012.
Même si ces résultats semblent satisfaisants, le TIPR n'a pas pu échapper à des critiques depuis sa création.

D. Les critiques adressées à l'encontre du Tribunal Pénal International pour le Rwanda

De nombreuses critiques ont été apportées à l'endroit du TPIR. Certaines datent de ses premières affaires et d'autres ont été émises au fil du temps. En effet, la première critique trouve sa source dans l'affaire Joseph Kanyabashi dans laquelle, la compétence du Conseil de Sécurité à mettre en place le TPIR a été jugée inappropriée au regard du chapitre VII de la Charte des Nations Unies. L'accusé a considéré que la souveraineté des États, notamment celle du Rwanda, a été violée parce que le TPIR n'a pas été établi en vertu d'un traité. En réponse à cette critique, la Chambre de première instance a soutenu que le Conseil de Sécurité avait une large marge d'appréciation lorsqu'il déterminait l'existence d'une menace pesant sur la paix et la sécurité internationales, et que son autorité en la matière ne pouvait être contestée, (Anne Charlotte Martineau, 2007,2015).

Une autre critique a été émise en 1997 par le Bureau des services de contrôle interne des Nations Unies. D'après son rapport sur la vérification des comptes et inspection du TPIR en date du 06 février 1997, de graves carences sont relevées dans la gestion de nombreux secteurs du TPIR. Le Bureau a déclaré qu'« aucun secteur administratif du Greffe ne fonctionne de façon efficace ». C'est en ce sens que le procureur adjoint et le greffier ont été remplacés par des hauts fonctionnaires.
Aujourd'hui, les critiques contre le TPIR sont relatives à la lenteur des procédures judiciaires et au cout important des procès. En sus, le président du TPIR demande le retour des archives au Rwanda car elles font partie intégrante de l'histoire du pays.

II. Le Tribunal Spécial pour la Sierra Leone

La Sierra Léone est un pays de l'Afrique de l'Ouest riche en ressources minières. Ancienne colonie anglaise, elle a pris son indépendance en 1961. Mais quelques années après son accession à la souveraineté internationale, le pays est victime de coup d'Etat puis de dictature. Durant les années 1988-1989, une rébellion armée voit le jour, le Revolutionary United Front (RUF) dirigée par Foday Sankoh. Dès 1991, le RUF mène des attaques contre le gouvernement sierra léonais sous la magistrature du Président

Ahmet Tijan Kabbah. Ces événements marquent le début de la guerre en Sierra Léone. Malgrè quelques moments de trêve, les conflits reprennent le dessus. En 1997, le RUF s'allie avec des membres de l'armée sierra léonaise pour former les Armed Forces Revolutionary Council- AFRC dirigée par Johnny Paul Koroma. Ils finissent par prendre le pouvoir par coup d'Etat le 25 mai 1997.

Une résistance est mise en place par des troupes composées de différentes ethnies du pays dirigées par Hinga Norman : Civil Defence Forces- CDF. En février 1998, les putschistes sont chassés du pouvoir et le président Kabbah est réinvesti dans ses fonctions avec le soutien du CDF. En 1998, les RUF/AFRC reprennent les attaques et occupent la capitale Freetown durant quelques semaines. Puis ils sont obligés de se retirer pour se retrouver vers le nord du pays.

Ces différentes étapes sont les pires moments de la guerre notamment pour la population civile. Le 7 juillet 1999, le gouvernement signe un nouvel accord de paix à Lomé au Togo avec Foday Sankoh. Cet accord prévoyait une amnistie totale des différents responsables de la guerre. Cet accord ne suffira pas pour mettre fin à la guerre de façon définitive. En novembre 2000, les conflits reprennent à la suite d'un nouvel accord qu'aucune des parties ne respectent. Les Nations Unis ont dû augmenter le nombre de soldats et d'observateurs. C'est finalement à la fin de l'année 2001 que quelques 3000 enfants soldats sont relâchés ; il s'agit de garçons de même que des femmes sierra léonaises et guinéennes. C'est le 18 juin 2002 que la fin de la guerre est officiellement déclarée. Elle laisse le pays dans une situation désastreuse avec un bilan très lourd.

Une reconstitution du pays devait se faire et les responsabilités des différents massacres et violations graves des droits de l'homme situées. C'est dans ce cadre qu'en 2002, à la demande du gouvernement sierra léonais une juridiction spéciale est créée par l'ONU. Ainsi, le Tribunal Spécial pour la Sierra Léone-TSSL a été mis en place par la résolution 1315 du Conseil de sécurité du 14 aout 2000. L'accord dit « Accord entre l'ONU et la Sierra Léone sur la création d'un tribunal spécial » est signé à Freetown le 16 janvier 2002, puis ratifié par le parlement sierra léonais en mars 2002.

A. Structuration et fonctionnement du tribunal

Comme son nom l'indique, le TSSL est une juridiction spéciale. Il s'agit donc d'une institution destinée à juger. Son caractère spécial découle du fait qu'elle a été créée dans un but précis. Il s'agit de poursuivre et de juger les personnes responsables des crimes commis durant la guerre civile sierra léonaise et certains crimes du droit sierra léonais. Cette spécificité différencie le TSSL des autres juridictions dites de droit commun que l'on retrouve dans l'organisation judiciaire des Etats.

Le TSSL est un tribunal pénal mixte, cela veut dire qu'il s'agit d'une juridiction composée de nationaux et d'internationaux et destinée à punir les infractions pénales. Il est composé d'une chambre de première instance et d'une chambre d'appel mais aussi d'un bureau du procureur. La première est composée de 3 juges dont l'un est nommé par le gouvernement sierra léonais et les deux autres par l'ONU ; la seconde comprend 5 juges dont 2 sont nommés par le même gouvernement et les 3 autres par l'ONU. Le bureau du procureur quant à lui, est composé d'un procureur et d'un adjoint ; le premier est nommé par l'ONU et le second par le gouvernement sierra léonais.

Le tribunal est compétent pour juger les crimes contre l'humanité, les violations de l'article 3 commun aux conventions de Genève et celle du Protocole additionnel 2, les autres violations du droit international humanitaire et enfin les crimes prévus par les lois du pays. Il s'agit de crimes comme le meurtre, la torture, le viol, l'enrôlement d'enfants de moins de 15ans, les prises d'otages, etc.

C'est le procureur qui décide des personnes à poursuivre, puis les incrimine avant de les soumettre au jugement de la chambre de première instance. Une fois que celle-ci a rendu son jugement, une possibilité de formuler un appel de la décision au niveau de la chambre d'appel est offerte aux personnes en contestation. La décision de la chambre d'appel n'est quant à elle susceptible d'aucun appel.

B. Les résultats du tribunal pour la Sierra Leone

Le travail du tribunal aurait pu être entravé par l'accord de Lomé de 1999 qui prévoyait une amnistie des membres du RUF. Mais l'ONU avait prévu une réserve n'accordant pas l'amnistie aux crimes les plus graves.

Les poursuites du TSSL ont été limitées aux plus grands responsables des crimes et violations graves des droits humains. Autrement dit, seuls les principaux dirigeants durant la guerre devaient être jugés. C'est ce qui est prévu à l'article 1 paragraphe 1 de l' « Accord entre les Nations Unies et le gouvernement de la Sierra Léone sur l'établissement d'un tribunal spécial pour la Sierra Léone ». C'est le 30 juin 2003 que le tribunal a démarré ses activités. Le bureau du procureur dirigé par David Crane a mis en accusation 13 personnes. Parmi ces personnes, on peut distinguer des dirigeants du RUF, de l'AFRC mais aussi des membres du CDF dont le général Hinga Norman et le président libérien Charles Taylor. Ce dernier est accusé d'avoir soutenu certains acteurs clés du conflit notamment les dirigeants du RUF. Deux d'entre eux, Foday Sankoh et Sam Bockarie sont décédés en prison avant d'être jugés.

Ainsi finalement 11 personnes ont été jugées par le tribunal spécial. Quatre procès ont été organisés devant le TSSL. Les trois premiers concernaient les principaux dirigeants de la guerre. Ces personnes ont été entendues en chambre de première instance et parfois même en appel. Elles ont été condamnées à des peines de prison très lourdes. Le quatrième procès était celui du président Charles Taylor. Celui-ci étant en exil, refusait de répondre aux convocations du bureau du procureur. Son procès s'est finalement déroulé à la Haye au Pays Bas en 2012. Il a été condamné à 50 ans de prison par les deux chambres du TSSL. Ce procès marque la fin des activités du tribunal spécial qui a fermé ses portes en décembre 2013. Un tribunal spécial résiduel a été mis en place pour superviser la mise en œuvre des actions du TSSL.

C. Les critiques adressées au tribunal

Parallèlement à la création du tribunal spécial, une commission de vérité et de réconciliation a été mise en place. Cette situation a très vite suscité des craintes sur « l'utilité limitée » du tribunal. Du moins, c'est ce qui ressort des observations de William Schabas. Egalement, le non-respect de certaines prévisions a été reproché à la juridiction hybride. En effet, prévu pour une durée de 3ans, le tribunal a finalement fermé ses portes après 15 ans d'existence (janvier 2002-décembre 2013). De même, le budget initialement prévu a été largement dépassé (de 75 millions à 300 millions).

Par ailleurs, certains craignaient un certain contrôle du président A.T. Kabbah sur les activités du tribunal. Mais cette situation a été évitée du fait de la nomination du Procureur Crane de nationalité américaine. De plus, l'arrestation du général Norman considéré comme un héros national durant la guerre civile et allié de Kabbah a conforté l'indépendance du tribunal.
Les critiques n'ont pas été uniquement négatives. En effet, Miguel S Soares a félicité le travail du TSSL le qualifiant « d'avancée majeure, non seulement pour la Sierra Léone mais également pour le droit pénal international en général ». Pour le président Kabbah, « le TSSL aura été le symbole de la primauté du droit international » bien qu'il n'ait pas apprécié l'arrestation du général Norman ancien ministre de son gouvernement. Aussi l'actuel secrétaire général de l'ONU Ban Ki Moon a salué l'héritage impressionnant du TSSL et le rôle qu'il a joué dans la quête universelle de justice.

Au final, malgré la longue prolongation de sa mission, le TSSL reste la seule juridiction pénale spéciale ayant accompli complétement sa mission et donc qui a satisfait aux objectifs qui ont été à l'origine de sa création. Ceci n'est pas le cas pour les juridictions de l'ex-Yougoslavie et du Rwanda.

III. Des cas africains célèbres de lutte contre l'impunité

Dans l'histoire de la justice internationale et de la lutte contre l'impunité en Afrique, le cas Théoneste Bagosora pour le Tribunal Pénal International pour le Rwanda ainsi que celui de Charles Taylor pour le Tribunal Spécial pour la Sierra Leone, constituent avant le cas Hissène Habré, les affaires pénales internationales les plus célèbres du continent africain. Le rôle ces deux acteurs dans les crimes de leur pays et leurs jugements très médiatisés signent le début d'une nouvelle ère de dissuasion concernant les violations graves de droits humains et les crimes contre l'humanité en Afrique

A. L'affaire Théoneste BAGOSORA

Colonel à la retraite et directeur de cabinet du ministre de la défense rwandais en avril 1994, Théoneste Bagosora a été à la tête des affaires militaires à la suite de la mort du Président Juvénal Habyarimana. Il a eu à poser les jalons de l'élimination des tutsis et des hutus modérés. Ses messages radios incitatoires, sa participation à la préparation et à l'exécution des crimes feront de lui un des instigateurs du génocide rwandais.

Suite aux événements atroces de 1994, Bagosora est accusé de génocide, d'entente en vue de commettre le génocide, de complicité de génocide, d'incitation publique et directe à commettre le génocide, de crimes contre l'humanité et de violations de l'article 3 commun aux Conventions de Genève et de son second Protocole additionnel. De telles accusations se justifient par sa participation à la planification, à la préparation et à l'exécution d'un plan de génocide. Ainsi, il a été considéré comme l'auteur matériel ou l'incitateur de ces crimes en toute connaissance de cause. Son action se serait matérialisée par ses ordres pour la tuerie, la fourniture d'armes, l'établissement de la liste des personnes à abattre, l'incitation à l'extermination des tutsis et des hutus modérés

Après son arrestation le 9 mars 1996, Bagosora a été conduit devant le TPIR où son procès a débuté le 2 avril 2002. Au cours du procès, 84 témoins ont été cités par le procureur entre mars 2002 et octobre 2004 avec une demande de condamnation à perpétuité dans son réquisitoire. La défense quant à elle, a présenté 38 témoins entre janvier et avril 2005 tout en plaidant non coupable pour tous les chefs d'accusation.

C'est seulement le 18 décembre 2008 que Bagosora a été condamné à perpétuité par la Chambre de Première Instance pour les chefs d'accusation cités ci-dessus, mais a rejeté

la culpabilité pour l'entente en vue de commettre un génocide. Suite à cette décision, les avocats de la défense ont interjeté appel devant la Chambre d'appel du TPIR qui ouvre le procès le 30 mars 2011 et statue le 14 décembre de la même année.

Dans sa décision, la chambre d'appel a confirmé la culpabilité de Bagosora mais a ramené la peine à 35 ans de prison. Cette réduction de la peine s'explique par le fait que contrairement au juge de première instance, le juge d'appel estime que Bagosora n'a pas ordonné les crimes commis dans des barrages routiers de Kigali. En revanche, elle a retenu la responsabilité de Bagosora en tant que supérieur hiérarchique responsable des agissements de ses préposés.

Après analyse de la décision du juge, il faut noter à la lecture de l'article 1 du Statut que la compétence du TPIR ne suscite aucun doute étant donné que les infractions poursuivies ont été commises au Rwanda entre le 1er janvier et le 31 décembre 1994. Aussi, ces infractions ont été prévues par les articles 2, 3 et 4 du statut concernant respectivement le Génocide, les crimes contre l'Humanité et les violations de l'article 3 commun aux Conventions de Genève et du Protocole additionnel I. Ce qui permet de dire que le respect du principe de légalité criminelle a prévalu tout au long du procès.

D'autres aspects peuvent également être relevés dans cette affaire. En effet, le recours aux principes de la responsabilité pénale individuelle, l'entente criminelle et la responsabilité du fait d'autrui n'ont pas manqué d'être établi. En effet, le juge dans cette affaire a suivi les dispositions de l'article 6.1. du Statut du TPIR qui indique que « quiconque a planifié, incité à commettre, ordonné, commis ou de toute autre manière aidé et encouragé à planifier, préparer ou exécuter un crime visé aux articles 2 à 4 du présent statut est individuellement responsable dudit crime". Il n'y a aucun doute que le condamné a personnellement accompli des actes matériels de l'infraction. Il en a été ainsi de l'assassinat de nombreuses personnes dans certains districts.

Quant au deuxième principe, il est avéré qu'il y a eu entreprise criminelle entre Bagosora, le Major Ntabakuze, le Major Nzuwonemeye, le Lieutenant-Colonel Nkundiye. Il s'y ajoute également la participation de deux autres officiers, ce qui a permis de qualifier le procès de « procès des militaires ».

L'affaire Bagosora a obéi donc au respect de certains principes généraux du procès pénal à savoir la présomption d'innocence car Bagosora était considéré comme innocent jusqu'à sa culpabilité, les droits de la défense ont été respectés car Bagosora a présenté ses moyens de défense et a usé de son droit de choisir des défenseurs, la publicité des débats a été effective et le double degré de juridiction a permis au condamné d'exercer son droit d'appel contre la décision de Première Instance.

Outre le cas Théoneste Bagosora du TPIR., une autre affaire semble trouver toute son importance dans la jurisprudence pénale internationale en Afrique, il s'agit du cas Charles Taylor pour le TSSL

B. L'affaire Charles Taylor du Tribunal Spécial pour la Sierra Leone

Président du Libéria de 1997 à 2003, Charles Taylor a été désigné comme étant l'instigateur de la guerre sierra léonaise. Le financement et le soutien qu'il a apporté au Front Révolutionnaire Uni de Foday Sankoh et au Conseil des Forces Armées Révolutionnaires , a permis le massacre de la population civile et des travailleurs de l'ONU, mais aussi l'exploitation du diamant. Sa participation s'est matérialisée entre autre par la fourniture d'armes, de renseignements et de formation militaire aux rebelles. Après une première inculpation en 2003, le TSSL dressa 11 chefs d'accusation le 16 mars 2006. Il est ainsi poursuivi pour crime de guerre, crimes contre l'humanité et de violations graves du droit humanitaire.

Charles Taylor fut arrêté et remis au TSSL le 29 Mars 2006 après son asile au Nigéria au cours duquel il a tenté de s'échapper. En raison des enjeux de sécurité, le procès s'est tenu à la Haye et non au siège du TSSL à Freetown.

Il a fallu attendre le 04 Juin 2007 pour le début du procès sans la présence de Taylor et après plusieurs reports, il a enfin suivi son cours normal à partir du 07 Janvier 2008. Des témoins ont été présentés par chacune des parties. 94 témoins ont été cités jusqu'au 27 Février 2009 par l'accusation, et 20 témoins jusqu'au 12 novembre 2010 par la défense.

Dans sa plaidoirie, le procureur soutient que Charles Taylor a favorisé l'action des combattants révolutionnaires par un entrainement militaire et encouragé les crimes commis ou en vue d'être commis à ce moment. C'est pourquoi dans son réquisitoire, il a sollicité du Tribunal le prononcé d'une peine de 80 ans d'emprisonnement à l'endroit de Charles Taylor. La défense quant à elle a pris le contre-pied de l'accusation et a plaidé non coupable pour tous les chefs d'accusation. Dans son argumentaire, elle présente Taylor comme un médiateur qui avait comme objectif, la recherche de solution pour la guerre sierra-léonaise. Après une mise en délibérée en 2011, la réouverture du procès a été sollicitée par la défense afin de présenter au tribunal un rapport de panel d'experts des Nations Unis sur le Libéria. L'objectif était de permettre au tribunal de faire une application par analogie et de conclure que Charles Taylor n'était pas à la base des agissements des rebelles en Sierra-Léone. La demande de réouverture rejetée le 10 février 2012, la Chambre de Première Instance reconnait Charles Taylor coupable de complicité de crimes de Guerre et de crimes contre l'humanité le 26 Avril 2012 et prononce le 30 Mai 2012, une peine de 50 ans de prison à purger en Grande Bretagne.

Une telle décision du TSSL n'a pas manqué de déclencher des critiques. En effet, un appel a été interjeté tant par l'accusation que par la défense. Lors du procès en appel ouvert le 22 janvier 2013, le Procureur a considéré comme trop faible la peine prononcée en raison du degré de culpabilité et a remis en cause le refus par le tribunal de reconnaitre que l'accusé a ordonné et incité la perpétration des crimes. Les avocats de l'accusé quant à eux, jugent déraisonnable la peine de 50 ans et soulèvent des irrégularités de procédure. Malgré les arguments soutenus de part et d'autre, la Chambre d'Appel confirme la condamnation le 26 septembre 2013.

Concernant l'exécution de la peine, elle se déroule à la prison de Frankland, à Durham, au Royaume-Uni depuis octobre 2013 et pour des raisons de paix et de sécurité au Libéria, la demande de transfert du lieu d'exécution dans ce pays par Charles Taylor a été refusée le 24 mars 2015.
A l'issu de ce procès, quelques constats semblent importants. D'abord sur la compétence de la juridiction qui a rendu la décision, l'article 1 du Statut du TSSL justifie les pouvoirs du TSSL. Concernant ensuite les infractions poursuivies, les dispositions des articles 2 ,3 et 4 du Statut consacrent leurs incriminations. Ce qui permet d'affirmer dès lors le respect du principe de la légalité criminelle. S'agissant enfin du statut de la personne poursuivie, il faut noter que la qualité de l'accusé en tant que Chef d'Etat, ne l'exonère pas de sa responsabilité pénale devant les juridictions internationales. En outre, il est nécessaire de souligner que le jugement du Président Taylor trouve toute son importance dans la jurisprudence pénale internationale dans la mesure où c'est la première fois que la justice internationale condamne un ex-Chef d'Etat depuis le procès de Nuremberg. Sa condamnation relève de l'application de principes fondamentaux de responsabilité définie par le droit pénal international. Il s'agit d'une part de la responsabilité pénale individuelle qui signifie que la personne n'est responsable que de ses propres agissements. Dans l'affaire Charles Taylor, le condamné a participé à la planification des actes criminels. Et d'autre part, il y a la responsabilité du fait d'autrui ou encore de commandement qui veut que les agissements criminels du subordonné soient imputés au supérieur hiérarchique en cas de négligence. Et dans le cas d'espèce, Charles Taylor avait un contrôle sur les rebelles sierra-léonais.

Sur la question de l'immunité des Chefs d'Etats, le tribunal a recouru au principe pénal international qui permet la poursuite d'un Chef d'Etat devant un tribunal pénal international malgré l'existence d'une égalité souveraine entre les Etats.

Dans le cas Taylor, l'infraction principale est commise par les membres du Front Révolutionnaire Uni et est matérialisée par les meurtres, les viols, l'enrôlement d'enfants de moins de 15ans, etc. L'acte de complicité reproché à Taylor a trouvé son caractère criminel dans les agissements précités. Ce qui permet d'affirmer qu'il est aussi responsable des crimes matériellement commis par les rebelles sierra-léonais de par le soutien qu'il a eu à leur apporter. La modalité de complicité est celle dénommée complicité par collaboration. En l'occurrence, Charles Taylor a fourni des armes, des munitions, de l'entrainement ainsi que des moyens financiers aux combattants sierra-léonais avant et au moment de la commission des crimes afin de leur faciliter la réalisation de leurs objectifs.

CHAPITRE 4 :
Contexte de la violation massive des droits humains et crimes contre l'humanité au Tchad pour la période 1982-1990

I. Contexte géographique et ethnoculturel du Tchad

Le Tchad est un vaste pays de 1.284.000 kilomètres carrés, d'environ 10,8 millions d'habitants situé dans la partie centrale du continent africain. C'est le cinquième plus grand pays d'Afrique après le Soudan, l'Algérie, la République Démocratique du Congo et la Libye. Le Tchad partage ses frontières terrestres avec ces 6 pays: la Libye au Nord, le Soudan à l'Est, la République centrafricaine au Sud, le Cameroun, le Nigeria et le Niger à l'Ouest. Le Tchad compte 5 968 km de frontière dont le contrôle constitue un problème récurrent pour la sécurité et stabilité du pays, notamment la frontière avec la Libye dont l'effondrement est devenu source d'insécurité pour le Tchad avec une prolifération importante d'armes venant de l'arsenal dispersé de l'ancienne armée de Mohammar Khadafi. A sa frontière Est, le Tchad a vécu pendant longtemps les contrecoups de la situation au Darfour avec un afflux important de réfugiés de longue durée.

Carte géographique du Tchad

La colonisation française du Tchad a été préparée par les missions françaises d'exploration du territoire dirigées par Lamy, Foureau et Gentil de 1895 à 1900. En 1897, Le sultan de Baguirmi signe le premier traité de protectorat avec la France. Le Tchad devient une colonie française en 1920 jusqu'au 11 août 1960, date de son accession à la souveraineté nationale. Le Tchad est un carrefour culturel et ethnique, par ricochet une zone de brassage des cultures arabe et négro-africaines. Le nord et le centre du pays sont désertiques et représentent les deux tiers de la superficie du pays où vivent 30% de la population appartenant aux groupes linguistiques sahariens et soudanais. Les arabes occupent les zones d'habitation du Nord, du Centre et du Sud-est tandis que les chrétiens composés de populations négro-africaines occupent le Sud.

Le dernier recensement démographique de 1993 montre que le pays compte plus d'une centaine d'ethnies regroupées en 14 grands groupes, y compris le groupe des étrangers et celui des indéterminés. Les Sara vivent essentiellement au Sud et représentent 34% de la population. Les Arabes sont concentrés au centre du pays et représentent 14%. Les Maba forment 5% de la population et sont établis dans le Centre-Est. Les Toubou-Gorane vivent au Nord et représentent 3,9% de la population. Les Hadjeraï se trouvent au Centre-Sud et comptent pour 2,6%. Les Bilala concentrés au Centre représentent 2,5%, tandis que les Kanembou vivent au Centre-Est et forment 1,8 % de la population. Les Zaghawas et Bideyat vivent à l'Est et comptent pour 1,2%. Les Fellata sont des nomades et représentent 1,2%. Les autres groupes sédentaires ou nomades représentent 34% de la population et sont éparpillés sur l'ensemble du pays. 53,9% de la population tchadienne est musulmane, 34,7 % appartiennent au christianisme, dont 20,3 % sont catholiques et 14,4 % protestants. L'animisme qui regroupe toutes les religions traditionnelles est représenté par 7,4 %.

L'une des caractéristiques de la population au Tchad est le clivage Nord-Sud avec des tensions historiques liées à la culture de razzia du Nord à l'encontre du Sud communément appelé le Dar El-Abit, pays des esclaves. Le Nord est traditionnellement composé d'anciens sultanats d'influence arabe avec des populations nomades islamisées tandis que le Sud est composé de chrétiens et d'animistes sédentaires. Tout au long de son histoire politique post indépendance, les élites politiques du Tchad utiliseront à dessein cet antagonisme Nord-Sud pour justifier leurs actions militaires ou actes de rébellion armée.

II. II Période politique pré-indépendance

En se lançant dans la conquête du Tchad à travers les expéditions dirigées par François Lamy, l'Empire français cherchait à prolonger et intégrer son espace colonial depuis le Sénégal, l'Algérie, le Gabon et Congo Brazzaville. Ces conquêtes ont entrainé des révoltes récurrentes aussi bien dans le nord du pays où l'Islam a été le porte-drapeau de la résistance à la colonisation que dans le sud où le travail forcé et le paiement d'impôts ont été les catalyseurs des mouvements de rébellion contre l'ordre colonial. A partir de 1920, la culture du coton est imposée par l'administration coloniale, consacrant ainsi la notion de Tchad utile au sud du pays et un nord non productif avec la fin du commerce transsaharien qui disparut avec la conquête coloniale et la fin de la traite des esclaves. Ce fait colonial qui établit une cassure nord-sud aura ultérieurement des conséquences graves sur la stabilité politique du pays.

Pour déterminer le futur de l'Empire Français, la conférence de Brazzaville organisée durant la Seconde Guerre Mondiale du 30 janvier au 8 février 1944 par le Comité Français de la Libération Nationale dirigé par le Général De Gaule eut un impact important sur l'évolution politique des colonies, notamment au Tchad. La conférence décida de la suppression du code de l'Indigénat et de la participation politique des Africains aux nouvelles institutions. Des partis politiques se créèrent et certains envoyèrent des élus à l'Assemblée nationale de l'Union Française, héritière de l'Empire français. Ces décisions importantes susciteront des aspirations politiques au sein des élites africaines et des velléités d'autonomisation et d'émancipation. Au Tchad, la lutte pour l'indépendance s'est organisée autour de différentes organisations et dans un contexte de pluralisme politique.

Ainsi, on distingue sur la scène politique trois grands courants politiques fortement influencés par les idéologies des partis politiques de France. L'Union Démocratique Tchadienne-UDF créée en 1947 est affiliée à la droite française, il est un démembrement local du Rassemblement du Peuple Français d'obédience gaulliste. L'UDF est essentiellement composée de chefs traditionnels, sultans et chefs de canton et aussi d'agents de l'administration coloniale locale ; elle s'inscrit dans une dynamique de collaboration avec la France et sa base sociale est essentiellement constituée de musulmans. Elle connaitra par la suite de nombreux départs de ses dirigeants et ses scissions qui finiront par l'affaiblir. Le second courant est incarné par le Parti Progressiste Tchadien-

PTT. Branche locale du Rassemblement Démocratique Africain affiliée au Parti Communiste Français, le PPT est d'abord implanté dans le sud du pays puis s'étend rapidement dans le centre et le nord. Il recrute parmi les cadres et déroule un agenda attractif au niveau des populations exploitées par le régime colonial en réclamant la suppression de l'impôt et du régime des chefs coutumiers sur lequel s'appuie le régime colonial en place. Au début des années 50, le PPT devient le principal parti politique du Tchad. Figurent parmi ses membres-dirigeant François Tombalbaye, chrétien du Sud qui deviendra le premier président de la République tchadienne et Abba Siddick qui sera un des premiers dirigeants de la rébellion tchadienne. Le troisième courant politique est incarné par le Mouvement Socialiste Tchadien-MSA fondé par Ahmed Koulamallah un riche commerçant appartenant à la grande confrérie musulmane Tidjaniyya. Le MSA est affilié en 1952 à la Section Française de l'Internationale Ouvrière (SFIO), il bénéficie du soutien des musulmans du nord et souhaite rester dans le giron de l'Union Française. Le 29 mars 1959, François Tombalbaye, instituteur de formation est nommé premier ministre du Tchad. En mai 1959, le PPT gagne les élections législatives.

III. Les luttes politiques aux lendemains de l'indépendance

Le Tchad accède à la souveraineté nationale le 11 août 1960. Bien qu'arrivé au pouvoir dans un contexte de pluralisme politique, François Tombalbaye prend prétexte de la construction d'un Etat-Nation unifié pour supprimer le multipartisme et instaurer le Parti unique, le PPT qu'il dirige. Cette orientation politique sera pendant de longues années la principale raison de l'instabilité du pays. Certains groupes ethniques et des régions du pays se sentent exclues de la gestion des affaires publiques et les révoltes ne tarderont pas à éclater dans plusieurs parties du pays. En 1963, François Tombalbaye réprime violemment la première révolte des musulmans du nord. En octobre 1965, les populations de Mangalé se révoltent contre un emprunt forcé qu'elles doivent payer en bétail et contre la taxe civile multipliée par quatre. Une dizaine de fonctionnaires sont tués par les villageois en révolte. En réponse, l'armée régulière efface de la carte plusieurs villages faisant des centaines de morts parmi les civils. L'Est et le Nord-est du pays connaissent également des soulèvements sous forme de jacqueries paysannes.

En vertu des accords militaires signés avec l'ancienne puissance coloniale, le Président Tombalbaye fait appel aux forces armées françaises. Les troupes françaises sollicitées arrivent sur le sol du Tchad en aout 1968. Après avoir aidé à repousser les forces rebelles, les soldats français quitteront en novembre de la même année pour revenir en avril 1969 ; elles resteront jusqu'en août 1972, fin officielle des opérations conjointes de maintien de l'ordre. C'est le début de l'ère de l'assistance militaire. La présence des forces françaises n'endiguera pas les vagues de contestations. Dans le sillage des révoltes qui se généralisent, se crée en avril 1966 le premier mouvement organisé politico-militaire, le Front de Libération National du Tchad-FROLINAT à Nyala au Soudan. Il est dirigé par Ibrahim Abatcha qui implante les premiers maquis. A sa mort en février 1968, il est remplacé par Abba Siddick. En 1972, une scission intervient au niveau du FROLINAT et une branche armée se détache, le Conseil de Commandement des Forces Armées du Nord- CCFAN est créé par Hissène Habré et Ngoukouni Oueddei respectivement président et vice-président. La nouvelle rébellion va rapidement se faire une publicité internationale avec l'enlèvement très médiatisé de quatre européens dont Françoise Claustre archéologue française kidnappée le 21 avril 1974 et détenue pendant 33 mois et aussi par l'exécution du commandant Pierre Galopin, négociateur du gouvernement français. Le CCAFAN s'insurge contre la vente par le président Tombalbaye de la bande d'Aouzou à la Libye en 1972 en vertu de l'accord jamais appliqué de 1936 entre la France et l'Italie de Mussolini. En juin 1973, la Libye envahit la bande d'Aouzou et Khadafi, son dirigeant se présente comme médiateur de la crise des otages français et obtient la libération de Mme Claustre. Hissène Habré attaché à l'intégrité du territoire tchadien se sépare de Ngoukouni Oueddei soutenu militairement par la Libye.

Le 13 avril 1975, François Tombalbaye est renversé et tué lors d'un coup d'Etat militaire dirigé par le Général Félix Malloum qui installe et préside le Conseil Supérieur Militaire. La Libye accroit son aide militaire à Ngoukouni Oueddei qui lance une grande offensive en 1977 à partir du Nord du Tchad et contrôle une large partie du pays. Valéry Giscard d'Estaing, président français qui tente de réduire l'influence libyenne au Tchad favorise une réconciliation entre le pouvoir central du Général Malloum et Hissène Habré, considérés tous les deux comme anti-libyens. Le 22 janvier 1978, le Général Malloum et Hissène Habré signent un accord de paix prévoyant l'installation d'un gouvernement d'union nationale. Hissène Habré devient alors premier ministre et forme son gouvernement tout en conservant intacte son armée, les Forces Armées du Nord-FAN, formées et équipées par la France à côté des Forces Armées Tchadiennes du Général Malloum. Le 12 février 1979 c'est la fin de l'entente entre le Général Malloum et Hissène Habré et le début d'une guerre civile sanglante avec une scission du pays entre le Nord musulman et le Sud chrétien. Au sud, le colonel Kamougué met en place à Moundou un gouvernement qui assure la gestion de cette partie du territoire tchadien. Face à la désintégration du Tchad, l'Organisation de l'Unité Africaine-OUA organise de mars à mai 1979 trois conférences de la paix à Kano au Nigéria qui débouchent sur la mise en place le 21 avril 1979 du Gouvernement d'Union Nationale de Transition-GUNT avec 11 tendances représentant divers groupes armés. Le GUNT, dirigé par Ngoukouni Oueddei sera de courte durée. Le 22 mars 1980, c'est le début des affrontements entre les troupes armées de Ngoukouni Oueddei et celles de Hissène Habré. De mars à décembre 1980, des milliers de Tchadiens périssent dans les combats urbains à N'Djaména entre d'une part les Forces Armées du Nord-FAN de Habré et d'autre part, les Forces Armées Patriotiques-FAP de Ngoukouni Oueddei appuyées par les Forces Armées Tchadienne. Avec le retrait des troupes françaises en mai 1980, Ngoukouni Oueddei invoque les dispositions d'un accord de défense signé le 15 juin 1980 avec la Libye pour autoriser l'intervention massive de la Libye au Tchad. Environ 10.000 soldats libyens sont déployés au Tchad, ils sont encadrés par des conseillers cubains et de l'Allemagne de l'Est et appuyés par un armement lourd. Le 15 décembre 1980, les FAN de Hissène Habré sont vaincus. Le 06 janvier 1981, Ngoukouni Oueddei annonce une fusion entre le Tchad et la Libye.

Dans le contexte de la guerre froide, les Etats-Unis, la France mais aussi le Soudan et l'Irak (en guerre contre l'Iran soutenu par la Libye) décident d'apporter une aide financière et militaire à Hissène Habré pour mettre un terme à l'hégémonie libyenne. De nombreux pays africains au niveau de l'Organisation de l'Union Africaine-OUA ne voient pas d'un bon œil cette ingérence de la Lybie dans les affaires internes du Tchad et s'opposent à l'Union Lybie-Tchad qu'ils assimilent à un impérialisme arabe. Ngoukouni Oueiddei accepte la résolution de l'OUA du 18 juin 1981 exigeant le retrait des troupes libyennes. Sous la pression interne et externe, Ngoukouni Oueiddei accepte de s'affranchir du joug libyen. Le conseil des ministres du GUNT du 29 octobre 1981 décide du départ des troupes libyennes au plus tard le 31 décembre 1981. Début novembre 1981, les troupes libyennes quittent Ndjaména pour le nord du pays où elles continuent d'occuper la bande d'Aouzou. Au cours de la 18ème conférence des Chefs d'Etat de l'OUA de Nairobi de juin 1981, il est décidé de l'envoi d'une force panafricaine de maintien de la paix-FIA dont la composition est agréée par le GUNT. La FIA dont la mission est fixée à 6 mois renouvelables n'est finalement composée que de 2 000 Nigérians, 2 000 Zaïrois et 800 Sénégalais pour remplacer les quelques 15.000 soldats libyens. LA FIA ne répond pas aux attentes de départ, elle est peu financée, le GUNT est obligé de saisir le Conseil de Sécurité qui adopte la Résolution n°504 créant un fonds d'assistance à la FIA sur la base de contribution volontaire des Etat-membres. La FIA ne reçoit presque aucun soutien. Le Nigéria, le Zaïre et le Sénégal se voient dans un premier temps confiés la tâche d'assurer chacun l'approvisionnement de leurs contingents respectifs en armes, véhicules et ravitaillement. Finalement, les puissances occidentales interviendront financièrement mais bien en deçà des moyens financiers et logistiques nécessaires au succès de l'opération de maintien de la paix. Le Nigéria reçut l'aide de la Grande-Bretagne, des Etats-Unis et de République Fédérale d'Allemagne, le Zaïre fut soutenu par la France et les Etats-Unis et le Sénégal fut appuyé par la France. La présence de la FIA affaiblit considérablement Ngoukouni Oueiddei car les trois pays constituant ses troupes ne cachent pas leur sympathie pour les FAN de Hissène Habré, notamment le Sénégal et le Zaïre, le Nigéria quant à lui affiche une antipathie assumée contre la Libye. Ainsi, les troupes de la FIA font preuve de complaisance voire de complicité avec les FAN de Hissène Habré qui s'entrainent au Darfour avec des instructeurs français recrutés par le mercenaire Bob Denard. Le mandat de la FIA étant de ne tirer que si elle est attaquée, les FAN de Hissène Habré éviteront systématiquement les zones et positions occupées par la FIA.

En décembre 1981, les FAN lancent leur première offensive, elles prennent Faya-Largeau dans l'extrême-nord du pays en janvier 1981 où elles devancent l'arrivée de la FIA qui ne fera que constater leur présence. Le retard dans la mise en place de la FIA avait déjà permis aux FAN de gagner beaucoup de terrain dans le nord du pays. Les FAN progresseront sans grande résistance vers Ndjamena qu'elles prendront le 08 juin 1982. Ngoukouni Oueddei prend la fuite et se réfugie en Algérie. Les FAN de Hissène deviendront l'armée régulière et seront rebaptisées Forces Armées Nationales du Tchad-FANT et très rapidement, elles reprennent les principales villes du Sud. Le GUNT, en exil en Libye, continuera sa lutte, ses forces reprendront Faya-Largeau en juin 1983 avec l'aide des troupes libyenne jusqu'en 1986, date de la contre-offensive des forces de Hissène

Habré appuyées par les forces françaises. Le Sud voit aussi la naissance d'une opposition armée radicale anti-Habré, les CODOS, abréviation du mot Commandos. Décidé à briser toute opposition au Sud, Hissène Habré fera régner pendant huit ans une terreur et une violence inouïes envers les rebelles CODOS mais aussi envers les populations civiles, les cadres et fonctionnaires soupçonnés de complicité ou même de sympathie avec la rébellion. Selon la Commission d'Enquête Nationale du Ministère tchadien des Crimes et Détournements de l'ex-président Hissène Habré de 1991, Hissène Habré est responsable de la mort de 40.000 tchadiens.
Vingt-trois ans après sa chute, le 2 juillet 2013, Hissène Habré est arrêté à Dakar et inculpé pour crimes contre l'humanité, crimes de guerre et torture par les Chambres Africaines extraordinaires au Sénégal jugeant les crimes intervenus au Tchad pour la période 1982-1990.

CHAPITRE 5:
Les tentatives judicaires de juger les crimes commis au Tchad pour la période 1982-1990

Après avoir été chassé du pouvoir, Hissène Habré a donc quitté le Tchad pour se réfugier au Sénégal. Idriss Déby pris aussitôt un décret mettant en place une commission nationale d'enquête. Cette dernière fut chargée de faire des recherches sur " les crimes et détournements commis par l'ex-Président, ses co-auteurs et/ou complices". Après 17 mois de travail, la commission d'enquête publie son rapport en mai 1992. Elle établit un bilan de 3806 personnes dont 26 étrangers, mortes en détention ou exécutées de manière extra-judiciaire pendant la période 1982-1990. Elle a estimé que le bilan pouvait atteindre les 40.000 morts. La commission a aussi recensé 54.000 détenus (morts et vivants) et quelques 80.000 orphelins pendant la même période. Elle a estimé que le travail qu'elle a effectué ne représentait que 10 % des violations et crimes commis sous Hissène Habré.

I. Condamnation à mort de Hissein Habré au Tchad

Le renversement de Hissène Habré ne mit pas fin immédiatement à l'instabilité au Tchad. Un mouvement de rébellion continua d'exister au sud du pays. Parmi les dirigeants des rebelles, Mahamat Nouri, leader de l'Alliance nationale. Ce dernier est connu comme un fidèle allié de l'ancien dirigeant du pays Hissène Habré. D'après les informations de l'Etat tchadien, le 2 et 3 février 2008, des rebelles ont traversé le pays provenant de leurs bases-arrières pour attaquer Ndjaména en encerclant le président Idriss Déby dans son palais. Avec l'aide des militaires français, ce dernier a pu repousser les assaillants. Les forces régulières ont pu sécuriser l'aéroport de la capitale et l'armée de l'air tchadienne a pu décoller et ouvrir le feu sur les rebelles qui se sont repliés. Les rebelles continuèrent leurs actions et en avril et juin de la même année 2008, ils lancèrent des raids au Tchad. Lors des incursions en juin pendant plus d'une semaine dans l'est du pays, de violents combats ont opposé les forces gouvernementales à celles de la rébellion, en particulier à Am Zoer où des affrontements avaient fait au moins 162 morts chez les rebelles, selon le chef d'état-major de l'armée de terre, le général Touka Ramadan Koré.
Suite à ces attaques, l'Etat tchadien a porté plainte contre les présumés auteurs de ces actes au niveau des juridictions du pays. Le 15 aout 2008, la

Cour criminelle de N'Djaména a condamné à mort 11 chefs de la rébellion dont Mahamat Nouri et Timane Erdimi, dirigeants du Rassemblement des forces du changement (RFC). Ils ont été déclarés "coupables d'atteinte à l'ordre constitutionnel, à l'intégrité et à la sécurité du territoire". 31 autres membres de la rébellion ont été condamnés à des travaux forcés à perpétuité parce qu'ils sont, selon la Cour, coupables "d'attentats dont le but a été de détruire ou de changer le régime" du président tchadien Idriss Deby.

Parmi ceux qui ont écopé de la peine capitale figure l'ancien président du pays Hissène Habré. Ce dernier est accusé de complicité avec les auteurs des attaques perpétrées à N'djaména en 2008. L'un des chefs rebelles condamnés est Mahamat Nouri, qui a été ministre de la défense de Hissène Habré. En somme, les autorités tchadiennes ont accusé Hissène Habré de soutenir la rébellion et d'être impliqué dans la tentative de coup d'Etat dirigée contre le régime de Idriss Déby.

Selon les autorités tchadiennes, Hissène Habré a soutenu à distance les mouvements rebelles durant des années. Il leur a apporté une aide financière. La condamnation à mort de Hissène Habré s'est faite par contumace.

Cette condamnation a d'ailleurs suscité de nombreuses critiques essentiellement du côté des organismes de défense des droits de l'homme. Tel est le cas de l'américain Reed Brody, conseiller juridique de Human Rights Watch (HRW) à Bruxelles qui affirme que « la condamnation à mort et par contumace du Président Habré est injuste car la peine de mort- même si elle existe aux Etats-Unis – est « cruelle et inhumaine ». Il précise « Nous cherchons le jugement équitable de Hissène Habré et nous considérons aussi que la peine de mort est cruelle et inhumaine. La condamnation de Hissène Habré, à l'issue d'un procès dans lequel il n'a pas été présent ni représenté par un avocat semble ne pas respecter les normes d'un procès équitable dont le droit à la défense. Sa condamnation à mort dans ces circonstances est donc d'autant plus injuste. » Par ailleurs, dans un entretien au Sénégal, Alioune Tine de la Rencontre Africaine des Droits de l'Homme (RADDHO) a estimé que « Habré n'a pas eu un procès équitable au Tchad ». Il poursuit en disant qu'il faut que le Sénégal « lui rende justice en lui donnant l'opportunité de se défendre ».

Selon un avocat, ayant requis l'anonymat, l'examen de la plainte et la délibération avaient pris "environ une heure à la Cour" pour se prononcer. Il dit "s'interroger aussi sur la condamnation commune de Habré et des rebelles. Faut-il y voir une accusation sans preuve réelle du pouvoir qui pense que la rébellion et Habré sont de concert dans la préparation des attaques de la rébellion contre le régime " ? S'est interrogée cette source. Mahamat Nouri qui se trouvait à Libreville lors de son jugement accuse le gouvernement tchadien d'un procès d'intention ; il déclare : "Je pense que s'il y a quelqu'un à condamner pour des crimes qu'il a commis c'est bien Idriss Deby notamment à l'époque de Hissène Habré et lors de son avènement au pouvoir".

La condamnation à mort de Hissène Habré a créé quelques confusions. En effet, au lendemain de la décision de la Cour criminelle de N'Djaména, beaucoup de journaux se sont précipités pour dire que l'ex-président tchadien a été condamné pour crimes, actes de torture. En d'autres termes, ils ont estimé que le Tchad avait déjà jugé alors que cette procédure était déjà déclenchée au Sénégal. Ceci a même fait l'objet de critique du côté des autorités sénégalaises. Le ministre de la justice sénégalais d'alors a affirmé ne pas comprendre l'attitude des autorités tchadiennes. C'est par la suite que les sources judiciaires du Tchad ont clarifié la situation en précisant que même si le Tchad le poursuit pour ces crimes, la condamnation dont il s'agit n'a rien à voir avec les actes qu'il aurait commis durant son mandat. Cette condamnation de Habré n'a pas eu une appréciation positive, ni du côté du Sénégal ni du Tchad encore moins sur le plan international. La décision de la Cour criminelle de NDjaména n'a pas eu de conséquence. En fait, lorsqu'une juridiction rend un verdict aussi important avec une condamnation à une peine capitale, la suite normale est la mise en application de celle-ci. Puisque Hissène Habré était hors du Tchad, les autorités tchadiennes se devaient de demander son extradition mais cette question n'a pas été abordée par les autorités tchadiennes. La communauté internationale a aussi déploré cette condamnation car dans beaucoup de pays, la peine de mort n'est plus appliquée et le procès n'a pas répondu aux normes et standards d'un procès juste et équitable.

II. Première saisine des juridictions sénégalaises en 2000

Des victimes tchadiennes des violences perpétrées durant le règne de Hissène Habré dont Souleymane Guengueng et autres décident de traduire Hissène Habré en justice. Le 26 janvier 2000, ils déposèrent une plainte

contre Hissène Habré au Sénégal. Ils se sont inspirés de l'affaire Pinochet et de l'arrestation à Londres en 1998 de l'ex-dictateur chilien au nom du principe de "compétence universelle".
Le 03 février 2000, le juge d'instruction sénégalais inculpe Habré pour complicité de tortures, actes de barbarie et crimes contre l'humanité. L'ex-président tchadien est ainsi mis en résidence surveillée. Mais Hissène Habré, par le biais de ses conseillers interjette appel devant la Cour d'appel de Dakar. Ils se basent essentiellement sur l'incompétence des juridictions sénégalaises pour connaitre de l'affaire alors que la partie civile réitère le principe de compétence universelle contenu dans la Convention contre la torture de 1984 ratifié par le Sénégal en 1986. Face à cette situation, l'arrêt de la chambre d'accusation de la Cour d'appel de Dakar donne satisfaction au défendeur en l'occurrence, Hissène Habré. Par Arrêt numéro 135 du 04-07-2000, elle considère « que les juridictions sénégalaises ne peuvent connaître des faits de torture commis par un étranger en dehors du territoire sénégalais quel que soit les nationalités des victimes, que le libellé de l'article 669 du Code de Procédure Pénale exclut cette compétence ». La Cour précise aussi «…que les règles de compétence sont d'ordre public, qu'en inculpant Hissène Habré de complicité de crimes contre l'humanité et d'actes de torture et de barbarie, le juge d'instruction a manifestement violé les règles de compétence matérielle et territoriale ; (…) la méconnaissance de cette règle doit être sanctionnée par la nullité, que celle-ci rentre dans la catégorie des nullités substantielles d'ordre public qui peuvent être soulevées en tout état de cause et en tout état de la procédure » . La Cour d'Appel de Dakar finit par conclure «… qu'en conséquence il y a lieu, sans qu'il soit nécessaire d'examiner les autres arguments invoqués dans la requête susvisée, d'annuler le procès-verbal d'interrogatoire de 1ère comparution et la procédure subséquente pour incompétence du juge saisi». Les victimes formulèrent alors un pourvoi devant la Cour de Cassation sénégalaise. Le 03 janvier 2001, ladite cour rend une décision confortant la décision de la Cour d'Appel sur la base du principe de non-rétroactivité des peines répressives. La Cour de Cassation du Sénégal précise aussi dans son arrêt du 30 mars 2001 que les juridictions sénégalaises ne pouvaient être compétentes pour des faits qui n'ont pas été commis au Sénégal. Par conséquent, les mesures qui ont été prises à l'encontre de l'ex-président tchadien ont été abandonnées.

A la suite de ces événements, le président sénégalais d'alors Abdoulaye Wade demande à Hissène Habré de quitter le pays ; ce qui entraine une protestation du Comité des Nations Unies de suivi de l'application de la

Convention sur la torture. La consultation des archives découvertes dans d'anciens locaux des services de sécurité tchadiens par l'Association des victimes tchadiennes donne un autre tournant à l'affaire et fait rebondir le dossier avec l'aide de la Fédération Internationale des Droits de l'Homme et de Human Rights Watch. Le président sénégalais Abdoulaye Wade accepte alors de maintenir Hissène Habré au Sénégal, le temps d'étudier les conditions de son extradition.

III. La saisine des juridictions belges

En novembre 2000, une plainte a été déposée à Bruxelles par d'autres victimes tchadiennes vivant en Belgique et ayant acquis la nationalité belge. Depuis, une instruction a été menée par les juridictions belges. Et après 4 ans d'enquête, en septembre 2005, un juge belge lance un mandat d'arrêt international contre Hissène Habré pour crimes de guerre, crimes contre l'humanité et actes de torture. Ce mandat est assorti d'une demande d'extradition. Le 15 novembre de cette même année, conformément à la demande d'extradition de la Belgique, les autorités sénégalaises arrêtent Hissène Habré. Mais il a été vite relâché du fait que la Cour d'Appel de Dakar s'est déclarée incompétente pour statuer sur la demande d'extradition formulée le 25 novembre 2005. Cette situation crée une certaine tension entre les deux Etats ; chacun apportant un fondement juridique à sa position. Le Sénégal et la Belgique trouvent chacun en ce qui le concerne une base juridique dans la Convention contre la Torture de 1984. La Belgique comme le Sénégal étant signataires de cette convention, celle-ci prévoit en pareille situation la poursuite ou l'extradition.

IV. Mandat de l'Union Africaine au Sénégal

Le Sénégal a finalement saisi l'Union Africaine pour recueillir son avis et ainsi déterminer la position à prendre. L'Union Africaine désigna alors d'éminents juristes pour réfléchir sur le « cas Habré ». Le 02 juillet 2006 l'Union Africaine finit par donner mandat à l'Etat du Sénégal de juger Hissène Habré au nom de l'Afrique. Par la décision Doc Assembly/AU/3/VID l'Union Africaine a formulé les recommandations suivantes :

- Le Sénégal doit considérer le dossier « Hissène Habré » comme le dossier de l'Union
Africaine ;
- Mandat est donné à la République de Sénégal de poursuivre et de faire juger Hissène Habré par une juridiction sénégalaise compétente avec les garanties d'un procès juste et équitable ;
- Mandat est donné au Président de l'Union Africaine, en concertation avec le Président de la Commission de l'Union Africaine,

d'apporter au Sénégal l'assistance nécessaire pour le bon fonctionnement et le bon aboutissement du procès ;

- Les ressortissants des Etats-membres concernés doivent comparaitre, si nécessaire (Mutoy Mubiala, 2014).

L'Union Africaine a aussi lancé un appel à la Communauté internationale pour qu'elle apporte son soutien au gouvernement sénégalais pour la tenue du procès.

Cette décision majeure de l'Union Africaine donne au Sénégal un mandat officiel au nom de l'Afrique de juger un ex-président africain pour des actes de torture et de crimes contre l'Humanité. Ceci marque le point de départ d'un procès qualifié d'historique car c'est la première fois qu'un ancien chef d'Etat africain sera jugé par une juridiction africaine pour des accusations d'une telle gravité.

CHAPITRE 6 :
Evolution du cadre juridique sénégalais permettant au pays de respecter ses engagements internationaux découlant de sa ratification de la Convention contre la Torture

Après plusieurs retournements de situations et un long moment d'hésitation, le Sénégal finit par accepter d'organiser le jugement de l'ex-chef d'Etat tchadien Hissène Habré mais rencontre un obstacle majeur qui est d'ordre juridique. En 2006, le pays n'était pas juridiquement outillé pour organiser un tel procès. Les juridictions sénégalaises l'ont rappelé : le cas Hissène Habré n'entrait pas dans le champ de l'article 669 du code de procédure pénale qui énumère les cas dans lesquels un étranger pouvait être poursuivi au Sénégal. Il fallait donc prendre les mesures adéquates. C'est ce que préconisa la Cour de cassation du Sénégal dans son arrêt du 20 mars 2001 où elle estime « qu'aucun texte de procédure ne reconnait de compétence universelle aux juridictions sénégalaises » pour juger des faits reprochés à Hissène Habré ». La Cour de cassation a jugé que si la Convention des Nations Unies contre la torture du 10 décembre 1984 ratifiée le 16 juin 1986 par L'Etat du Sénégal prévoit une telle compétence, il n'en demeure pas moins que « l'exécution de la Convention nécessite que soient prises par le Sénégal des mesures législatives préalables ». En effet, ayant ratifié la convention contre la torture de 1984, le Sénégal devait prendre les mesures légales nécessaires pour appliquer le principe de la compétence universelle prévue par ladite convention.

I. Les réformes institutionnelles

C'est donc dans une perspective d'adaptation de sa législation afin de tenir ses engagements découlant de la ratification de la Convention contre la Torture que le gouvernement du Sénégal introduit le projet de loi constitutionnelle n°8/2008 modifiant les articles 9 et 95 et complétant les articles 62 et 92 de la Constitution. La loi sera adoptée le 08 avril 2008 par l'Assemblée Nationale du Sénégal.
Auparavant, certaines dispositions ont été modifiées dans la législation pénale sénégalaise par la loi n°2007-02 du 12 février 2007. D'autres modifications intervinrent, notamment au niveau de l'article 9 de la Charte Suprême sénégalaise qui prévoyait le principe de légalité des peines et délits : « nul ne peut être condamné si ce n'est en vertu d'une loi entrée en vigueur avant l'acte commis ». Dans un souci de conformité, tel que rappelé dans l'exposé des motifs de la loi constitutionnelle de 2008, les dispositions de cet article ont été remplacées comme suit : « Toute atteinte aux libertés et toute entrave volontaire à l'exercice d'une liberté sont

punies par la loi. Nul ne peut être condamné si ce n'est en vertu d'une loi entrée en vigueur avant l'acte commis ». Toutefois, les dispositions de l'alinéa 3 de l'article 9 de la Constitution stipulent clairement que « le principe de la légalité des peines ne s'oppose pas à la poursuite, au jugement et à la condamnation de tout individu en raison d'actes ou omissions qui, au moment où ils ont été commis, étaient tenus pour criminels d'après les règles du droit international relatif aux faits de génocide, crimes contre l'humanité, crimes de guerre ».

C'est en effet l'alinéa 3 de l'article 9 qui apporte la principale innovation donnant une base légale à la poursuite au Sénégal de l'ancien dirigeant tchadien Hissène Habré. En effet, les crimes énumérés n'étaient pas prévus dans le droit sénégalais. Ainsi partant du principe de la légalité des peines et délits annoncés au premier alinéa, Hissène Habré ne pouvait normalement pas être poursuivi par les juridictions sénégalaises car au moment de leur commissions les actes qui lui sont reprochés n'étaient pas encore incriminés. Par contre, ils étaient déjà punis par les conventions internationales comme pour la prévention et la répression du crime de génocide de 1948. Ainsi en précisant que le principe de la légalité des peines et délits ne s'oppose pas au jugement ni à la condamnation de faits incriminés en droit international, le Sénégal donne donc à ses juridictions la légitimité juridique nécessaire pour poursuivre tout individu soupçonné de crimes de telle gravité. Ceci combiné aux nouvelles dispositions du code pénal et du code de procédure pénale, éliminait ainsi toutes les entraves juridiques pour poursuivre Hissène Habré. Les juridictions sénégalaises étaient désormais compétentes pour connaitre de l'affaire Hissène Habré.

II. Les réformes du code pénal sénégalais

S'agissant des réformes du code pénal sénégalais, une série de nouvelles dispositions juridiques ont été introduites notamment les articles 431-1, 431-2, 431-3, 431-4 et 431-5 définissant et réprimant formellement le crime de génocide, le crime contre l'humanité, le crime de guerre et d'autres crimes relevant du droit international humanitaire tels que visés par la Convention de La Haye de 1954, celle de 1976 et 1980. Ces notions n'étaient pas spécifiées dans l'arsenal répressif national. Ainsi, l'article 431.6 prévoit « Nonobstant les dispositions de L'article 4 du présent code,

tout individu peut être jugé ou condamné en raison d'actes ou d'omissions visés au présent chapitre et à l'article 295-1 du code pénal, qui au moment et au lieu ils étaient tenus pour une infraction pénale d'après les principes généraux de droit reconnu par l'ensemble des nations, qu'ils aient ou non constitué une transgression du droit en vigueur à ce moment et dans ce lieu». Dans cette même perspective, l'article 669 du code de procédure pénale a été modifié ainsi qu'il suit : « tout étranger qui, hors du territoire de la République se voit reproché d'être l'auteur ou le complice d'un des crimes visés aux articles 431-1 à 431-5, d'un crime ou d'un délit visé aux articles 279-1 à 279-3 et 295 du code pénal peut être poursuivi et jugé d'après les dispositions des lois sénégalaises ou applicables au Sénégal, ou si le Gouvernement obtient son extradition. »
Par ailleurs, il a été inséré au titre douze du livre quatrième du code de procédure pénale un article 664 bis ainsi libellé : « les juridictions nationales sont compétentes pour tout crime ou délit, puni par la loi sénégalaise, commis hors du territoire de la République par un national ou un étranger, lorsque la victime est de nationalité sénégalaise au moment des faits. » Parmi ces réformes, la répression de la torture n'a pas été prévue car cette infraction était déjà incriminée par l'article 295-1 de la loi 96-15 du 28 août 1996.

III. Réforme du code de procédure pénal

Du point de vue procédural, certaines réformes ont été effectuées dans le but de palier aux lenteurs longtemps dénoncées par les justiciables. Ainsi, la saisine obligatoire de la chambre d'accusation, juridiction de second degré par l'ordonnance de transmission de pièces du magistrat instructeur a été supprimée. Désormais, le juge d'instruction, après la clôture de son information criminelle, saisit directement la Cour d'assises par une ordonnance aux fins de transmission de pièces. Ces réformes concernent la composition de la cour d'assises elle-même. En fait, les jurés qui étaient des citoyens ordinaires issus du peuple étaient chargés de rendre les verdicts en assises. Etant considérés comme des profanes en la matière, ils ont été remplacés par des professionnels, des magistrats. La justification étant que le manque de formation de ces jurés pouvait nuire à l'équité recherchée dans le procès pénal. Toujours dans le but de garantie d'un procès équitable, un double degré de juridiction est institué. Ainsi les

décisions rendues par la cour d'assises sont susceptibles d'être contestées devant une autre cour d'assises désignée suivant ordonnance du Premier Président de la Cour Suprême.
Ces nouvelles dispositions semblent prendre en compte toutes les situations pouvant provoquer des incompétences des juridictions sénégalaises. Désormais, la légalité des délits et peines ne pouvait plus être invoquée pour juger des crimes internationaux intervenus au Tchad sous le régime de Hissène Habré. La question de la rétroactivité est quant à elle prise en compte par la loi constitutionnelle.

IV. Appréciations des réformes juridiques du Sénégal pour juger Hissène Habré

Ces réformes ont suscité des réactions diverses. Beaucoup d'organismes de défense des droits de l'homme ont salué cet effort de l'Etat du Sénégal de mettre à niveau son dispositif juridique afin de pouvoir poursuivre Hissène Habré. Il s'agit entre autre du mouvement mondial des droits humains symbolisé par la Fédération Internationale de Droits de l'Homme (fidh), de la Rencontre Africaine des Droits de l'homme (RADDHO) ainsi que d'autres organismes des droits de l'homme du Tchad. Ces organisations se sont félicitées du fait que le Sénégal se soit mis en conformité avec l'article 15 du Pacte international relatif aux droits civils et politiques de 1966 qui prévoit que « rien ne s'oppose au jugement ou à la condamnation de tout individu en raison d'actes ou omissions qui, au moment où ils ont été commis, étaient tenus pour criminels, d'après les principes généraux de droit reconnus par l'ensemble des nations ».

Mais ces réformes sénégalaises n'ont pas eu que des critiques positives. En effet du côté des avocats de Hissène Habré, l'acte de réforme constitue une entrave aux droits de l'homme. C'est ce qui a justifié la saisine des avocats de Hissène Habré de la Cour de Justice de la Communauté Economique des Etats de l'Afrique de l'Ouest (CEDEAO) du 1er Octobre 2008. La Haute juridiction établit dans son arrêt du 18 novembre 2010 que par requête, Hissène Habré a saisi la Cour aux fins de voir constater que l'Etat du Sénégal, a commis des violations des droits de l'homme à son égard à travers le non-respect des principes juridiques fondamentaux ci-après :

- la non rétroactivité de la loi pénale consacrée par l'article 11.2 de la Déclaration Universelle des Droits de l'Homme,
- l'article 7.2 de la Charte Africaine des Droits de l'Homme et des Peuples ainsi que dans la Constitution de l'Etat du Sénégal;
- le recours effectif affirmé à l'article 8 de la Déclaration Universelle des Droits de l'Homme,
- l'article 3.4 du Pacte Internationale relatif aux Droits Civils et Politiques ;
- l'autorité de la chose jugée ;
- l'égalité devant la loi et devant la justice consacrée par les articles 7 et 10 de la Déclaration Universelle des Droits de l'Homme,
- les articles 14.1 et 26 du Pacte International relatif aux Droits Civils et Politiques
- l'article 7.4 de la Constitution de l'Etat du Sénégal;

- l'indépendance de l'autorité judiciaire consacrée par les articles 10 et 11 de la Déclaration Universelle des Droits de l'Homme
- l'article 14 du Pacte International relatif aux droits Civils et Politiques ainsi qu'à l'article 1 de la Charte Africaine des Droits de l'Homme et des Peuples ;
- la séparation des pouvoirs affirmés à l'article 1.a du Protocole de la CEDEAO sur la Démocratie et la Bonne Gouvernance de même que la Constitution de l'Etat du Sénégal ;
- le droit à un procès équitable consacré à l'article 7.1 de la Charte Africaine des Droits de L'Homme et des Peuples ;
- la contrariété entre le droit communautaire de la CEDEAO et le droit pénal sénégalais et le principe de convergence constitutionnel.

Face à cette situation, la Cour semble donner raison aux avocats de Hissène Habré dans la mesure où même si elle souhaite combattre l'impunité, dit-elle, elle rappelle au Sénégal « que la mise en œuvre du mandat de l'Union Africaine doit se faire selon la coutume internationale qui a pris l'habitude dans de telles situations de créer des juridictions ad' hoc ou spéciales.

La Cour de Justice de la Communauté Economique des Etats de l'Afrique de l'Ouest recommande clairement la mise en place d'un cadre judiciaire ad' hoc dont la création et les attributions trouveraient leur fondement dans les dispositions de L'article 15. 2 du Pacte International sur les Droits Civils et Politiques. La Cour recommande au Sénégal de proposer au mandant, c'est à dire à l'Union Africaine les formes et modalités de mise en place d'une telle structure ».

On peut en déduire que la Cour de Justice de la Communauté Economique des Etats de l'Afrique de l'Ouest (CEDEAO) estime que les réformes dans l'ordonnancement juridique du Sénégal ne pourront permettre à ses juridictions nationales de juger Hissène Habré. La juridiction communautaire précise en plus que « toute autre entreprise du Sénégal en dehors d'un tel cadre violerait, d'une part, le principe de la non-rétroactivité de la loi pénale consacré par les instruments internationaux relatifs aux droits de l'homme comme étant un droit intangible et d'autre part, ferait obstruction au respect du principe de l'impunité consacré par les mêmes textes internationaux. ». En un mot la Cour recommande de combattre l'impunité tout en respectant les règles de droits de l'homme. Elle préconise ainsi la mise en place de juridictions spéciales pour juger l'ex-président tchadien.

Après l'arrêt de la Cour de la CEDEAO, les juridictions sénégalaises n'avaient plus compétence pour juger Hissène Habré. Pour se conformer à la décision de la Cour communautaire et donc respecter les principes de droits de l'homme, il ne restait plus comme seul moyen de juger Hissène Habré la mise en place d'une juridiction spéciale pour connaitre des crimes internationaux commis sous son règne de juin 1982 à décembre 1990. Apres l'examen de différentes options, le Sénégal et l'Union Africaine ont convenu de la création de chambres extraordinaires au sein du tribunal pénal du Sénégal. Pour des raisons d'impartialité absolue, ces institutions ont éliminé l'option de chambres extraordinaires au sein de la structure pénale tchadienne car le Sénégal a l'obligation, en vertu des dispositions de la Convention contre la torture de 1984, de juger Hissène Habré ou alors de l'extrader en Belgique ou vers tout autre pays désireux de le juger. Ainsi, les fonds promis lors de la table ronde n'étaient plus destinés aux juridictions nationales sénégalaises mais aux chambres africaines extraordinaires dont la composition devait nécessairement compter des étrangers. Mais comme le notait Robert Dossou, représentant spécial de l'Union Africaine : « quelle que soit la forme que prendra la juridiction, des fonds seront nécessaires pour le procès ». Le modèle retenu rappelle un tribunal de type cambodgien qui a connu des crimes des Khmers rouges. Il sera une sorte de juridiction sénégalaise internationalisée. Son fondement serait, comme dans le cas du tribunal spécial pour la Sierra Leone, une convention signée entre un Etat et une organisation internationale.

V. Suspension de la procédure judiciaire contre Hissène Habré pour des raisons financières

Suite au mandat donné par l'Union Africaine, en plus des réformes constitutionnelles et législatives, le Sénégal a mis en place des organes spécialement affectés à l'organisation du procès de Habré. Il s'agit de quatre juges d'instruction, trois magistrats du parquet, un pool de greffiers, un coordonnateur et un Comité de Suivi et de communication. Un programme de formation de tout le personnel a été prévu avec un budget de 2 milliards pour le fonctionnement des différents organes. Un budget prévisionnel pour la tenue du procès a été estimé à 18 milliards de FCFA soit environ 36 millions de dollars américains avec au programme cinq cents témoins à citer pour une durée de 38 mois. Les partenaires du

Sénégal, notamment l'Union Européenne, ont proposé une baisse du budget qui finalement a été estimé à 14 milliards avec une baisse du nombre des témoins pour une durée de 28 mois. Le timing du procès se déroulerait ainsi : 20 mois d'enquête et d'instruction, 5mois pour jugement en première instance et 3 mois pour jugement en appel.
Le Sénégal a par ailleurs clairement indiqué que le financement d'un tel procès relevait de la contribution des bailleurs de fonds, en l'occurrence la communauté internationale. L'organisation du procès de Hissène Habré par le Sénégal nécessitait en effet d'importants fonds car les faits ont été commis au Tchad et le recensement et l'audition des victimes requièrent des déplacements, de même que les enquêtes. Mais les partenaires au développement trainèrent les pieds quant à leur contribution au financement du procès. Devant l'inaction de la communauté internationale, le Sénégal décide de suspendre sine die les poursuites déclenchées après le mandat de l'UA. Le président sénégalais de l'époque Abdoulaye Wade avait, au cours d'entretiens accordés à la presse fin janvier 2009, menacé de mettre fin à la résidence surveillée de Monsieur Habré si le budget réclamé par le Sénégal ne lui était pas versé.

VI. Saisine de la Cour Internationale de Justice par la Belgique en 2009

Cette menace du Sénégal de mettre fin à la résidence surveillée de Hissène Habré déclencha automatiquement une réaction du côté de la Belgique qui estime que le Sénégal avait l'intention de se soustraire de ses obligations de juger Hissène Habré. La Belgique interpella ainsi la Cour Internationale de Justice le 19 février 2009 ; elle soutient dans son mémoire que « des difficultés d'ordre financier (...) ne peuvent pas délier le Sénégal de ses obligations ou excuser leur violation (...) ». La Belgique estima que pour l'Etat du Sénégal, le problème de l'appui financier ne saurait être un fait justificatif de l'inexécution de son obligation. Le Sénégal a rappelé la singularité du procès de Habré qui aurait à se tenir à Dakar du fait du nombre de victimes très élevé qui devraient être entendus dans le cadre d'un procès judiciaire.
En novembre 2010, une table ronde des donateurs pour le procès de Hissène Habré a été organisée dans la capitale sénégalaise. Elle a enregistré la participation de l'Union Africaine, l'Union européenne, Tchad, Allemagne, Belgique, Canada, Etats-Unis d'Amérique, l'Espagne, la

France, le Luxembourg, le Royaume-Uni, les Pays Bas, la Suisse, le Haut-Commissariat des Nations Unies aux droits de l'homme et le Bureau des Nations Unies pour l'appui aux projets (UNOPS). Parmi ces pays et institutions seuls quelques-uns ont donné leur accord de financement. Il s'agit de l'Union Africaine pour 1 millions de dollars US, le Tchad pour 2 milliards FCFA ; l'Union Européenne pour 2 millions d'euros, l'Allemagne pour 500 000 mille euros, la Belgique pour un maximum 1 million d'euros, la France pour 300 000 mille euros ; le Luxembourg pour 100 000 mille euros et les Pays Bas pour 1 million d'euros. Le montant total de ces annonces d'intention de contribution financière s'éleva à 5.600.000.000 de FCFA soit environ 8.600.000 euros. Le Haut-Commissariat des Nations quant à lui a promis une contribution sous forme de programme d'assistance technique au gouvernement sénégalais. Les participants à la table ronde ont émis le souhait de décaissement des fonds promis dans un délai raisonnable pour permettre un rapide déclenchement du procès de l'ex-président du Tchad.

VII. Transmission de quatre demandes d'extradition de la Belgique au Sénégal

En janvier 2012, la Belgique a formulé à l'endroit du Sénégal une quatrième demande d'extradition de Hissène Habré poursuivi en Belgique depuis 2000 pour crimes de torture et crime contre l'humanité suite à des plaintes de citoyens belges d'origine tchadienne. La Belgique continuait à demander au Sénégal de respecter ses obligations internationales découlant du principe de droit international « aut dedere, aut judicare » c'est à dire juger Hissène Habré au Sénégal ou de l'extrader vers la Belgique, pays prêt à le juger afin qu'il puisse répondre devant la justice pour des faits graves qui lui sont reprochés.

Dans son arrêt n° 07 du 10 janvier 2012, la Chambre d'Accusation de la Cour d'appel de Dakar a déclaré irrecevable la troisième demande d'extradition en expliquant d'une part que la Belgique n'avait pas respecté la loi sénégalaise relative à l'extradition car la copie du mandat d'arrêt international à l'endroit Hissène Habré n'avait pas été présentée en expédition authentique et d'autre part la Chambre d'accusation de la Cour d'Appel de Dakar évoque comme motif de refus l'absence du procès-verbal d'arrestation et de mise sous écrou et d'interrogatoire de Hissène Habré.

En réponse au refus des autorités judiciaires sénégalaises, les autorités belges ont fait remarquer par communiqué public que la Belgique a bien transmis aux autorités sénégalaises les pièces requises par la législation sénégalaise en matière d'extradition en original, par note verbale du 22 septembre 2005, valant première demande d'extradition, Ces pièces originales sont toujours en possession des autorités sénégalaises. La Belgique a aussi indiqué avoir transmis par note verbale du 15 mars 2011en copie certifiée et dûment légalisée équivalant à expédition authentique du mandat d'arrêt à l'encontre de M. Habré et la législation belge et internationale applicable aux faits qui lui sont reprochés. La Belgique a rappelé l'envoi des mêmes documents en copie certifiée conforme et dûment légalisée équivalant à expédition authentique par note verbale du 5 septembre 2011, valant 3ème demande d'extradition. Cette fois, disent les autorités judiciaires belges les pièces dûment remises par la voie diplomatique, n'ont pas été transmises telles quelles à la juridiction sénégalaise compétente, mais sous forme de photocopies.

Pour le second motif d'irrecevabilité invoqué par la juridiction sénégalaise dans sa décision du 10 janvier 2012, la Belgique souligne que conformément aux termes de l'article 13 de la loi sénégalaise relative à l'extradition, c'est au parquet du Procureur général de Dakar qu'il revient de produire et de joindre à la procédure procès-verbal d'arrestation et de mise sous écrou et d'interrogatoire de Hissène Habré à la procédure. La Belgique insiste donc sur le fait qu'il appartient aux seules autorités sénégalaises de lever ce second obstacle.
Le 17 janvier 2012, les autorités judiciaires belges remirent à l'Ambassade du Sénégal à Bruxelles une quatrième demande d'extradition à l'encontre de Hissène Habré avec copie du mandat d'arrêt international et de ses annexes, et dûment certifiés et légalisés. La Belgique a demandé avec insistance aux autorités sénégalaises que ce mandat d'arrêt et ses annexes en expédition authentique en précisant expressément que soient transmis tels quels lesdits documents aux autorités judiciaires compétentes. La Belgique a rappelé qu'elle restait favorable à l'organisation du procès de Hissène Habré en Afrique sur la base des plaintes déposées et des poursuites engagées en Belgique avec le seul souci de rendre justice aux victimes belges d'origine tchadienne.

CHAPITRE 7 :
Statut des Chambres africaines extraordinaires au sein des juridictions sénégalaises pour la poursuite des crimes internationaux commis au Tchad durant la période du 7 juin 1982 au 1er décembre 1990

Le 22 août 2012, Aminata Touré, Ministre de la Justice, Garde des Sceaux et Robert Dossou, Représentant Spécial de la Présidente de la Commission de l'Union Africaine signèrent respectivement pour le compte du gouvernement du Sénégal et de l'Union Africaine l'accord entre le Gouvernement du Sénégal et l'Union Africaine portant création de Chambres africaines extraordinaires au sein des juridictions sénégalaises pour la poursuite des crimes internationaux commis au Tchad durant la période du 7 juin 1982 au 1er décembre 1990.

Cet accord dans son préambule rappelle la décision de la conférence des chefs d'Etat et de Gouvernement demandant à la Commission de l'Union Africaine et au gouvernement du Sénégal d'examiner les modalités pratiques pour la poursuite judiciaire des crimes commis au Tchad durant la période du 7 juin 1982 au 1er décembre 1990. L'accord rappelle également que le Sénégal a ratifié la Convention des Nations Unies contre la Torture et autres peines et traitements cruels, inhumains et dégradants adoptée à New York le 10 décembre 1984.

L'accord entre le Sénégal et l'Union Africaine porte sur 37 articles. L'article 1er définit l'objet de l'accord qui consiste à mettre en œuvre la décision de l'Union africaine relative à la poursuite par le Sénégal des crimes internationaux commis au Tchad entre le 7 juin 1982 et le 1er décembre 1990, et conformément aux engagements internationaux du Sénégal. **L'article 2** de l'accord indique qu'au sein des juridictions existantes au Sénégal, sont créés :

- une Chambre africaine extraordinaire d'instruction au sein du Tribunal Régional Hors Classe de Dakar ;
- une Chambre africaine extraordinaire d'accusation à la Cour d'appel de Dakar ;
- une Chambre africaine extraordinaire d'Assises à la Cour d'appel de Dakar ;
- une Chambre africaine extraordinaire d'assises d'Appel près la Cour d'Appel de Dakar.

Il faut noter la particularité des Chambres africaines extraordinaires, elles ne constituent pas un tribunal à part mais sont établies au sein de l'appareil judiciaire sénégalais existant. Une Chambre spéciale d'Appel est constituée, au lieu de voir les appels renvoyés devant une autre Cour d'Assises comme c'est normalement le cas dans la pratique sénégalaise.

Pour intégrer les Chambres africaines extraordinaire dans l'ordonnancement judiciaire du pays, le Sénégal a adopté la loi N°2012-29 du 28 décembre 2012

modifiant l'article 1er de la loi n°84-19 du 02 février 1984. **L'article premier** ancien de la loi n°84-19 du 02 février 1984 disposait ce qui suit : « L'organisation judiciaire du Sénégal comprend outre la Cour suprême siégeant à Dakar, des cours d'Appels, des cours d'assises, des tribunaux régionaux, des tribunaux départementaux et des tribunaux du Travail. Ces juridictions connaissent de toutes affaires civiles, commerciales ou pénales, des différends du travail et de l'ensemble du contentieux administratif ».
En application de l'accord de convention avec l'Union Africaine, les Chambres africaines extraordinaires sont intégrées aux juridictions sénégalaises déjà existantes. Ainsi à l'article premier il fut ajouté deux alinéas dont la teneur est la suivante :
« Une Chambre africaine extraordinaire d'instruction est intégrée au Tribunal régional Hors Classe de Dakar ; une Chambre africaine extraordinaire d'accusation, une Chambre africaine extraordinaire d'assises et une chambre africaine extraordinaire d'Appel sont rattachées à la Cour d'Appel de Dakar ».
La loi 2012-29 précise néanmoins que ces nouvelles juridictions seront automatiquement dissoutes à la fin de leur mission laquelle est « d'instruire et de juger les crimes internationaux commis au Tchad entre le 7 juin 1982 et le 1er décembre 1990 ».

I. Compétence des Chambres Africaines Extraordinaires

L'article 3 de l'accord fixe les compétences des Chambres africaines extraordinaires qui ont pour mission de poursuivre et juger le ou les « principaux responsables des crimes et violations graves du droit international, de la coutume internationale et des conventions internationales ratifiées par le Tchad, commis sur le territoire tchadien durant la période allant du 7 juin 1982 au 1er décembre 1990 ». Vu l'ampleur des crimes supposés, l'article 3 précise que « Les Chambres africaines extraordinaires peuvent choisir de poursuivre les crimes les plus graves relevant de leur compétence ». **L'article 4** définit la nature des crimes relevant de la compétence des Chambres africaines extraordinaires à savoir, le crime de génocide, les crimes contre l'humanité, les crimes de guerre et la torture. **L'article 5** définit le crime de génocide par « l'un quelconque des actes ci-après, commis dans l'intention de détruire, en tout ou en partie, un groupe national, ethnique, racial ou religieux, comme tel :

- l'homicide volontaire de membres du groupe;

- l'atteinte grave à l'intégrité physique ou mentale de membres du groupe;

- la soumission intentionnelle du groupe à des conditions d'existence devant entraîner sa destruction physique totale ou partielle;

- les mesures visant à entraver les naissances au sein du groupe ;

- le transfert forcé d'enfants du groupe à un autre groupe. »

L'article 6 définit le crime contre l'humanité comme « l'un des actes ci-après commis à l'occasion d'une attaque généralisée ou systématique lancée contre toute population civile :

- le viol, l'esclavage sexuel, la prostitution forcée, la stérilisation forcée ou toute autre forme de violence sexuelle de gravité comparable ;
- l'homicide volontaire ;
- l'extermination ;
- la déportation ;
- le crime d'apartheid ;
- la réduction en esclavage ou la pratique massive et systématique d'exécutions sommaires, d'enlèvement de personnes suivi de leur disparition ;
- la torture ou les actes inhumains causant intentionnellement de grandes souffrances ou des atteintes graves à l'intégrité physique ou à la santé physique et psychique inspirées par des motifs d'ordre politique, racial, national, ethnique, culturel, religieux ou sexiste. »

L'article 7 de l'accord définit le crime de guerre comme « l'un des actes ci-après lorsqu'il concerne des membres des forces armées, des prisonniers de guerre ou des civils ou des biens protégés par des dispositions des conventions de Genève du 12 août 1949 :

- l'homicide volontaire ;
- la torture ou les traitements inhumains, y compris, les expériences biologiques ou causant intentionnellement de grandes souffrances à l'intégrité physique et psychique ;

- la destruction et l'appropriation des biens, non justifiées par des nécessités militaires et exécutées sur une grande échelle de façon illicite et arbitraire ;
- le fait de contraindre un prisonnier de guerre ou toute autre personne protégée à servir dans les forces armées ;
- le fait de priver un prisonnier de guerre ou toute autre personne protégée de son droit d'être jugé régulièrement et impartialement;
- la déportation ou le transfert illégal ou la détention illégale;
- la prise d'otages. »

L'article 7 précise que « Les Chambres africaines extraordinaires sont compétentes pour juger les personnes ayant commis des violations graves de l'article 3, commun aux conventions de Genève du 12 août 1949 pour la protection des victimes en temps de guerre et du Protocole additionnel II auxdites Conventions du 8 juin 1977. Ces violations comprennent:
- les atteintes portées à la vie, à la santé et au bien-être physique ou mental des personnes, en particulier le meurtre, de même que les traitements cruels tels que la torture, les mutilations ou toutes formes de peines corporelles;
- les châtiments collectifs;
- la prise d'otage;
- les actes de terrorisme;
- les atteintes à la dignité de la personne, notamment les traitements humiliants et dégradants, le viol, la prostitution forcée et tout attentat à la pudeur;
- le pillage;
- les condamnations et les exécutions sans jugement rendu au préalable par un tribunal régulièrement constitué et assorti des garanties judiciaires reconnues comme indispensables par les peuples civilisés;
- la menace de commettre les actes précités. »

L'article 8 définit la torture comme « tout acte par lequel une douleur ou des souffrances aiguës, physiques ou mentales, sont intentionnellement infligées à une personne aux fins notamment d'obtenir d'elle ou d'une tierce personne des renseignements ou des aveux, de la punir d'un acte qu'elle ou une tierce personne a commis ou est soupçonnée d'avoir commis, de l'intimider ou de faire pression sur elle ou d'intimider ou de faire pression sur une tierce personne, ou pour tout autre motif fondé sur une forme de discrimination quelle qu'elle soit, lorsqu'une telle douleur ou de telles

souffrances sont infligées par un agent de la fonction publique ou toute autre personne agissant à titre officiel ou à son instigation ou avec son consentement exprès ou tacite. Ce terme ne s'étend pas à la douleur ou aux souffrances résultant uniquement de sanctions légitimes, inhérentes à ces sanctions ou occasionnées par elles. Aucune circonstance exceptionnelle, qu'elle soit n'est admise .L'état de guerre ou de menace de guerre, d'instabilité politique intérieure ou de tout autre état d'exception ne peuvent être invoqués pour justifier la torture.
L'article 9 stipule que les crimes relevant des Chambres africaines extraordinaires sont imprescriptibles.

Il a été convenu que les Chambres africaines extraordinaires jugeront seulement le ou les personnes qui portent la responsabilité la plus lourde pour les crimes internationaux les plus graves commis au Tchad du 7 juin 1982 au 1er décembre 1990. Puisqu'il n'est point réaliste de penser pouvoir poursuivre tous les crimes internationaux commis, il a été choisi une stratégie de poursuite limitée à un échantillon représentatif des crimes les plus graves, ceci pour éviter un procès fleuve dont le financement poserait problème. Il a été retenu la même définition de crime contre l'humanité que celle utilisée par le Tribunal Spécial pour la Sierra Leone.

II. Responsabilité pénale individuelle

L'article 9 de l'accord indique que les Chambres africaines extraordinaires sont compétentes à l'égard des personnes physiques qui ont commis, ordonné, planifié ou incité à commettre, ou de toute autre manière aidé et encouragé à planifier, préparer ou exécuter un crime visé aux articles 5 à 8. Ces personnes sont individuellement responsables dudit crime en tant qu'auteur ou complice. L'article 9 souligne que « la qualité officielle d'un accusé, soit comme chef d'État ou de gouvernement, soit comme haut fonctionnaire, ne l'exonère en aucun cas de sa responsabilité pénale au regard du présent statut, plus qu'elle ne constitue en tant que telle un motif d'atténuation de la peine encourue ». L'article précise que « le fait que l'un quelconque des actes visés aux articles 5 à 8 du présent Statut ait été commis par un subordonné n'exonère pas son supérieur de sa responsabilité pénale s'il savait ou avait des raisons de savoir que le subordonné s'apprêtait à commettre cet acte ou l'avait fait et que le supérieur n'a pas pris les mesures nécessaires et raisonnables pour empêcher que ledit acte ne soit commis ou en punir les auteurs . Le fait qu'un accusé ait agi en exécution d'un ordre d'un gouvernement ou d'un supérieur ne l'exonère pas de sa responsabilité pénale mais peut être considéré comme un motif d'atténuation de la peine ». En matière de responsabilité pénale individuelle, l'accord a repris les mêmes dispositions du Tribunal pénal international pour le Rwanda et du Tribunal spécial pour la Sierra Leone.

III. La composition des Chambres africaines extraordinaires

L'article 11 établit la nomenclature des Chambres africaines extraordinaires à travers quatre chambres :

- La Chambre africaine extraordinaire d'instruction du Tribunal Régional Hors Classe de Dakar composée de quatre (4) juges d'instruction sénégalais et deux (2) juges suppléants sénégalais nommés par le Président de la Commission de l'Union Africaine sur proposition du Ministre de la Justice du Sénégal.
- La Chambre Africaine Extraordinaire d'Accusation de la Cour d'Appel de Dakar est composée de trois (3) juges titulaires sénégalais et d'un (1) juge suppléant sénégalais nommés par le Président de la Commission de l'Union Africaine sur proposition du Ministre de la Justice du Sénégal.
- La Chambre Africaine Extraordinaire d'Assises de la Cour d'Appel de Dakar est composée d'un Président, de deux (2) juges titulaires sénégalais et de deux (2) juges suppléants sénégalais nommés par le Président de la Commission de l'Union Africaine sur proposition du Ministre de la Justice du Sénégal. Le Président de la Chambre est ressortissant d'un autre Etat membre de l'Union africaine.
- La Chambre africaine extraordinaire d'Assises d'Appel est composée d'un Président, de deux (2) juges titulaires sénégalais et de deux (2) juges suppléants sénégalais nommés par le Président de la Commission de l'Union Africaine sur proposition du Ministre de la Justice du Sénégal. Le Président de la Chambre est ressortissant d'un autre Etat membre de l'Union africaine.
- Les juges sélectionnés auront exercé les fonctions de juges pendant au moins dix (10) ans et jouiront d'une haute considération morale et du respect de leurs pairs. Les Présidents des Chambres Africaines

Extraordinaires d'assises et d'appel doivent en plus avoir exercé les plus hautes fonctions judiciaires dans leurs États.

IV. Le Parquet représentant le Ministère public

L'article 12 indique que le parquet est composé du Procureur général et ses trois (3) adjoints de nationalité sénégalaise nommés par le Président de la Commission de l'Union africaine sur proposition du Ministre de la Justice du Sénégal. Ils représentent le ministère public auprès des Chambres africaines extraordinaires. L'article 12 mentionne que les procureurs doivent avoir au moins 10 ans d'expérience en matière de poursuites pénales et comme les juges, ils doivent bénéficier d'une haute considération et d'une intégrité sans faille. Leurs actions sont encadrées par le Code de Procédure pénale sénégalais.

V. Le service des greffes

L'article 13 de l'accord traite du service des greffes. Les Chambres africaines extraordinaires sont assistées d'un ou de plusieurs greffiers dont les actions sont définies et encadrées par le Code de procédure pénale sénégalais. Les greffiers sont nommés par le Ministre de la justice du Sénégal.

VI. La participation des victimes comme partie civile

Selon l'article 14 de l'accord, la constitution de partie civile peut se faire à tout moment pendant la période de l'instruction. La victime ou son ayant droit adresse une demande écrite au greffier qui transmet la demande à la Chambre africaine extraordinaire compétente, au parquet et à la défense. Les victimes ont le choix de s'organiser en groupes et d'être représentées par un représentant choisi en commun. Par souci d'efficacité et considérant le nombre important de victimes présumées, l'article14 de l'accord précise que les Chambres africaines extraordinaires peuvent imposer aux victimes ou à un groupe particulier de victimes de choisir un ou plusieurs représentants communs avec la possibilité de révoquer leur mandat à tout moment. Si les victimes ne sont pas en mesure de choisir un ou plusieurs représentants communs dans le délai imparti par la Chambre compétente, celle-ci peut demander à l'Administrateur des Chambres africaines extraordinaires de désigner un ou plusieurs représentants. L'article 14 informe de la possibilité d'une assistance judiciaire si un groupe de victimes n'a pas les moyens de rémunérer un représentant commun. Les modalités détaillées de la constitution de partie civile des victimes sont définies et encadrées par le Code de Procédure Pénale sénégalais.

VII. Administration des Chambres africaines extraordinaires

Article 15 indique « que le Ministre de la justice de la République du Sénégal désigne un Administrateur des Chambres africaines extraordinaires chargé des aspects non-judiciaires de l'administration et du service des Chambres africaines extraordinaires. L'Administrateur gère également les ressources en personnel des Chambres africaines extraordinaires en collaboration avec les différents Présidents de chambres et le Ministère public. L'Administrateur est assisté, dans l'exercice de ses fonctions, par le personnel nécessaire au fonctionnement des Chambres africaines extraordinaires. L'Administrateur représente les Chambres africaines extraordinaires dans leurs relations avec la communauté internationale, y compris avec le Comité de Gestion établi par le Document Final de la Table ronde des donateurs du 24 novembre 2010.

L'Administrateur des Chambres africaines extraordinaires peut conclure les accords appropriés pour la mise en œuvre d'actions de sensibilisation et pour informer l'opinion publique africaine et internationale au sujet du travail des Chambres africaines extraordinaires. L'Administrateur est chargé d'orienter et d'aider de toute manière appropriée les témoins et les victimes qui comparaissent devant les Chambres africaines extraordinaires ainsi que les autres personnes auxquelles les dépositions de ces témoins peuvent faire courir un risque, ainsi que de prévoir les mesures et les dispositions à prendre pour assurer leur protection et leur sécurité. A cet effet, l'Administrateur coordonne son action avec les gouvernements du Tchad, du Sénégal et d'autres États concernés. L'Administrateur contribue à l'établissement d'un mécanisme de coopération judiciaire entre le Sénégal et d'autres Etats. »

VIII. Le Droit applicable au niveau des Chambres africaines extraordinaires

L'article 16 stipule que les Chambres africaines extraordinaires appliquent les dispositions du Statut des Chambres africaines extraordinaires et pour les cas non prévus par l'accord, la loi sénégalaise sera appliquée. **L'article 17** définit la procédure de déclenchement de l'action publique et indique que les Chambres africaines extraordinaires appliquent en premier lieu le Statut des Chambres africaines extraordinaires et pour les cas non prévus le Code de Procédure pénale sénégalais fera foi. L'article 17 indique que les crimes énoncés aux articles 5 à 8 du Statut des Chambres africaines extraordinaires ne peuvent faire l'objet d'une procédure de médiation. Il stipule également que l'action publique ne peut être mise en mouvement que par le ministère public près les Chambres africaines extraordinaires. Ainsi, le procureur peut ouvrir une information d'office ou sur la foi des renseignements obtenus de toutes sources, notamment des gouvernements, organisations internationales et non-gouvernementales ou sur plaintes des victimes sans préjudice de leur lieu de domiciliation.

L'article 32 du Code de Procédure pénale sénégalais prévoit une procédure de médiation pénale s'il apparait qu'une telle mesure est susceptible d'assurer la réparation du dommage causé à la victime. Le Statut des Chambres africaines extraordinaires exclut clairement l'application des dispositions de l'article 32 du Code de Procédure Pénal sénégalais. Comme le droit sénégalais le prévoit, le Statut donne la possibilité pour les victimes de se constituer parties civiles auprès du juge d'instruction. Ceci est très important pour les associations de victimes qui ont fait pendant de nombreuses années le plaidoyer pour la tenue du procès de Hissène Habré. L'accord précise que les plaintes des victimes sont recevables compte non tenu de leur lieu de résidence. Ce qui élimine le risque de déclaration d'incompétence des juges sénégalais même si l'Etat du Sénégal a déjà mis à jour sa législation nationale pour intégrer la notion de compétence universelle.

IX. Enquêtes et procédures judiciaires

Article 18 stipule que « les Chambres africaines extraordinaires prennent toutes les mesures nécessaires pour la coopération judicaire, la réception et l'utilisation, en cas de besoin, des résultats des enquêtes menées par les autorités judiciaires d'autres États pour les crimes visés par le présent Statut. Elles peuvent solliciter tous transferts de poursuite pénale et dans ce cadre valider les procès-verbaux et tout élément de preuve établi par les autorités compétentes des pays requis ».

L'article 19 établit le principe de « Non bis in idem ». Il indique que « sauf disposition contraire du présent Statut, nul ne peut être jugé par les Chambres africaines extraordinaires pour des actes constitutifs de crimes pour lesquels il a déjà été condamné ou acquitté par elles. Nul ne peut être jugé par une autre juridiction pour les crimes visés des articles 5 à 8 pour lequel il a déjà été condamné ou acquitté par les Chambres africaines extraordinaires. Quiconque a été jugé par une autre juridiction pour un comportement tombant aussi sous le coup des articles 5, 6, 7 ou 8 ne peut être jugé par les Chambres africaines extraordinaires que si la procédure devant l'autre juridiction :

- Avait pour but de soustraire la personne concernée à sa responsabilité pénale pour des crimes relevant de la compétence des Chambres africaines extraordinaires ; ou
- N'a pas été au demeurant menée de manière indépendante ou impartiale, dans le respect des garanties d'un procès équitable prévues par le droit international, mais d'une manière qui, dans les circonstances, était incompatible avec l'intention de traduire l'intéressé en justice. »

X. Amnistie

L'article 20 traite de l'amnistie et indique que « l'amnistie accordée à une personne relevant de la compétence des Chambres africaines extraordinaires pour les crimes visés aux articles 5 à 8 du présent Statut ne fait pas obstacle à l'exercice de poursuites ». Ceci est pour se prémunir des arrangements politiques qui pourraient soustraire des personnalités à des poursuites par les Chambres africaines extraordinaires.

XI. Droits de l'accusé

L'article 21 traite des droits de l'accusé et indique que « tous les accusés sont égaux devant les Chambres africaines extraordinaires ». Il stipule que « tout accusé a droit à ce que sa cause soit entendue équitablement et publiquement, sous réserve des mesures ordonnées par les Chambres africaines extraordinaires pour assurer la protection des victimes et des témoins. Tout accusé est présumé innocent jusqu'à ce que sa culpabilité ait été établie, conformément aux dispositions du présent Statut. Lors de l'examen des charges portées contre lui conformément au présent Statut, tout accusé a droit au moins aux garanties suivantes :

- être informé, dans le plus court délai, dans une langue qu'il comprend et de façon détaillée, de la nature et des motifs de l'accusation portée contre lui ;
- disposer du temps et des facilités nécessaires à la préparation de sa défense et communiquer librement avec le conseil de son choix;
- être jugé sans retard excessif ;
- être présent à son procès et se défendre lui-même ou être assisté d'un conseil de son choix ; s'il n'a pas de conseil, être informé de son droit d'en avoir un, et, chaque fois que l'intérêt de la justice le commande, se voir commettre d'office un conseil, sans frais, s'il n'a pas les moyens de le rémunérer ;

- interroger ou faire interroger les témoins à charge et obtenir la comparution et l'interrogatoire des témoins à décharge dans les mêmes conditions que les témoins à charge ;
- se faire assister gratuitement d'un interprète s'il ne comprend pas ou ne parle pas la langue employée;

- ne pas être forcé de témoigner contre lui-même ou de s'avouer coupable. ». L'article 21 pose les bases claires d'un procès juste et équitable.

XII. Les audiences

L'article 22 indique que les audiences sont publiques et les questions relatives à la conduite des audiences sont régies par le Code de procédure pénale sénégalais. Article 36 stipule que les audiences devant les Chambres africaines extraordinaires, sous l'autorité du Procureur général, sont filmées et enregistrées afin d'être diffusées sauf si cela contrevient aux mesures nécessaires à la protection des témoins et autres participants. Article 33 traite de l'accès au procès et indique que toutes les mesures raisonnables seront prises afin de garantir l'accès au procès de toutes les parties concernées ainsi que des représentants de la presse, des observateurs de la communauté internationale et de l'Union africaine et des représentants de la société civile.
L'un des enjeux du procès est de s'assurer que le peuple tchadien suive et comprenne qu'il s'agit de lutter contre l'impunité et de rendre justice aux victimes tchadiennes. Ce qui nécessite l'enregistrement des audiences et l'accès facile des journalistes tchadiens et des acteurs de la société civile au procès.

XIII. Les sentences et peines applicables

L'article 23 stipule « que la Chambre africaine extraordinaire d'assises prononce des sentences et impose des peines et sanctions à l'encontre des personnes convaincues de violations graves des droits de l'homme, du droit international et de la coutume internationale. La sentence est rendue en audience publique à la majorité des juges de la Chambre africaine extraordinaire d'assises. Elle est établie par écrit et motivée ».

L'article 24 traite des peines applicables et indique que « les Chambres africaines extraordinaires peuvent prononcer contre une personne déclarée

coupable d'un crime visé aux articles 5 à 8 du présent Statut l'une des peines suivantes :
- une peine d'emprisonnement à temps de trente (30) ans au plus ; ou
- une peine d'emprisonnement à perpétuité, si l'extrême gravité du crime et la situation personnelle du condamné le justifient.
A la peine d'emprisonnement, les Chambres africaines extraordinaires peuvent ajouter :
- Une amende fixée selon les critères prévus par la loi sénégalaise;
- La confiscation des profits, biens et avoirs tirés directement ou indirectement du crime, sans préjudice des droits des tiers de bonne foi ».
Le principe de non bis in idem est retenu, celui de ne pas juger deux fois la même personne pour le même crime.

XIV. Les procédures d'appel

L'article 25 stipule que « la Chambre africaine extraordinaire d'assises d'appel est compétente pour examiner en dernier ressort les appels interjetés par le Procureur ou les personnes condamnées ou les parties civiles quant à ses intérêts civils seulement par la chambre africaine extraordinaire d'Assises pour les motifs suivants :
- Une erreur de procédure ;
- Une erreur sur une question de droit matériel qui invalide la décision ; y compris une erreur sur la compétence ;
- Une erreur de fait qui a entrainé un déni de justice.

La Chambre africaine extraordinaire d'assises d'appel peut, selon le cas, confirmer, annuler ou réformer les décisions prises par la chambre africaine extraordinaire d'assises. Les juges de la chambre africaine extraordinaire d'appel d'assises peuvent s'inspirer de la jurisprudence des cours ou tribunaux pénaux internationaux. Les arrêts rendus par la Chambre africaine extraordinaire d'assises d'appel sont définitifs. Ils ne sont susceptibles d'aucune voie de recours même extraordinaire. »

XV. Les mesures de détention provisoire, exécution des peines et réparation accordées aux victimes

L'article 26 traite des mesures de détention provisoire et de l'exécution des peines, il indique que « Toute mesure de détention provisoire et de détention ordonnée par les Chambres africaines extraordinaires préalablement au jugement final est exécutée au Sénégal au sein des établissements pénitentiaires existants et conformément à la pratique et au droit sénégalais ». L'article 26 stipule que « les peines d'emprisonnement sont exécutées conformément aux standards internationaux. Si les circonstances l'exigent, le condamné peut purger sa peine d'emprisonnement dans l'un des États membres de l'Union africaine qui a conclu un accord d'exécution des peines avec le Sénégal. Les conditions de détention, que ce soit au Sénégal ou dans un autre État membre de l'Union africaine, sont régies par la loi de l'État d'exécution et conformes aux standards internationaux. L'État d'exécution est lié par la durée de la peine. Les juridictions nationales seront en charge de toutes procédures, relatives notamment à la détention, qui pourraient survenir postérieurement à la dissolution des Chambres africaines extraordinaires. Les autorités nationales compétentes font exécuter les peines d'amende et les mesures de confiscation ordonnées par les Chambres africaines extraordinaires en vertu de l'article 22, conformément à la législation du lieu de localisation des biens et avoirs ».

L'article 27 traite des réparations accordées aux victimes, il stipule que « les réparations accordées par les Chambres africaines extraordinaires sont la restitution, l'indemnisation et la réhabilitation. Les Chambres africaines extraordinaires peuvent décider que l'indemnité accordée à titre de réparation soit versée par l'intermédiaire du fonds visé à l'article 28 du présent Statut. Avant de rendre une décision en vertu du présent article, les Chambres africaines extraordinaires peuvent solliciter les observations de la personne condamnée, des victimes et des autres personnes ou Etats intéressés. Les dispositions du présent article s'entendent sans préjudice des droits que le droit interne ou le droit international reconnaissent aux victimes. ».

L'article 28 établit la création d'un fonds au profit des victimes de crimes relevant de la compétence des Chambres africaines extraordinaires et de leurs ayant droits. Selon ce même article, « Ce fonds est alimenté par des contributions volontaires de gouvernements étrangers, d'institutions

internationales, d'organisations non gouvernementales et d'autres sources désireuses d'apporter un soutien aux victimes. ». L'article 28 indique également que « les réparations peuvent être attribuées aux victimes individuellement ou collectivement, qu'elles aient ou non participé aux procédures devant les Chambres africaines extraordinaires. ».
Les Chambres adoptent une stratégie de poursuites limitées à un échantillon représentatif des crimes les plus graves, cependant les réparations sont ouvertes à toutes les victimes, individuellement ou collectivement. Le principe de la réparation figure dans le droit sénégalais et c'est une tradition des tribunaux pénaux internationaux. Ce qui fonde le Fonds au profit des victimes qui sera géré par le Comité de Gestion prévu par le Document final de la Table-ronde des donateurs du 24 novembre 2010. La confiscation des biens et avoirs acquis illicitement alimentera également le fonds.

XVI. Privilèges et immunités

L'article 29 définit les privilèges et immunités, il stipule que « les juges de nationalité étrangère, ainsi que les membres de leur famille qui font partie de leur ménage, jouissent des privilèges et immunités, exemptions et facilités, y compris fiscales, accordés aux agents diplomatiques conformément à la Convention de Vienne de 1961 sur les relations diplomatiques. Ils sont exonérés d'impôts sur leurs traitements, émoluments et indemnités au Sénégal. Les Juges, les Procureurs, les Greffiers, l'Administrateur et les autres membres du personnel des Chambres africaines extraordinaires de nationalité sénégalaise jouissent, conformément à la Convention générale de l'Organisation de l'Unité africaine (OUA) sur les privilèges et immunités, des privilèges et immunités suivants :
- de l'immunité de juridiction pénale et civile pour tous les actes (y compris leurs paroles et écrits) qu'ils accomplissent dans l'exercice de leurs fonctions. Cette immunité est maintenue après qu'ils ont quitté le service des Chambres africaines extraordinaires.
- de l'exonération de tout impôt sur les traitements, indemnités et émoluments qui leur sont versés dans le cadre de leur participation aux Chambres africaines extraordinaires. ».

L'article 29 s'inspire de la loi relative à la création de Chambres extraordinaires au sein des tribunaux cambodgiens.

XVII. La langue de travail

L'article 30 définit le français comme langue de travail, le Sénégal et le Tchad deux anciennes colonies françaises ont adopté le français comme langue officielle.

XVIII. Dispositions pratiques

L'article 31 définit les dispositions pratiques relatives à l'installation progressive et à coût efficient des Chambres africaines extraordinaires selon l'ordre chronologique suivant :

- Les Procureurs et les procureurs adjoints, les juges d'instruction de la Chambre africaine extraordinaire d'accusation de la Cour d'appel de Dakar et les Greffiers sont nommés lors de la première étape de création des Chambres africaines extraordinaires.
- Lors de la phase d'instruction, les juges de la Chambre africaine extraordinaire d'Accusation sont saisis et statuent sur tout recours qui leur sera déféré en vertu du Code de Procédure pénale du Sénégal. La décision de la Chambre africaine extraordinaire d'accusation est définitive et sans recours.
- Les juges de la Chambre africaine extraordinaire d'Assises seront appelés à siéger de manière permanente à la fin de l'instruction. Les juges de la Chambre africaine extraordinaire d'Assises d'Appel siégeront au moment où un appel est interjeté à l'encontre de la décision rendue en premier ressort par la Chambre africaine extraordinaire d'Assises.
- Le mandat des juges se termine à l'issue de leurs phases d'intervention respectives.

La mise en place progressive des différents Chambres africaines extraordinaires répond à un souci de rationalisation des ressources financières importantes pour ce type de procès. Il est convenu dans l'accord de suivre l'ordre chronologique de la procédure comme ce fut le cas pour le Tribunal Spécial pour la Sierra Leone.

XIX. Le budget

L'article 32 relatif au budget de financement des Chambres africaines extraordinaires stipule que « la mise en place et le fonctionnement des Chambres africaines extraordinaires sont financés par le budget approuvé par la Table ronde du 24 novembre 2010 ». L'article 34 indique que des ressources financières supplémentaires peuvent être mobilisées en cas de besoin au moment opportun.

XX. Protection des parties, des témoins et des experts

L'article 34 indique que le gouvernement du Sénégal assure, sur son territoire, la protection des parties et témoins au procès pendant toute la durée des procédures et jusqu'à leur terme.

L'article 35 stipule que « la protection des témoins et experts pour les actes accomplis au cours de la procédure devant les Chambres africaines extraordinaires est régie par l'Accord relatif à la création des Chambres africaines extraordinaires conclu entre l'Union africaine et le Gouvernement de la République du Sénégal. ».

L'article 34 s'inspire des statuts du Tribunal Spécial pour la Sierra Leone. Le code pénal sénégalais ne prévoit en effet pas l'immunité pour les témoins qui ont collaboré ou travaillé pour le régime de Hissène Habré, et dont les témoignages pourraient être nécessaire afin d'établir la chaîne des responsabilités. Or, ces personnes ne viendront pas témoigner au Sénégal si elles encourent des poursuites.

XXI. Durée d'existence des Chambres africaines extraordinaires

L'article 37 stipule que les Chambres africaines extraordinaires sont dissoutes de plein droit une fois que les décisions auront été définitivement rendues. Les dossiers sont archivés au Greffe de la Cour d'appel de Dakar une fois que les Chambres africaines extraordinaires auront été dissoutes. Les juridictions nationales sont en charge de toutes les questions qui pourraient survenir postérieurement à la dissolution des Chambres africaines extraordinaires.

XXII. Avenant à l'accord entre le Sénégal et l'Union Africaine portant sur le Statut des Chambres africaines extraordinaires au sein des juridictions sénégalaises pour la poursuite des crimes internationaux commis au Tchad durant la période du 7 juin 1982 au 1er décembre 1990

Le 24 juillet 2014, le ministre de la Justice, Garde des Sceaux sénégalais, Sidiki Kaba et le Professeur Vincent Nmehielle, conseiller juridique de la Commission de l'Union Africaine ont signé un avenant à l'accord entre le Sénégal et l'Union Africaine portant sur le Statut des Chambres africaines extraordinaires au sein des juridictions sénégalaises pour la poursuite des crimes internationaux commis au Tchad durant la période du 7 juin 1982 au 1er décembre 1990. L'avenant qui vient compléter le Statut des Chambres africaines extraordinaires. Ce bureau a pour mission de consolider « les droits des suspects et des accusés et de toute autre personne ayant droit à une assistance judiciaire ». Le Bureau de la défense est composé d'un Conseil principal qui en assure la direction, Au besoin, il est assisté dans sa mission par un personnel qu'il nomme conformément aux règles administratives des Chambres.

Le conseil principal est nommé par le Président de la commission de l'Union africaine. Cette nomination répond à des critères bien définis à l'article 2 alinéas 6 de l'Avenant. Suivant les dispositions de cet article : « le Conseil principal doit être une personne de grande moralité et posséder un haut niveau de compétence professionnelle ainsi qu'une vaste expérience en matière de défense des affaires pénales. » Il doit avoir exercé dans une juridiction reconnue et avoir une expérience professionnelle d'au moins 10 ans dans la pratique du droit pénal.

Par ailleurs, le Bureau de la défense peut aussi comprendre un ou plusieurs conseillers commis d'office par les CAE. Le Conseil principal qui est l'organe central du Bureau de la défense prend toutes décisions concrètes nécessaires au fonctionnement du Bureau de la défense et ce dans le but d'assurer à la défense un procès juste et équitable. Ces décisions prises sous formes de règlements et instructions pratiques s'imposent aux Chambres. Dans cette tâche, il collabore directement avec l'Administrateur et les Chambres qu'ils consultent avant toute prise de décision en ce sens. Le Conseil principal a un statut égal à celui du Procureur en ce qui concerne les droits de représentation des accusés et dans les négociations entre parties en première comme en seconde instance. Il peut, à la demande d'un juge, d'une chambre ou de l'Administrateur, de la défense où lorsque les intérêts de la justice l'exigent, de son propre chef, lui ou toute autre personne qu'il désigne, représenter un ou des suspects et/ou accusés « en ce qui concerne des questions d'intérêt commun ou général pour les équipes de la défense, l'équité de la procédure ou des droits d'un ou des suspects ou d'un ou des accusés ».

Dans l'exercice de sa mission, le Bureau de la défense a en charge : « la protection des droits de la défense, du soutien et de l'assistance au conseil de la défense et aux personnes ayant droit à une assistance judiciaire qui comparaissent devant les chambres » pour un motif bien déterminé. Dans cette tâche, le Bureau sera préposé à la recherche juridique mais aussi et surtout contribuera au rassemblement de tout élément de preuve pouvant servir à la défense. Le Bureau pourra également apporter une assistance juridique en termes de conseil ou même représenter la défense au besoin. En tant qu'organe d'assistance, le Bureau veille à ce que soient assurées à la défense, aux suspects, aux accusés comme avocats et aux juges ou une chambre, toutes les dispositions nécessaires à la préparation d'un dossier ou toute autre assistance sollicitée.

Le Bureau de la défense est financé sur le budget des Chambres africaines extraordinaires. De ce fait, il bénéficie d'un budget approuvé par le comité de pilotage du financement des chambres africaines extraordinaires.

DEUXIÈME PARTIE :
Le procès des crimes internationaux intervenus au Tchad dans la période de juin 1982 à décembre 1990

CHAPITRE 1 :
Déroulement de l'enquête et de l'instruction

Dès le lancement officiel par le Ministre de la Justice, Garde des Sceaux des activités des Chambres Africaines Extraordinaires intervenues le 8 février 2013 au Palais de justice de Dakar, le Parquet général, en application de l'article 17 du Statut de cette nouvelle juridiction, n'a pas perdu du temps pour démarrer son enquête (I). A la suite de l'enquête, le parquet a jugé nécessaire d'ouvrir une information judiciaire (II).

I. L'Enquête

La procédure d'enquête a débuté par l'exploitation des plaintes déposées par les victimes, les indices et autres renseignements collectés sur le terrain grâce à l'entraide judiciaire mais aussi avec la contribution des organisations gouvernementales et non gouvernementales. L'entraide judiciaire a permis à la chambre africaine extraordinaire de pouvoir travailler en étroite collaboration avec les autorités judiciaires belges d'une part et avec les autorités tchadiennes d'autre part.

A. L'apport de la Belgique dans les investigations

Il faut rappeler que la Belgique avait ouvert une information judiciaire suite à la plainte des victimes d'actes perpétrés sous le régime d'Hissène Habré. L'action judiciaire avait abouti à une procédure d'information pour des faits de génocide, crimes contre l'humanité et crimes de guerre. Cette procédure d'information n°2001/002 conduite par le Juge Daniel Fransen a été mise à la disposition du Parquet général des chambres africaines extraordinaires qui s'est ensuite rendu en Belgique du 13 au 20 mai 2013. A l'occasion de ce séjour, le procureur général et ses adjoints ont pu rencontrer leurs homologues belges pour une revue d'expériences portant sur les crimes internationaux commis au Tchad sous le règne de HABRÉ. Leurs discussions ont porté sur recevabilité des plaintes individuelles et collectives des victimes, l'authenticité des pièces du dossier et surtout de celles obtenues grâce aux organisations non gouvernementales qui militent pour les droits de l'homme. Aussi entre autres questions soulevées, les parties sénégalaises et belges ont abordé celles du choix des présumés auteurs et leur niveau de responsabilité dans les faits allégués par l'accusation, la base légale ou même l'opportunité du choix des chefs d'accusation retenus en fonction de la compétence matérielle des

Chambres et la durée fixée pour le procès. Le Parquet fédéral belge a éclairé les autorités judiciaires sénégalaises sur la valeur des pièces versées au dossier d'instruction belge, notamment pour ce qui concerne les expertises médicales déposées depuis plus de 12 ans. Les deux parquets ont devisé sur la stratégie d'audition collective ou individuelle des témoins, le choix des sites à visiter au Tchad en considérant l'usure pouvant frapper les indices et preuves, les obstacles liés aux investigations sur le terrain et le délai d'information d'une affaire criminelle de cette envergure et les problèmes d'authenticité. Les deux parties ont convenu que la qualité des présumés responsables qui ont, tous, la nationalité tchadienne pourrait constituer un obstacle à leur extradition. Le Parquet des Chambres Africaines Extraordinaires a bénéficié de l'expertise du Service Judiciaire d'Arrondissement (SJA) de la police fédérale belge notamment de la compétence des membres de ce service en matière d'enquête sur les crimes de masses, l'usage des procédés scientifiques comme le test ADN, les expertises archéologiques pour identifier les victimes. Toutes ces questions ont fait l'objet de larges discussions entre le parquet général des chambres africaines extraordinaires et les autorités judiciaires belges impliquées dans la procédure d'instruction qui fut ouverte au Royaume de la Belgique. C'est le cas notamment de Monsieur Philipe Meire, Procureur fédéral adjoint, Chef de la Section droit international humanitaire et compétences militaires, Mesdames Ariane Lambrigts et Pellens Lieve, magistrats fédéraux au Parquet fédéral belge, Sophie Grégoire, Juge d'instruction actuellement en charge du suivi du dossier contre les auteurs des crimes internationaux commis au Tchad pendant la période du 7 juin 1982 au 1 er 1990 et Julie De Hults, attachée à la coordination du droit international humanitaire. La police fédérale fut représentée par Messieurs Pascal Remy et Ide Luc, commissaires de police et les officiers de police judiciaire et membres de la police fédérale ayant participé à l'exécution des commissions rogatoires internationales belges au Tchad.

L'examen des documents à la disposition des autorités judiciaires belges et saisis au Tchad ont permis à la délégation sénégalaise d'enrichir le dossier d'instruction avec des pièces complémentaires transmises par valise diplomatique.

B. Entraide judiciaire internationale avec le Tchad

Après la Belgique, le Parquet général des Chambres Africaines Extraordinaires s'est rendu au Tchad au courant de l'année 2013 pour y effectuer des visites de terrain. Plusieurs rencontres avec les autorités tchadiennes ont eu lieu au préalable pour s'assurer du bon déroulement des enquêtes sur le terrain. D'abord avec le Garde des sceaux puis le Premier ministre tchadien qui se sont, tous, engagés à faciliter le travail d'investigation du Parquet général sur le sol tchadien. Une rencontre spécifique entre le Parquet général des Chambres Africaines Extraordinaires et les magistrats du Parquet général tchadien, le Directeur de la police judiciaire et le Doyen des juges du Tribunal de Première Instance de N'Djamena a permis à la délégation sénégalaise de s'enquérir de la situation des anciens proches collaborateurs de Hissène Habré dont certains étaient toujours en détention à la Maison d'Arrêt de N'Djamena.

A la date du 11 août 2013, le parquet général s'est transportée sur les lieux supposés abriter des charniers, les locaux de la Brigade Spéciale d'Intervention Rapide (BSIR), l'ex-Direction de la Documentation et de la Sécurité (DDS) et enfin ceux qui servaient de lieux de détentions sous le règne de Hissène Habré. D'ailleurs ces visites ont permis à la délégation sénégalaise composée du Procureur général de la chambre africaine, de ses trois adjoints, des membres de la Cellule de communication et d'un officier de police judiciaire de se rendre compte de la modification des lieux de détention et de l'état de dépérissement des indices. Après l'étape des visites de terrain, le Parquet général a reçu tour à tour les différentes associations de victimes à savoir : l'Association des Victimes de Crimes et de la Répression Politique (AVCRP), le Réseau des Associations de Défense des Droits de l'Homme (RADHT), l'Association Tchadienne pour la Promotion et de Défense des Droit de l'Homme (ATPDH et l'Association des Victimes des Crimes et la Répression de Hissène Habré (AVCR-Hissène Habré).

Les différentes missions d'enquêtes et les renseignements obtenus de diverses sources ont pu convaincre le Parquet général de l'existence d'indices graves et concordants de violation du droit international pénal. Ce qui a motivé l'inculpation et l'arrestation de Hissène Habré pour crimes contre l'humanité, crimes de guerre et torture. En ce qui concerne ses proches collaborateurs, six personnes sont visées par l'acte d'inculpation du Parquet général qui les poursuit pour crimes contre l'humanité et torture. Il s'agit de Guihini Korei, Saleh Younouss, Abakar Torbo Rahama, Mahamat Djibrine dit El Djonto et Zakaria Berdei.

II. La procédure d'instruction

La procédure d'instruction a vu l'exécution de plusieurs commissions rogatoires et actes d'instruction divers. Cependant plusieurs obstacles ont empêché, hormis Hissène Habré, de renvoyer plusieurs personnes inculpées devant la chambre africaine extraordinaire d'assises.

A. Les différents actes d'instruction

La chambre d'instruction a exécuté plusieurs commissions rogatoires en plus de différents actes d'instruction.

Conformément aux réquisitions du Parquet général, Hissène Habré a été placé sous mandat de dépôt le 30 juin 2013 et un mandat d'arrêt a été en même temps décerné à cinq de ses six proches collaborateurs. Depuis lors plusieurs commissions rogatoires ont été délivrées par les Chambres Africaines Extraordinaires. La Commission Rogatoire Internationale du 19 août au 3 septembre 2013 a été reçue par un pool judiciaire basé à N'Djaména mis en place par les autorités tchadiennes. Ce pool était composé entre autres du Procureur général de N'Djamena, du Président de la Chambre d'accusation de la Cour d'appel de N'Djamena, du Doyen des juges d'instruction du Tribunal de grande instance de N'Djamena, du Procureur de la République près ladite juridiction et d'un point focal du Ministère de Justice tchadienne. Dans le cadre de la coopération judicaire, ce pool judiciaire a pu entendre les témoins qui pour la plupart furent d'anciens agents de la DDS. Aussi avec l'appui d'une équipe de policiers sénégalais et tchadiens mille quatre-vingt-dix-sept (1097) victimes ont été auditionnées.

Commission rogatoire du 2 au 20 décembre 2013 au Tchad a permis l'audition de témoins et victimes mais aussi et surtout un transport sur les lieux supposés abriter des charniers avec l'appui de l'Equipe Argentine d'anthropologie médico-légale (EAAF). Selon la réquisition du Parquet général : « Les magistrats, les experts et les avocats des victimes se sont successivement rendus au Sud, au Centre du pays dans le Guéra et les localités proches de N'Djamena ».

- Pour les charniers du Sud du Tchad, six équipes ont été formées et réparties ainsi qu'il suit :

- Dans le Groupe 1, il y'avait le Procureur Général Mbacké FALL, le Procureur Général Massingarel KAGAH et le Procureur Général Adjoint Youssoupha DIALLO ;
- le Groupe 2 était composé de Jean KANDE, Souleymane TELIKO et Absatou LY DIALLO ;
- le Groupe 3 était composé de Nadjitessem Simplice TOGOTO, Kamadji KARYOM et Emmanuel DJIMADOUM
- dans le Groupe 4, on pouvait y retrouver Anahi GINARTE, Claudia BISSO et Angel Miguel NIEVA ;
- Le groupe 5 était composé de Amadou DIALLO, Assane SECK, Boucounta MENDY et Abdourahmane KA ;
- Enfin dans le groupe 6, il y'avait six agent de sécurité.

La ferme de DELI a été visitée ainsi que les localités de Moundou, Koumra, Maiguidé, Sarh et Ngalo.

Pour ce qui concerne les charniers du centre du Tchad dans le Guéra, une visite des sites de Tchelme, Mongo, Ambazira et Bitkine a été effectuée avec six équipes réparties de la manière suivante :

- Groupe 1 : Procureur Général Mbacké FALL, Secrétaire Général Djonga ARAFI et Procureur Général Adjoint Youssoupha DIALLO ;
- Groupe 2 : Jean KANDE, Souleymane TELIKO et Abdoul Aziz DIALLO ;
- Groupe 3 : Amir Abdoulaye ISSA, Boniface KEINENG et Emmanuel DJIMADOUM ;
- Groupe 4 : Anahi GINARTE, Claudia BISSO et Miguel NIEVA ;
- Groupe 5 : Assane SECK, Boucounta MENDY ;
- Groupe 6 : six agents de sécurité.

Quant aux sites de N'Djamena, des descentes sur le terrain ont été opérées à Dougui-Allaye, Ambing et Hamral-Goz.

Les commissions rogatoires internationales visaient plusieurs objectifs à savoir :

- L'identification des charniers : cela a été exécuté partiellement ;
- Le relevé topographique des centres de détention et plan cadastral : cela a aussi été fait partiellement. Il restait des lieux de détention comme la « Piscine ».

- L'obtention des registres d'écrou de la Maison d'arrêt de N'Djamena (1982-1990) : les registres auraient disparu. Donc cela n'a pas été possible.
- L'audition d'autres témoins : 14 témoins ont pu être auditionnés ;
- L'audition de parties civiles : 700 plaignants ont été entendus avec l'aide des officiers de police judiciaire sénégalais et tchadiens ;
- Le transfert de documents : copies des archives de la DDS ont pu être faites.

Sur la question de l'exécution des mandats d'arrêt internationaux et du transfèrement des ressortissants tchadiens actuellement en détention au Tchad pour leur comparution devant les chambres africaines extraordinaires, le Procureur général Massingarel Kagah s'est exprimé en faveur d'une coopération sans faille avec les autorités judicaires sénégalaises. D'ailleurs, il a promis une étude de la question avec les autorités diplomatiques tchadiennes.

La Commission Rogatoire Internationale du 16 au 30 mars 2014 au Tchad visait l'audition de victimes, de témoins et l'exploitation des archives de la DDS ainsi que le transport sur les lieux abritant les charniers au nord et à l'est du Tchad. Elle a aussi permis une séance de travail entre le ministre de la Justice tchadien, les Procureurs Généraux Mbacké Fall et Massingarel Kagah, le coordonnateur de la Chambre d'instruction et le point focal des Chambres Africaines Extraordinaire. Cette rencontre avait pour objectif de résoudre les difficultés liées à la remise des détenus tchadiens devant comparaitre et au déplacement vers les charniers du Nord-est. Le Ministre de la justice a rassuré la délégation en les informant de la mise à disposition d'un avion militaire de 40 places pour effectuer leur mission au Nord-est. Par ailleurs, le Procureur général près des Chambres Africaines Extraordinaires eu à l'occasion de soulever les questions ayant-trait aux mandats d'arrêt portant sur deux mis en cause détenus au Tchad et ceux décernés contre Guihini Korei, Abakar Torbo et Zacharia Berdei qui ont été envoyés depuis 2013 aux autorités diplomatiques tchadiennes pour transmission à Interpol.

La commission rogatoire a pu effectivement visiter les sites ci-dessous :

- Le charnier de Mabrouka dans la région d'Abéché visité avec l'appui de l'huissier Me Lora Begoto ainsi que Birahim Tassi membre ADH ;

- Les quatre sites localisés dans la région de Tiné avec l'appui de Yacoub Haroun Ibrahim.et Souleymane Ibrahim Amir domicilié à Tiné Wadi Fira ;
- Le site d'Irika ;
- Les sites de Yebbi-Bou et de Trou de Natron situés eux aussi dans la région de Tibesti avec l'aide de personnes ressources dont Moully Boukar et Mussa Gonner ;
- Un dernier site a été visité dans la région de Bahar-Gazal.

Pour ce qui concerne les auditions, 522 victimes directes et indirectes ont pu être entendu et 28 autres personnes en qualité de témoin.

Commission Rogatoire Internationale du 24 mai au 9 juin 2014 au Tchad avait trois objectifs à savoir :

- L'audition au Pool Judiciaire ;
- L'exploitation des Archives ;
- Le déplacement sur les Sites ;

En ce qui concerne l'audition au pool judiciaire, une équipe de sept personnes a été constituée et chargée d'auditionner toutes les personnes citées dans la Commission rogatoire internationale ainsi que celles à convoquer en rapport avec les associations des victimes.

Une audition des parties civiles n'a pas eu lieu, il a été décidé d'entendre à nouveau les 19 témoins détenus à la MAC de N'Djaména en les confrontant aux victimes qui les ont cité dans le dossier.

Quant à l'exploitation des archives, elle s'est même poursuivie avec une équipe composée de cinq personnes restées au Tchad à cet effet. Pour ce qui est des déplacements sur les sites des charniers, des membres de la commission rogatoire accompagnée de sept experts et d'agents de sécurité se sont rendu sur les supposés charniers de Mongo et d'Abéché. Tandis qu'une autre équipe composée de cinq membres de la CRI, de sept agents de sécurité et d'experts argentins d'anthropologie médico-légale a pu se transporter sur les sites de la Ferme de Déli et à Koumra. Cette visite de terrain a permis à l'équipe de procéder à des exhumations et à des prélèvements d'ossements, restes humains et autres objets nécessaires aux travaux d'analyse. En définitive, cette commission rogatoire a permis d'auditionner 24 personnes en qualité de partie civile et 2 autres en qualité de témoin.

Il faut noter que deux commissions rogatoires internationales ont été inexécutées du fait de l'inertie des autorités judiciaires tchadiennes :

- l'une visait l'inculpation et l'audition au fond de Saleh Younouss et Mahamat Djibrine dit El Djonto détenus à N'Djamena et visés par deux mandats d'arrêt internationaux ;
- l'autre quant à elle visait l'audition en qualité de témoin de Goukouni Weddeye, ancien Président du Tchad.

La Commission rogatoire internationale en France du 12 au 19 janvier 2014 visait l'audition comme témoin de Monsieur Bandoum Bandjim, ancien agent de la DDS. Elle a été exécutée sous la direction de Nicolas PERON, Substitut du Procureur de la République près le Tribunal de Grande Instance de Paris aidé en cela par Madame Anne-Cécile Maes-Joly, Greffière assermentée, en présence de Jean Kande, Coordonnateur de la Chambre d'instruction et de Youssoupha Diallo, Procureur général adjoint.

Suite aux commissions rogatoires, plusieurs actes d'instruction ont été pris à Dakar, siège de la Chambre Africaine d'Instruction. Inculpé et placé en détention au Pavillon spécial de l'Hôpital Le Dantec de Dakar puis à la Maison d'Arrêt Correctionnelle du Cap Manuel, Hissène Habré a fait face à la chambre d'instruction plusieurs fois sur assistance de ses avocats. Suivant le réquisitoire définitif du parquet général, les audiences avaient pour objet :

- L'audition au fond et la confrontation de Habré avec les victimes et témoins;
- La notification des conclusions des rapports d'expertise portant sur le contexte historique, le contexte militaire, la vérification d'écritures, l'anthropologie médico-légale, les statistiques sur le taux de mortalité en détention ;
- L'ouverture des scellés portant sur des objets saisis à l'occasion des perquisitions effectuées dans ses domiciles.

Un mandat de dépôt a été décerné contre Hissène Habré le 2 juillet 2013 suivi de cinq mandats d'arrêt internationaux délivrés le 11 octobre 2013 et contre cinq de ses anciens collaborateurs visés dans l'acte de poursuite. Sur délégation judiciaire de la Chambre d'instruction, la Division des Investigations Criminelles a effectué le 7 mars 2014 des perquisitions sur les sites abritant les deux domiciles de Hissène Habré à Dakar. Lors de cette opération, divers documents, armes, appareils audio-visuels et téléphoniques ont été saisis et mis sous scellé.

Cinq (5) expertises ont été ordonnées par la Chambre d'instruction suivant les réquisitions du Parquet général :

- Une expertise sur le contexte historique du Tchad sous le régime de Hissène Habré ;
- Une expertise anthropologique médico-légale ;
- Une expertise militaire ;
- Une expertise portant sur la vérification d'écritures ;
- Une sur le taux de mortalité dans les centres de détention.

La plupart des auditions ont été faites grâce aux commissions rogatoires effectuées au Tchad. Seules quelques victimes ont été entendues à Dakar.

La Chambre d'instruction a rendu :

- Une ordonnance autorisant le port de turban par Habré ;
- Une ordonnance rejetant la demande de constitution de partie civile de l'Etat du Tchad ;
- Une ordonnance de restitution partielle d'armes et d'objet saisis ;
- Une ordonnance de refus d'audition d'Abdoul Mbaye, ancien Premier ministre du Sénégal et ancien banquier en qualité de témoin et de prise d'actes complémentaires ;

Chambres africaine extraordinaire d'accusation a rendu cinq arrêts. D'abord trois arrêts ont été rendus sur appel du Ministère public:

- L'arrêt n°02 du 29 avril 2014 qui indique que « l'inculpé Hissène Habré comparaitra désormais décoiffé et le visage découvert en application des dispositions des articles 61 et 62 du Code de procédure civile » ;
- L'arrêt n°4 du 24 décembre 2014 donnant acte au Parquet de son désistement d'appel relativement à l'audition d'Abdoul Mbaye en qualité de témoin ;
- L'arrêt n°5 du 24 décembre 2014 infirmant partiellement l'ordonnance portant restitution des armes.

Ensuite un arrêt sur appel de l'Etat du Tchad :

- L'arrêt n°03 du 27 août 2014 confirmant l'ordonnance déclarant irrecevable la constitution de partie civile de l'Etat du Tchad.

B. La mise en accusation et le renvoi des inculpés

Ayant opté pour la poursuite de Hissène Habré et des réputés tortionnaires de son régime, le parquet s'est intéressé dans son réquisitoire introductif à Hissène Habré et cinq de ses proches collaborateurs sur lesquels pèsent des présomptions sérieuses de crimes graves.
Suivant ses réquisitions, la Chambre Africaine d'Instruction a délivré un mandat de dépôt contre Hissène Habré résidant au Sénégal et des mandats d'arrêt internationaux contre Guihini Koreï, Saleh Younous, Abakar Torbo, Mahamat Djibrine dit « El Djonto » et Zakaria Berdeï.
Saleh Younous et Mahamat Djibrine sont dans les liens de la détention à N'Djamena dans le cadre d'une procédure nationale ouverte contre eux pour des chefs de torture, assassinats, coups et blessures volontaires, meurtres, en lien avec les faits reprochés à Hissène Habré devant les Chambres Africaines Extraordinaires.

Quant à Guihini Koreï, Abakar Torbo et Zakaria Berdeï, la Chambre Africaine d'Instruction est restée sans nouvelle jusqu'à la fin de l'instruction bien que des mandats d'arrêts internationaux aient été transmis aux autorités judiciaires du Tchad et à Interpol. La Chambre Africaine d'Instruction ne pouvait prouver que les mandats ont été exécutés ou encore moins notifiés aux mis en cause.
La seule pièce y faisant référence est la lettre réponse adressée à la Chambre Africaine d'Instruction par le Directeur de la police judiciaire du Sénégal dont le contenu est le suivant : « Par correspondance visée en référence, vous m'avez saisi au sujet de l'état d'exécution des mandats d'arrêt internationaux décernés contre les personnes suivantes : Saleh Younous né le 1er 1949, Zakaria Berdeï né le 1er janvier 1948, Mahamat Djibrine dit « El Djonto », né vers 1950, Guihini Koreï, né vers 1959 et Abakar Torbo Rahama, né en 1951. Je vous informe que le Bureau National-Interpol Dakar a procédé à leur diffusion au niveau de tous les pays membres suivant message n° 255/DGPN/DPJ/BCN du 20 décembre 2013 dont copie jointe.

Depuis lors, quelques pays ont réagi pour demander des informations complémentaires, mais aucun d'eux, à commencer par le Tchad, n'a encore signalé traces de passage de ces personnes recherchées….. ».

Cette correspondance administrative ne saurait se substituer au procès-verbal de recherches infructueuses, seul acte judiciaire pouvant établir valablement une notification régulière des chefs d'inculpation retenus contre les mis en cause. L'article 124 du Code de procédure pénale sénégalais qui est l'équivalent de l'article 69 du Code de procédure pénale tchadien prévoit que si « Si l'inculpé ne peut être saisi, le mandat d'arrêt est notifié à sa dernière habitation et il est dressé procès-verbal de perquisition. Ce procès-verbal est dressé en présence des deux plus proches voisins du prévenu que le porteur du mandat d'arrêt peut trouver. Ils le signent ou, s'ils ne savent pas ou ne veulent pas signer, il en est fait mention, ainsi que de l'interpellation qui leur a été faite. Le porteur du mandat d'arrêt fait ensuite viser son procès-verbal par le maire ou l'un de ses adjoints ou le commissaire de police ou le chef de circonscription administrative ou l'officier de police judiciaire du lieu et lui en laisse copie. Le mandat d'arrêt et le procès- verbal sont ensuite transmis au juge mandant.».

En la matière, une jurisprudence constante admet que le procès-verbal de recherches infructueuses accompagné du mandat d'arrêt régulièrement visé, vaut inculpation de la personne recherchée.

N'ayant pas constaté l'exécution de cette procédure particulière, le statut d'inculpé ne peut être conféré aux nommés Guihini Koreï, Saleh Younous, Abakar Torbo Rahama, Mahamat Djibrine dit « El Djonto » et Zakaria Berdeï.

Selon la Chambre Africaine Extraordinaire d'Accusation, ces personnes visées par le réquisitoire introductif demeurent de simples mis en cause dans la phase d'instruction et ne peuvent de ce fait être renvoyées devant la Chambre Africaine Extraordinaire d'Assises pour jugement. Le cas échéant, ils seront des accusés et cela violerait en conséquence le principe du respect des droits de la défense qui a son siège à l'article 21- 4.d du Statut des CAE tiré de l'article 14 du Pacte International relatif aux droits civils et politiques du 16 décembre 1966 qui garantit à l'accusé le droit d'« être présent à son procès et se défendre lui-même ou être assisté d'un conseil de son choix ; s'il n'a pas de conseil, être informé de son droit d'en avoir un, et, chaque fois que l'intérêt de la justice le commande, se voir commettre d'office un conseil, sans frais, s'il n'a pas les moyens de le rémunérer ».

A la lumière de cet article et des dispositions de l'article 124 du Code de procédure pénale sénégalais, il est nécessaire de constater l'absence de notification et l'inexécution des mandats d'arrêt internationaux visant les nommés Guihini Korei, Saleh Younous, Abakar Torbo Rahama, Mahamat Djibrine et Zakaria Berdei avec comme conséquence l'impossibilité en droit de les renvoyer en l'état devant la Chambre Africaine Extraordinaire d'Assises.

Régulièrement inculpé, entendu au fond et confronté avec certains témoins et parties civiles sur tous les chefs de crimes qui lui sont reprochés et ce, en présence de ses conseils, Hissène Habré a toujours préféré garder le silence. L'information judiciaire menée contradictoirement a révélé que Hissène Habré est le principal responsable des crimes internationaux commis au Tchad durant la période allant du 7 juin 1982 au 1er décembre 1990.
Des charges suffisantes établissent que sa responsabilité pénale individuelle est engagée en vertu des paragraphes 2 et 4 de l'article 10 du Statut des Chambres Africaines Extraordinaires pour les crimes contre l'humanité, les crimes de guerre et la torture comme crime autonome.
Selon le parquet, Hissène Habré a ordonné, planifié, incité et encouragé les crimes. Sa participation à la commission des crimes internationaux s'est traduite dans les faits soit par la commission effective, soit par l'omission dès lors qu'il avait l'obligation légale d'agir au regard de sa double qualité de Chef civil et de Chef militaire.
La responsabilité pénale individuelle de Hissène Habré est alternativement et/ou cumulativement engagée par la commission individuelle des faits, la participation à l'entreprise criminelle commune et par les actes de ses subordonnés tant militaires que civils.
Eu égard à tout ce qui précède, le parquet général en se basant sur les articles 11, 16 et 21-4.d du Statut des Chambres Africaines Extraordinaires, des articles 124 et 175 du Code de procédure pénale du Sénégal, a prononcé la mise en accusation de Hissène Habré pour les chefs d'accusation de crimes contre l'humanité , crimes de tortures et crimes de guerre.

Hissène Habré est accusé par le parquet général d'avoir commis les crimes suivants au Tchad, dans la période du 7 juin 1982 au 1er décembre 1990. Il s'agit, au regard des articles 6 et 10 du Statut des Chambres africaines extraordinaires au sein des Juridictions sénégalaises des cimes « :

- d'homicide volontaire, art. 6-b
- de pratique massive et systématique d'exécutions sommaires, art. 6-f

- d'enlèvement de personnes suivi de leur disparition, art. 6-f
- de tortures ou actes inhumains causant intentionnellement de grandes souffrances ou des atteintes graves à l'intégrité physique ou à la santé physique et psychique inspirées par des motifs d'ordre politique, national, ethnique, art. 6-g » ;

Ces crimes ayant été commis, sur les populations civiles, les ethnies arabes, Hadjerai et Zaghawa, les populations du Sud, les étrangers et en général sur tous les opposants politiques, ennemis réels ou supposés du régime.

Pour le chef d'accusation de crimes de torture, Hissène Habré est accusé d'avoir, concomitamment à sa fonction d'agent public agissant à titre officiel ou à son instigation ou avec son consentement exprès ou tacite, commis la torture telle que définie par les articles 8 et 10 du Statut des Chambres Africaines Extraordinaires en ces termes : « tous actes par lesquels une douleur ou des souffrances aiguës ou mentales, sont intentionnellement infligées à une personne aux fins notamment :

- D'obtenir d'elle ou d'une tierce personne des renseignements ou des aveux :
- De la punir d'un acte qu'elle ou une tierce personne a commis ou est soupçonnée d'avoir commis;
- De l'intimider ou de faire pression sur elle ou d'intimider ou de faire pression sur une tierce personne, ou tout autre motif fondé sur une forme de discrimination quelle qu'elle soit »;

Pour le chef d'accusation de crimes de guerre, Habré est accusé d'avoir, dans les mêmes circonstances de temps et de lieu, commis dans le cadre d'un conflit armé internationalisé opposant les FANT avec comme alliés la France, les Etats unis et le Zaïre contre le GUNT soutenu par la Libye, les actes ci-après constitutifs de crimes de guerre en application des articles 7 et 10 du statut des CAE sur les prisonniers de guerre, les membres des forces armées et les personnes protégées par les dispositions des Conventions de Genève du 12 août 1949 « :

- homicide volontaire, article 7-a ;
- torture ou traitements inhumains, article 7-b
- privation d'un prisonnier de guerre ou de toute autre personne protégée de son droit d'être jugée régulièrement et impartialement, article 7-e;
- transfert illégal ou détention illégale, article 7-f » ;

Ces Crimes étant et sanctionnés par les dispositions des articles 4, 6, 7, 8, 10, 23 et 24 du Statut des Chambres Africaines Extraordinaires.

Les accusations précitées ont conduit la Chambre Africaine Extraordinaire d'Accusation à ordonner le renvoi du sieur Habré devant la Chambre Africaine Extraordinaire d'Assises siégeant à Dakar au Sénégal pour jugement.
Dès lors, une ordonnance de prise de corps a été prise en son encontre et la chambre a ordonné la transmission au Procureur Général près les CAE de l'ensemble du dossier et des pièces à conviction, aux fins d'enrôlement de la procédure devant la Chambre Africaine Extraordinaire d'Assises.

CHAPITRE 2 :
Le Réquisitoire du Parquet

I. L'exposé des faits

Le parquet a présenté son réquisitoire en revenant sur les faits, leur qualification juridique et la responsabilité individuelle de Hissène Habré dans leur commission.
Devenu chef de l'Etat tchadien en 1982, Hissène Habré crée des institutions administratives qui vont se muer en organes de répression de toute personne pouvant constituer un danger pour son régime politique.

II La machine répressive de Hissène Habré

Un an après son accession à la magistrature suprême, Hissène Habré crée par décret N°005/PR du 26 janvier 1983 la Direction de la Documentation et de la Sécurité (DDS) qui vient ainsi remplacer le Service de Documentation et de Renseignement (SDR) rattaché à la Direction de la sûreté nationale qui était chargée du renseignement. Sous la direction de la Présidence de la république comme le confirme l'article premier du décret de création, la DDS avait une compétence sur toute l'étendue du territoire tchadien et à l'étranger.
Ses missions étaient entre autres :

- La collecte et la centralisation de tous les renseignements émanant de l'intérieur ou de l'extérieur, relatifs aux activités étrangères ou d'inspiration étrangère susceptible de compromettre l'intérêt national;
- L'identification des agents de l'étranger;
- La détection des réseaux (renseignements ou action) étrangers éventuels et de leur organisation;
- La recherche des buts poursuivis, immédiats ou lointains;
- La préparation de mesures de contre-espionnage, de contre-ingérence et éventuellement de contre-propagande;
- La collaboration à la répression par l'établissement des dossiers concernant des individus, des groupements, collectivités, suspectés d'activités contraires ou seulement nuisibles à l'intérêt national;
- La protection, sur le plan de la sécurité, des Ambassades du Tchad à l'étranger et du courrier diplomatique ».

Dirigée par un directeur dont la mission est de coordonner et de contrôler l'activité de ses services installés sur l'ensemble du territoire. Dans cette mission, celui-ci nommé par décret et assisté par un adjoint. Selon son

premier directeur, la DDS a dévié de ses missions pour migrer vers la terreur sur instruction du Président de la République du Tchad lui-même.
Lors de sa création en 1983, la DDS était composé de trois services (service administratif, service de la documentation, service action) et quatre secrétariats. En six ans, le nombre de service est passé de 3 à 23 avec la création des services exploitation, recherches, liaison et surveillance, contre-espionnage, sécurité aéroportuaire et fluviale, transmission, sécurité intérieure, exploitation étrangers, administratif et financier, formation et recrutement, documentation et archives, liaison militaire et extérieure, fichier central, source ouverte, photo, désamorçage, mission terroriste, commandement de la Brigade Spéciale d'Intervention Rapide (BSIR), pénitencier, garage et parc automobile, contrôle et secrétariat.

Ces différents services qui dépendent directement de la Direction sont cloisonnés et n'entretiennent pas de rapports de dépendance.
Avec un personnel de 1076 agents permanents en tenue civile et 584 soldats sous la responsabilité de la BSIR, la DDS était une véritable nébuleuse dont tous les agents prêtent allégeance au Président de la république. En effet, ils prêtaient serment devant une commission de trois membres par la formule suivante : « je jure sur mon honneur, fidélité et dévouement au Président de la République et aux institutions de la IIIème République. Je prends l'engagement solennel de ne jamais trahir et garder le secret de toutes les activités de la DDS, quelles que soient les circonstances et en toutes épreuves ».
Selon le rapport de la commission nationale : « Quatre Directeurs, tous d'ethnie Gorane, se sont succédés à la tête de la DDS depuis sa création jusqu'à la chute du régime de Habré : Saleh Younouss (avril 1983-30 mai 1987), Guihini Koreï (30 mai 1987- juillet 1990), Ahmad Allatchi (juillet 1990- 20 août 1990), Toke Dadi (20 août- 1er décembre 1990).
Le budget de fonctionnement de cette direction estimé à 300.000.000 FCFA, provenait essentiellement du Trésor public, de la Présidence de la République, des Etats-Unis d'Amérique et de l'argent saisi sur les personnes arrêtées.

Dans son fonctionnement, la DDS était épaulée par divers services : les Renseignements Généraux, le Service d'Investigation Présidentielle, la Brigade Spéciale d'Intervention Rapide, la Mission Terroriste et la Brigade Fluviale. Il faut aussi signaler que le Parti unique l'Union Nationale pour l'Indépendance et la Révolution, et les Forces Armées Nationales Tchadiennes n'ont pas été en reste dans le fonctionnement de cette machine de répression.

Le service des renseignements généraux est un corps composé de cent-vingt (120) agents de police, des informateurs et indicateur. Sous la direction de la Sûreté Nationale, qui elle-même est rattachée au Ministère de l'intérieur et de l'administration du territoire, le service des RG renseigne le gouvernement sur la situation politique, économique et social du Tchad. Grâce à ses différentes antennes sur tout le territoire tchadien, les RG collaboraient étroitement avec la DDS surtout dans les matières ne relevant pas de leurs compétences.

Sous la direction de la Présidence de la République, le Service d'Investigation Présidentielle (SIP) a des compétences transversales. Cependant son action est plus orientée sur des domaines pratiques en matière économique et politique. Composée essentiellement de militaires acquis à la cause de Habré, les membres de ce service sont mieux traités par rapport aux autres forces de défense et de sécurité.

La Brigade Spéciale d'Intervention Rapide, est l'organe principal chargé des arrestations et de la sécurisation des centres de détention. Ses agents opèrent en tenue sous la direction des chefs de service de la DDS. Cette brigade procède à des interrogatoires et à des détentions de courte durée.

Organe intégré de la DDS, la mission terroriste avait pour rôle de rechercher et mettre hors d'état de nuire les opposants politiques dans l'objectif de prévenir tout trouble ou complot contre l'Etat tchadien. Les agents de cette structure opèrent à l'étranger sous l'anonymat avec des noms de codes. Dans la l'exécution de sa mission, cette cellule a pu bénéficier du concours de tchadiens établis à l'étranger, des Etats comme le Tchad, le Togo, la Côte d'Ivoire, le Zaïre, le Cameroun, Israël et la République Centrafricaine. Tous ces Etats étaient réunis dans le Groupe « Mosaïque » dans le but d'une collaboration en matière de renseignement. C'est ce dispositif qui a été activé dans le cas de Bichara Chaibo, ancien directeur adjoint de la DDS, arrêté au Togo en 1988 et transféré à N' Djamena.

La Brigade fluviale qui intervenait principalement dans le Lac Tchad, le fleuve Chari et le Logone était un outil de surveillance et de répression du régime du Président Habré. Comme son nom l'indique, elle était affectée au contrôle du trafic fluvial dans les zones précitées.

L'UNIR parti politique du président Habré contribue grandement aux activités de renseignement de la DDS. Avec ses relais dans toute l'étendue du territoire tchadien, le parti au pouvoir fait parvenir des fiches à la DDS pour exploitation.

En étroite collaboration avec la DDS et le SIP, les FANT ont participé activement à la répression des populations civiles du sud du Tchad.
Les centres de détention au nombre de huit à N'Djamena ne répondaient à aucune norme internationale en matière de privation de liberté.
En plus des huit centres de détention à N'Djamena, il y'avait un lieu de détention de 2,30 mètres sur 1,15 m dans les locaux de la DDS. Il servait de lieu de torture et de courte détention pour les détenus devant être transférés dans les centres de détentions.
Le centre de détention le plus sinistrement célèbre était situé dans les locaux de la DDS. Surnommé la « Piscine », ce centre de détention est un ancien bâtiment de l'armée française réfectionné en 1987 pour servir de lieu de détention avec 10 cellules de dimensions différentes. Les cellules qui étaient conçues pour accueillir 15 personnes en accueillent une centaine. Ce qui provoque des décès en période de forte canicule.
La prison dite « les locaux » est ouverte en 1982 et comprend cinq cellules dont quatre pour les hommes et une réservée aux femmes. La plus grande des cellules, la Cellule C recevait jusqu'à 150 à 200 détenus pour 101,9 mètres carrés. Appelée « cellule de la mort », elle enregistrait beaucoup de pertes en vie humaines du fait de la chaleur.
Avec douze petites cellules, le Camp des martyrs était le lieu de détention des personnes considérées comme dangereuses pour le régime de Habré. Avec des cellules étroites et mal éclairés, il était dépourvu d'installations sanitaires.

La prison du camp de gendarmerie servait de lieu de détention aux opposants politiques et prisonniers de guerre qui étaient composés pour la plupart de libyens.
La prison de la Présidence est située dans l'enceinte même de la Présidence de la République du Tchad, elle était aménagée dans le jardin de la résidence privée de Hissène Habré qui y gardait les prisonniers qu'il jugeait « spéciaux » du fait de leur dangerosité pour lui et son régime.
Ouverte en 1983, on y comptait 105 détenus en 1989. Cependant, seuls 39 prisonniers ont pu survivre au régime de Habré. Il est dit qu'il les a exécutés personnellement avant de prendre la fuite à la fin de son régime
La Maison d'arrêt prévue pour la détention de prisonniers de droit commun, elle a reçu des prisonniers de guerre par la suite. 457 d'entre eux y ont passé un séjour carcéral.
Dans les locaux de la Brigade Spéciale d'Intervention, il y'avait, en effet, une cellule de passage des prisonniers devant rejoindre la DDS.

La prison Moursal est une résidence située dans un quartier populaire de N'Djamena a été réquisitionnée pour servir de prison. Cela juste avant la fin du règne de Habré.
Les centres de détention Prévus pour les prisonniers de droit commun dans les provinces ont accueilli durant le régime du Président Habré un nombre important de détenus politiques et prisonniers de guerre.

III Les victimes de la répression

Les détenus du régime de Habré ont subi de multiples sévices. Il en va de la torture et différentes autres formes de répression.
En ce qui concerne la torture, selon le réquisitoire définitif du parquet général, les prisonniers étaient soumis au ligotage dit « arbatachar », l'ingurgitation forcée d'eau, la suspension de la personne, le supplice des baguettes, pneu et pot d'échappement de voiture, les brûlures, l'utilisation de piment, le coffre arrière de véhicule. Les traces de ces sévices ont été retrouvées dans les archives de la DDS, sur le corps des ex-détenus. En plus de ces exactions, les témoignages ont aussi fait état d'autres pratiques inhumaines et dégradantes comme : la décharge électrique, la flagellation, le tabassage, l'extraction d'ongles avec une pince ou une tenaille, la longue privation d'aliments et d'eau dite « diète noire », les interrogatoires nocturnes tardives, la pulvérisation de gaz comme des insecticides au niveau des yeux, le tire-fort, le bandage des yeux, la longue détention dans une cellule obscure suivie de l'exposition subite à la lumière, la cohabitation avec des cadavres et l'empoisonnement .

Certains anciens détenus rencontrés par l'Association pour les Victimes de la Répression en Exil (AVRE) souffrent de douleurs articulaires, céphalées, problèmes ophtalmologiques, urinaires ou gastriques, asthénie, douleurs diffuses, perte d'appétit, pathologie anale, problème d'ORL, insomnie, cauchemar, altération de la mémoire, difficultés de concentration, hallucination et peur permanente .
D'autres formes de répression ont aussi été révélées notamment des homicides, des exécutions sommaires, des arrestations et détentions illégales, des enlèvements suivis de disparition, de pillages et d'atteinte à la dignité ou à l'intégrité physique ou morale.
Les opposantes et épouses d'opposants ont aussi subi une répression sévère allant de l'emprisonnement aux « Locaux », à la réduction à l'esclavage et

aux violences sexuelles. D'ailleurs selon certains témoignages, des détenus ont eu des relations sexuelles consenties pour l'obtention de nourriture ou de soins nécessaires à leur survie.
Toutes ces exactions visaient une certaine frange de la population tchadienne. Ce qui fît dire à certains que le régime de Habré avait la ferme volonté de réaliser une épuration ethnique.

La répression des populations civiles était ciblée et avait pour objectif la neutralisation de toute velléité d'opposition. Ainsi toutes les franges de la population dont les leaders ou hauts cadres qui étaient entrés en rébellion furent ciblées par la machine répressive du régime de Habré. Il en était ainsi, pour les Hadjeraï, les Zaghawa et surtout les Arabes réputés proche du régime libyen. Les cadres et commandos d'autodéfense anti-habré appelés CODOS ont aussi fait l'objet d'une vaste opération d'épuration. En ce qui concerne les étrangers, il suffisait d'une simple dénonciation ou soupçon pour faire l'objet d'une arrestation.

Réfractaire au régime de Hissène Habré, les populations du sud du Tchad ont vite été ciblées par son régime. Dès son accession au pouvoir, il a entamé une politique d'élimination et de remplacement des cadres des populations du sud. Dans cette entreprise de domestication du sud, des méthodes atroces ont été employées. Les témoins font état de massacres, pillages et destructions de villages du sud. Comme conséquence de ces actes, un nombre important de responsables et leaders de la rébellion fuirent vers les pays frontaliers. Parmi eux, certains ont été assassinés à l'étranger, enlevés ou extradés vers le Tchad.

Considérés à tort ou à raison comme des pro-libyens, les Arabes ont été la cible d'une vaste opération de neutralisation avec des arrestations massives, des exécutions sommaires et des enlèvements suivis de disparition.
Les Hadjeraï, d'abord alliés de Hissène Habré, ont commencé à être ciblés par la machine répressive de Habré à partir de 1984, année à laquelle un de ses principaux leaders fût assassiné. Idriss Miskin, mort dans des conditions suspectes jouait en effet un rôle important dans le maintien de l'alliance entre les Hadjeraï et les forces de Habré. Son leadership naturel a fait de lui et d'autres leaders Hadjeraï, un danger potentiel pour le régime de Hissène Habré qui ordonna leur arrestation ou exécution. A la mort de Miskin, une rébellion a pris forme grâce à une importante défection de

militaires Hadjeraï et de leaders politiques. Ces derniers constituèrent secrètement le MOSANAT, le Mouvement du Salut National du Tchad en octobre 1986. Quand Habré a eu vent de la création de cette organisation rebelle, son régime opéra une vaste campagne de répression contre toutes les catégories d'Hadjeraî.

Comme les Hadjeraï, les Zaghawa ont participé activement à l'accession de Habré au pouvoir. La plupart des hommes de main de Habré étaient de cette ethnie. C'est le cas notamment d'Idriss Deby Itno, actuel Président du Tchad et ancien ministre de l'intérieur de Hissène Habré. Les Zaghawa ont commencé à être persécutés après la mise à l'écart du pouvoir de certains de leurs leaders. Se sentant en Danger, Idriss Deby Itno, Hassan Djamous et Ibrahim Itno fuirent en avril 1989 vers le Soudan avec un important détachement de l'armée tchadienne. Ainsi débute la traque des leaders en fuite, de leurs familles et militants. Deby qui a pu atteindre le Soudan a échappé de justesse à la répression qui a suivi leur fuite. Entre avril et mai 1989, plus de 200 Zaghawa sont arrêtés et la plupart sont morts en prison sans aucune forme de procès.

Les étrangers n'ont pas échappé à la machine répressive de Habré. Pour un simple soupçon de collusion avec des supposés ennemis du régime de Habré, ils étaient arrêtés et torturés. C'est le cas notamment de 6 camerounais, 5 libyens, 4 centrafricains, 2 sénégalais, 2 nigériens, 1 malien, 1 nigérian, 1 zaïrois, 1 éthiopien, 1 syrien, 1 Yéménite et une française.
Pour les sénégalais, il s'agit de Abdourahmane Gueye et Demba Gaye. Le Dernier est mort en détention et enterré dans une fosse commune selon Clément Abaïfouta un de ses codétenus. Il a d'ailleurs déclaré à Abdourahmane Gueye l'avoir personnellement enterré.

Le conflit armé qui oppose le régime de Habré aux forces du GUNT a fait d'importants dégâts collatéraux. Les prisonniers de guerre ainsi que les populations civiles ont subi toute la rigueur de la machine répressive de Habré.

Morts dans les zones de conflit, lors de leur transfèrement ou en détention, les prisonniers de guerre étaient pour la plupart des membres du GUNT ou de l'armée Libyenne. Ils sont estimés entre 1000 et 2000 à la chute de Habré.

En temps de conflits, les exécutions sommaires sont fréquentes sur le théâtre des opérations. Le Droit International Humanitaire, consacrent la protection de l'intégrité physique et morale des membres des forces en conflit qui ne participent plus aux hostilités ou qui sont désarmés en raison de leur défaite ou de leur incapacité pour cause de blessure. Cependant plusieurs évènements témoignent du non-respect de ces normes de droit international. Notamment,
Lors des combats opposant les FANT et le GUNT pour le contrôle de Faya-Largeau en juillet-août 1983, beaucoup de combattants du GUNT ont été capturés et désarmés. Ils ont été soit exécutés tout de suite après les combats, soit enlevés de leur lieu de détention et exécutés. Les témoignages recueillis de combattants du GUNT et un ancien militaire des forces armées de Hissène Habré font état de l'exécution de plusieurs prisonniers de guerre dans les zones de conflit. Ceux qui n'étaient pas exécutés sur place, l'étaient après leur transfèrement dans des lieux de détention ou même portés disparus.

- Les prisonniers de guerre conduits à N'Djamena étaient souvent exécutés en cours de route. Selon certains témoignages, ceux qui avaient la chance d'arriver à destination étaient souvent extraits de leur cellule pour subir des actes de torture.

Les prisonniers de guerre ont été détenus sans aucune forme de procès et sans notification des faits qui leur sont reprochés. Leurs interrogatoires ne sont pas effectués par les autorités judiciaires compétentes et aucun droit de la défense ne leur est reconnu. Ils ne bénéficient non plus des droits reconnus aux personnes privées de liberté. Les libérations individuelles de prisonniers de guerre sont rares. Les libérations en masse sont notées en général à la suite de signatures d'accords de paix comme celle de Bagdad du 19 novembre 1988 entre Habré, le GUNT et la CDR.

Les prisonniers de guerre étaient détenus dans des conditions inhumaines. Plusieurs archives de la DDS qui retracent les morts de prisonniers du fait des difficiles conditions de détention.
Selon le Comité International de la Croix Rouge (CICR), « les visites effectuées sur ces lieux de détention en mars 1984 ont permis une nette amélioration des conditions de détention. Les prisonniers ont reçu des vêtements, des nattes, des couvertures et ont eu accès à des soins médicaux... Ils pouvaient sortir de leur cellule pendant la journée et

n'étaient enfermés qu'à partir de 16 heures. Pendant cette période, les tortures et autres maltraitances ont été considérablement diminuées. »

Opposants politiques et militaires du régime de Hissène Habré, le GUNT avec sa branche armée l'ANL (Armée Nationale de Libération) ont eu plusieurs accrochages avec les éléments des forces armée de Habré. En effet, après une prise de la ville natale de Habré et l'installation du Gouvernement du GUNT qui a suivi, la contre-offensive des forces loyalistes a permis la capture de plusieurs de ses membres. Ils furent exécutés le 30 juillet 1983.

CHAPITRE 3 :
Qualifications juridiques des faits par le Parquet

Suivant les dispositions de l'article 4 de son statut, la compétence matérielle des Chambres Africaine Extraordinaire est relative « au crime de génocide, aux crimes contre l'humanité, aux crimes de guerre et à la torture ». Cependant trois chefs d'inculpation ont été retenus après examen des faits. Il s'agit : des crimes contre l'humanité, des crimes de guerre et de la torture.

Le Statut des Chambres Africaine Extraordinaire a apporté, contrairement aux autres tribunaux ad hoc, une innovation en érigeant le crime international de torture en crime autonome en son article 8. Cet article reprend entièrement la définition de la torture de la Convention des Nations Unies contre la torture et autres peines ou traitements cruels, inhumains ou dégradants du 10 décembre 1984.

Le terme « Au sens du présent statut » utilisé dans la rédaction de cet article, signifie que cette définition s'applique aussi bien à la torture constitutive des crimes de guerre qu'à la torture constitutive des crimes contre l'humanité.

C'est pourquoi dans la démarche du parquet général, la torture a été examinée comme crime sous-jacent et comme crime autonome.

I. Les faits qualifiés de crimes contre l'humanité

La définition de la notion d'« attaque » par la jurisprudence des tribunaux internationaux ne se limite pas nécessairement au recours à une force armée mais elle peut se réaliser par de simples mauvais traitements contre la population civile. Sa commission peut se caractériser par la perpétration répétée d'actes criminels sous-jacents définis à l'article 6 du Statut des Chambres Africaines Extraordinaires.

En effet, selon l'article 7- 2a du Statut de Rome portant création de la Cour Pénale Internationale, la notion d'« attaque » s'entend de tout « comportement qui consiste à multiplier les actes visés au Paragraphe 1 à l'encontre d'une population civile quelconque ». Selon la jurisprudence, c'est « un comportement impliquant la commission d'actes de violence ». Cette définition implique deux éléments : la notion d'attaque est distincte de celle de conflit armé au sens du droit de la guerre, il peut y avoir attaque sans conflit armé. Elle ne se limite pas au recours à la force armée mais également tout mauvais traitement infligé à la population civile.

Elle peut se caractériser par « l'effet cumulé d'une série d'actes inhumains ou par l'effet singulier d'un acte inhumain d'une ampleur extraordinaire ».

Une attaque peut donc être constituée d'un acte unique, mais celui-ci doit avoir produit un effet important ou avoir touché un grand nombre de personnes.

En l'espèce, l'attaque au sens du droit international pénal se traduit par les violences commis entre la période allant du 7 juin 1982 au 1er décembre 1990, contre les populations civiles du Sud, les Arabes, les Hadjeraï, les Zaghawa, les étrangers, bref tous ceux qui sont considérés comme opposants ou ennemis supposés du régime.

Ces violences se matérialisent par la commission de faits d'homicide, de pratique massive et systématique d'exécutions sommaires, d'enlèvements de personnes suivis de leur disparition, de tortures ou d'actes inhumains causant intentionnellement de grandes souffrances ou des atteintes graves à l'intégrité physique ou à la santé physique et psychique, tous constitutifs des crimes contre l'humanité.

Rapporter aux faits de l'espèce, avec 40 000 victimes de tortures et d'exécutions sur l'étendue du territoire tchadien et même à l'étranger, les conditions d'une attaque généralisée sont réunies. D'ailleurs l'article 6 du Statut des Chambres Africaines Extraordinaires parle d'attaque « généralisée ou systématique ». Deux conditions qui semblent être réunies avec la préméditation de l'attaque de groupes ciblés.

Le recours à la violence ne fut pas fortuit ou aléatoire, il fut plutôt systématique parce que procédant d'une organisation et d'une planification parfaite d'une série d'actes de violences commis par les services de répression que sont la DDS et ses organes supplétifs comme la BSIR, la SIP, les RG, la Brigade fluviale, la MT, les FANT et l'UNIR.

Les victimes étaient ciblées car considérées comme des opposantes au régime de Hissène Habré. La commission des actes épousait un « modus operandi » car dans nombre d'incidents les personnes prises pour cibles sont identifiées lors des réunions. L'attaque est lancée contre des localités supposées connues pour abriter des Arabes, Zaghawa, Hadjeraï et les populations du sud. La politique à l'origine de cette attaque a été adoptée au sommet de l'Etat avec la création de commissions spéciales chargées de la répression de ces communautés. Sa mise en œuvre a été coordonnée conjointement par Hissène Habré et son entourage immédiat. Les forces de l'ordre dont la mission est la protection des personnes et des biens ont participé, contrairement à leur mission régalienne, à la commission des crimes.

Pour les crimes de 1982 à 1990, l'attaque est lancée contre tous les supposés opposants du régime de Habré. Les actes étaient préparés et réalisés avec méthode et coordination. En témoigne la note d'instruction datée du 26 août 1987, dans laquelle le Directeur de la DDS indique que : «grâce à la toile d'araignée tissée sur toute l'étendue du territoire national, [son service veillait] particulièrement à la sécurité de l'Etat», qu'il constituait « l'œil et l'oreille du président, [de qui] il [dépendait] et à qui il [rendait] compte de ses activités ».
Dès lors plusieurs catégories d'ethnies sont ciblées avec un maillage sur tout le territoire tchadien.

Après la prise du pouvoir, Hissène Habré est confronté à plusieurs fronts dont :

- le GUNT qui s'est replié au Nord avec le soutien de la Libye ;
- la Libye qui a envahi à plusieurs reprises le Nord du Tchad ;
- les opposants armés au Sud sont regroupés en comités d'autodéfense anti-Habré communément appelés CODOS. Il existe plusieurs groupes de CODOS, on peut en citer : les CODOS rouges du Moyen-Chari, les CODOS verts du Logone Oriental et de la Tandjilé, les CODOS Espoirs du Logone Occidental, les CODOS Cocotiers du Mayo-Kébi, les CODOS Logtan du Moyen-Tandjilé et les CODOS Nadji de la Tandjilé. Les principaux dirigeants sont Pierre Tokinon, Chef des CODOS rouges, Kotiga Guirina et Abdelkader Wadal Kamougué. Ce dernier a dirigé pendant un certain temps les opérations militaires des CODOS et a tenté de regrouper les deux branches armées rouge et vert.

Pour imposer son autorité, le Président Habré instaure un régime de parti unique. Ainsi, aucune forme d'opposition n'est admise. Tout acte allant dans ce sens est sévèrement réprimé.

Avec le démantèlement du Sud qui était jadis contrôlé par un Comité Permanent présidé par le Colonel Abdelkader Wadal Kamougué, ancien chef d'Etat-major des Forces Armées Tchadiennes (FAT) et Vice-président du GUNT, les forces de Habré ont traqué les combattants et autres cadres du cette partie du pays jusque dans leur dernier retranchement. Un dispositif répressif fût mis en place avec les forces de défense, la police et tous les corps de renseignements.

L'évènement le plus marquant fût le « Septembre noir » de 1984 marqué par la répression des « CODOS », des populations civiles, des forces de l'ordre, des enseignants, des intellectuels, des cadres administratifs et politiques soupçonnés de complicité avec la rébellion. D'autres tueries, exactions, exécutions, incendies de lieux habités et pillages sont notés dans les cinq préfectures du sud (Moyen-Chari, Tandjilé, Logone Occidental, Logone Oriental, Mayo-Kebbi) et dans les villes comme Sarh, Doba, Pala et Moundou.

En dehors des populations du sud, les Arabes du nord, Hadjerai et Zaghawa ont fait l'objet de répressions sans précédent. Mieux encore, au sein de la DDS, des commissions ad hoc pour mieux coordonner la répression exercée sur chaque groupe ethnique.

L'article 6 du Statut des Chambres Africaines Extraordinaires ne prévoit pas expressément le critère de la « connaissance de l'attaque ». Ce critère n'est pas non plus prévu dans le Statut du TPIR. Néanmoins, dans le jugement Kayishema et Ruzindana du 21 mai 1999, la Chambre de première instance du TPIR souligne que « l'auteur des crimes contre l'humanité doit avoir agi en connaissance de cause, c'est-à-dire qu'il doit comprendre le contexte général dans lequel s'inscrit son acte, […] l'auteur du crime doit être conscient du contexte plus large dans lequel il est commis […]. Ce qui transforme l'acte d'un individu en crime contre l'humanité, c'est notamment le fait que cet acte soit classé dans une catégorie d'infractions présentant un niveau de gravité accrue […]. L'accusé devrait par conséquent être conscient de ce degré de gravité pour être tenu responsable desdits crimes. De ce fait, une connaissance objective ou raisonnée du contexte plus large dans lequel s'inscrit l'attaque s'avère nécessaire pour que l'intention exigée soit constatée. » (Paragraphes 133 et 134).

En général, cet élément contextuel s'exprime par la connaissance de l'attaque elle-même, ou à défaut par la connaissance que sa contribution ou même sa participation s'inscrit ou fait partie intégrante de l'attaque.

Pour que l'attaque soit caractérisée, il n'est pas nécessaire que son auteur ait connaissance des actes constitutifs de l'attaque et sache que ses actes s'inscrivent dans le cadre de cette attaque. Il n'est pas aussi nécessaire qu'il connaisse les détails de l'attaque, il suffit qu'il ait eu connaissance du contexte général dans lequel ses actes ont été commis. Les mobiles de l'auteur importent peu et il n'est pas nécessaire que celui-ci ait approuvé l'attaque.

Hissène Habré supérieur hiérarchique des Directeurs et agents de la DDS ne pouvait pas ignorer la portée de leurs actes et des conséquences graves qui pourraient en découler. Les actes étaient planifiés au plus haut sommet et exécutés de façon minutieuse. Des comptes rendus étaient faits à l'attention de Habré directement ou indirectement. Il était l'instigateur principal de la terreur exercée sur les populations civiles.
En tant que supérieur hiérarchique et compte tenu du contrôle qu'il exerçait sur les forces acquises à sa cause, il avait pleinement conscience du fait que la conception du Plan commun et les contributions qu'il y apportait ainsi que celle des autres membres de son entourage immédiat, des FANT et de la DDS, sous son contrôle, permettraient que les éléments objectifs des crimes reprochés se réalisent.

II. Les crimes sous-jacents

Les éléments objectifs du dossier font ressortir les actes sous-jacents constitutifs de crimes contre l'humanité ci-après :
- Homicide volontaire,
- Pratique massive et systématique d'exécutions sommaires,
- Enlèvement de personnes suivi de leur disparition,
- Tortures ou actes inhumains causant intentionnellement de grandes souffrances ou des atteintes graves à l'intégrité physique ou à la santé physique et psychique inspirées par des motifs d'ordre politique.

Suite à des négociations conduites aux mois d'août et septembre 1984 par le gouvernement, plusieurs factions CODOS ont été conviées à la Ferme de Déli située à une trentaine de kilomètres de Moundou, dans le Logone occidental, non loin de la Tandjilé pour le versement de leurs salaires et primes avant d'intégrer l'Armée régulière. Ainsi les CODOS de Doba sont regroupés dans cette ville, les CODOS du Moyen Chari à Sarh, les CODOS-Logtan et les CODOS-Espoir à la Ferme de Déli en attendant de rencontrer la délégation gouvernementale.
Selon Bandjim Bandjoum, chargé d'aider le gouvernement à négocier avec les CODOS, le gouvernement voulait que les CODOS ralliés embarquent directement pour leurs nouvelles affectations sans que leur soit versé leur salaire. Hissène Habré a toutefois désigné une délégation de militaires

chargée de prendre la suite des civils pour assurer l'exécution des dispositions militaires des accords car la situation était bloquée.
La délégation a finalement indiqué aux CODOS de se regrouper vers le 7 ou le 9 septembre 1984 pour enfin recevoir leur salaire. C'est ainsi que de nombreux CODOS-Logtan et CODOS-Espoir, c'est-à-dire les CODOS de la Tandjilé et du Logone, se sont regroupés à la Ferme de Déli.
Le personnel de la Ferme de Déli comptait sept agents, dont certains vivaient avec leur famille.
Les CODOS ont accepté de s'y regrouper pour procéder à des ralliements dans les rangs des FANT. Des véhicules de la Coton Tchad ont servi au transport des CODOS situés dans les zones éloignées pour les convoyer vers la Ferme.
Le 16 septembre 1984, un capitaine de l'armée est venu rencontrer les CODOS rassemblés à la Ferme qui avaient déjà semble-t-il signé un accord avec le gouvernement. Une fête était prévue le lendemain pour célébrer la réconciliation et le 17 septembre, « les CODOS ont nettoyé la Ferme en chantant ».
Le 17 septembre, aux environs de 11h45, la Ferme a été envahie par les FANT qui venaient de Moundou. Selon le chef adjoint de la Ferme qui est présent au moment des faits, des véhicules chargés de militaires venaient un à un. Les CODOS ont commencé à se rassembler dès l'arrivée du premier véhicule. Les militaires ont demandé aux CODOS d'être désarmer, mais ces derniers ont refusé, puis ils ont demandé aux fonctionnaires formant le personnel de la Ferme de se joindre aux CODOS. Le personnel a refusé et les militaires ont commencé à tirer sur les CODOS et les agents de l'Etat qui travaillaient à la Ferme. Certains ont cherché à fuir, d'autres ont été tués. Parmi les civils (personnel de la Ferme et leur famille) nombreux ont été tués :

- Allahmadji Ndiguimbé , le chef de la Ferme,
- Bondaye Emile, agent d'agriculture,
- Tchang Mamady, agent technique d'agriculture,
- Belengar Etienne, conducteur de travaux agricoles,
- Leoundo Clisson, maçon ; avec sa femme et son bébé,
- Dakobeye Nathanael , magasinier à la Ferme,
- Jacques Yalingar , secrétaire dactylo,
- Djimarabaye Doumnadé James, le fils de l'adjoint de la Ferme âgé de neuf ans,
- Banyo Kondoh , un garçon de chambre

- Djekilamber Clison, sa femme Nodjiouangonnel Miriam et leur bébé,
- Addoum, secrétaire fermier,
- Ngaramnodji .

Leoundo Clison a été tué par les militaires qui lui auraient tiré dessus alors qu'il est resté dans son bureau au début de la fusillade.

La femme et le fils de Bondaye Emile l'ont retrouvé dans son bureau, mort, « avec des blessures à la tête ».

Dakobeye Nathanael a, selon sa femme, « été égorgé dans notre chambre par les militaires de l'armée tchadienne ».

Beaucoup de CODOS ont été tués. Après le massacre, les militaires ont pillé les domiciles des civils assassinés. Les militaires ont continué à patrouiller dans le secteur après le massacre.

Certaines personnes ont été enterrées quelques jours après les incidents par le personnel de la Ferme qui était resté au champ au moment de la fusillade, notamment par Roger Moïtangar, Ngardiguena Ndormbaïdje et Aldjon Celestin . C'est notamment le cas de Leoundo Clison.

D'autres victimes, en majorité des CODOS, ont été enterrées une semaine plus tard par une équipe d'agents du service de génie sanitaire assistés par des habitants du village de Déli , dont Aldjon Celestin qui a témoigné :

« Une semaine après la tuerie du 17 septembre 1984, j'ai été désigné par le chef de canton et les gendarmes en poste dans cette localité pour procéder à l'enterrement des victimes. [...] A l'époque une équipe du Service d'Assainissement avait été dépêchée de Moundou pour nous orienter et nous équiper de matériel de protection tel que les gants et les cache-nez. Après avoir aspergé tous les corps de chaux vive, nous avons été chargés de les transporter du lieu de leur découverte à l'aide d'une natte servant de brancard, jusqu'à la fosse que nous avions nous-mêmes creusée quelques instants auparavant [...]. Tous les corps disséminés à travers la Ferme étaient en état de putréfaction très avancé. J'ai dénombré au total 29 corps de ces victimes. [...] Tous les corps de ces victimes portaient des traces de blessures violentes à la tête, à la poitrine, aux jambes, au dos, etc. [...] tous les 29 corps ensevelis dans cette fosse n'étaient constitués que de rebelles communément appelés CODOS ».

Ceux qui ont fui et ont trouvé la mort en dehors de la Ferme, n'ont pas pu être enterrés et ont été dévorés par les chiens et les charognards.

L'équipe d'experts anthropologues a confirmé à « 99.9% » que le corps dénommé « FDDA2 » qui se trouvait dans la partie arrière du hangar principal de la Ferme est celui d'Emile Bondaye, le père d'Emile Urbain.

Selon le rapport des experts argentins, Emile Bondaye, est décédé suite aux lésions au niveau de la ceinture scapulaire droite et aux membres inférieurs.
De surcroît, les experts ont trouvé des éléments balistiques parmi les os d'Emile Bondaye. Les experts ont conclu qu'Emile Bondai est mort de trois impacts de projectiles d'armes à feu.
Les travaux des experts anthropologiques ont permis de localiser 21 corps enterrés à sept emplacements différents :
Dans la partie arrière du hangar principal de la Ferme les experts ont trouvé trois corps, deux adultes et un enfant d'un âge compris entre 6 et 11 ans tous décédés suite à des traumatismes à haut transfert d'énergie, compatibles avec l'action de projectiles d'arme à feu. Il pourrait s'agir de Djimarabaye Doumnadé James, le fils de l'adjoint de la Ferme âgé de neuf ans au moment des faits.

A l'est du chemin d'accès à la Ferme, signalé par plusieurs témoins, les experts ont trouvé 9 personnes adultes, toutes décédées suite à des traumatismes à haut transfert d'énergie, compatibles avec l'action de projectiles d'arme à feu. Les experts l'ont qualifié « comme une fosse multiple, synchronique. C'est-à-dire qu'à la même occasion on a ouvert la fosse et on a déposé les 9 individus».
A l'Est d'un ensemble de silos pour le stockage des cacahuètes, les experts ont trouvé deux corps adultes, tous les deux décédés suite à des traumatismes à haut transfert d'énergie, compatibles avec l'action de projectiles d'arme à feu.
Dans le village de Déli du côté sud du chemin d'accès, les experts ont trouvé un homme adulte, décédé suite à un projectile d'arme à feu. En outre associé au squelette les experts ont trouvé des « morceaux de tissu de camouflage militaire, des parties métalliques d'une ceinture militaire ».
Sur le côté ouest du chemin d'accès à la Ferme, les experts ont trouvé deux hommes qui sont morts de traumatismes à haut transfert d'énergie, compatibles avec l'action de projectiles d'armes à feu.

Dans son dessein de contrôle du sud du Tchad, le régime de Habré a opéré des massacres sans précédent. Les témoignages font état d'énormes atrocités :
Des massacres de populations dans des lieux de rassemblement comme les marchés, les églises et autres…selon la déposition D2194 GUIDALTA HALTOLNAN : « En 1984, les militaires tiraient sur les fidèles à l'église sise à NABAH/MOÏSSALA. Ainsi son grand frère nommé Djimasra

Haltolnan cultivateur a été abattu par balles par les militaires devant l'église sans motif fondé lorsqu'il tentait de fuir. Le frère a laissé derrière lui une veuve et trois (3) orphelins ».

Des assassinats de personnalités furent nombreux notamment des chefs de canton, pasteurs ; des cadres : professeurs, médecins, pharmaciens, agents de l'administration etc…Ce qui entraina une fuite de cerveaux. En témoigne la Lettre sûreté Urbaine du 11 mai 1984 portant fuite de cerveaux (médecins, enseignants, cadres) vers la République Centre Africaine « ce qui retient l'attention actuellement est l'arrivée massive des cerveaux tchadiens allant des professeurs d'Université aux médecins et les pharmaciens en provenance des pays occidentaux ou de l'Est au terme de leurs études….. »

Des arrestations, homicides et tortures sur des paysans sans défense eurent lieu. Selon la déclaration D2198 PORASSEM Martine : « Le 13 février 1985, les militaires des forces armées du nord FAN de Hissène Habré, tiraient sur les gens de Dobiti par Doba. Ainsi tout le monde a fui pour la brousse sauf ma mère la nommée Detoloum Dokamro, ménagère et âgée qui est restée à la maison car, elle ne pouvait pas se déplacer. C'est ainsi que ces militaires ont tué ma mère à son domicile avant de brûler sa maison dans laquelle se trouvaient 07 sacs de mil rouge 07 sacs de mil et autres biens. Ceux-ci ont emporté 06 chèvres. Cet acte a été commis sans motif fondé ».

Aussi dans le témoignage de NANGHOTOM JEANNE, il informe que son père Boukoutou Antoine, un handicapé physique ne pouvant pas faire usage de ses jambes a été froidement exécuté en 1985, par deux militaires lors d'une attaque de son village.

Des enlèvements de populations civiles et des tentatives d'islamisation forcée ont été opérées suivant certains témoins. Selon Mberkoubou MAINGALAOU, le 27/09/1984 à 11 h 00, au centre-ville de Moundou. Son frère, André Goldoum, sous-préfet de Mbaïnamar, était venu à Moundou pour rencontrer le maire. Il a été arrêté chez ce dernier et emmené par des soldats. Selon lui, des témoins l'auraient entendu crier quand on lui portait des coups de crosses de fusil. Il n'a jamais été revu.

Des attaques de villages à la recherche des CODOS. Suivant le témoignage de D 1876 NDOMASSALBA YEDJIADOUM, son père Djiadoum Ngardanguem, cultivateur de son état a été interpellé dans son champ le 04 septembre 1984, aux environs de 09 heures par des militaires à bord de leur véhicule Toyota. Ces derniers se sont arrêtés et lui ont demandé de leur montrer la position des rebelles du Sud appelés «CODO ». Il a en fait état de sa méconnaissance de la position de ces supposés rebelles. C'est ainsi qu'un militaire a fait usage de son arme pour lui fracturer les deux jambes. Un autre a visé sa tête pour l'achever. Selon le témoin : « C'est à cause de la rébellion appelée à l'époque CODO qu'il a été tué »

Le témoignage de MBAÏTORAL RENE : "En effet, courant mois de mars 1984 les militaires de Hissène Habré sont venus à notre domicile à bord de véhicules. Quand mon grand frère nommé Mbaïndobé Clément est sorti, ces militaires l'ont abattu par balle et nous autres avions fui. Par la suite, ils ont brûlé sa maison, le mil et ses papiers. Comme ils sont tous armés… »
Toujours au chapitre des attaques de villages, le témoignage de RACHEL TINARE : « Son frère, Madji Mathieu, n'était qu'un paysan dans notre village natal. Le matin du 06 Mars 1984, à Kabarongar, une localité commandée par la préfecture de Gorée, des individus en uniforme, armés des armes à feu, à bord de 05 véhicules ont fait irruption à notre domicile pour abattre mon frère susnommé, pour des motifs que j'ignore. Ce n'était pas seulement, mon frère qui était assassiné ce jour, sinon, bien d'autres personnes de cette localité ont trouvé la mort. »
L'extermination de populations civiles supposées être des complices des rebelles CODOS. Ce qui ressort de plusieurs témoignage comme celui de MASRA ARNAUD qui déclare : « En mars 1984, sa grande sœur revenait du champ et portait des fagots sur la tête lorsque les militaires ont envahi le village Komonon. C'était la panique générale, chacun cherche à s'enfuir, voulant suivre ses paires, elle a été froidement abattu par les individus armés" laissant 6 orphelins. » Les militaires trouvaient que tous les Sara étaient en complicité avec les rebelles (Codos). Sa grande sœur a été tuée sans aucune justification.

C'est aussi ce que fait état NAIBEYE TAPITA dans son témoignage où il déclare : « En effet, je suis la cadette directe de feu Yotoudjine Jean Claude qui fut un cultivateur de la localité de Konmonnon qui a été tué sous le régime d'Hissène Habré. Au mois d'août 1984 dans le village Konmonnom/Nyan Pende, les combattants qui sont venus de Yanbodo sous le régime d'Hissène Habré à bord de 07 véhicules ont encerclé le village en tirant partout sur la population. C'est ainsi que mon frère Yotoudjine Jean- Claude avait trouvé la mort tragique. Ils lui ont tiré une balle sur la tête et il était tombé mort sur le champ. Son corps n'était pas enterré car tous les gens avaient trouvé refuge dans la brousse. Mon feu

Frère est tué parce que à l'époque, toute la population du Sud était assimilée aux rebelles appelés communément CODO… ».

Dans l'Est, Nord, le Centre, les homicides et pratique massive d'exécutons sommaires perpétrés par les FANT visaient principalement les communautés Arabe (1), Hadjeraî (2) et Zaghawa (3). Très tôt ciblés du fait de leur proximité avec le régime libyen et leur supposé engagement dans les forces armées du CDR, une branche du GUNT, les Arabes ont fait l'objet de plusieurs exactions.
Cela ressort de plusieurs dépositions de témoins avec :
Des homicides comme en témoigne ARINGZOU ADAM : « mon grand-frère feu Gabour Arama était un cultivateur résidant à Tengang dans la région de Tandjile Est. En 1986 à l'entrée des combattants dans cette région, ils ont arrêté feu Gabour dans son champ de riz, attaché exécuté derrière le village brulé le grenier…».
Aussi selon KODETOINGAR BENANE CHARLOT : « un groupe d'une dizaine d'Arabes à Moshi/Fitri à Ati, où ils étaient partis le 16 avril 1983 lors de la sécheresse pour le pâturage. Les gens de la région leur ont refusé l'accès et ont fait appel aux forces de Hissène Habré qui sont venus les tuer.»

Après le soulèvement de certains cadres militaires fondateurs du MOSANAT suite à la mort d'Idriss Miskine, les Hadjeraï n'ont pas été épargnés par la répression des FANT et des autres organes de répression du régime de Habré. Les témoignages qui suivent en font largement état.
Il en est ainsi du témoignage de HAOUA MAHAMAT qui déclare : « …mon époux est un cultivateur à Bitkine, en 1987 dont j'ignore le jour et le mois, c'est pendant l'hivernage, il venait de rentrer du champ, dès son arrivée vers 16h, des individus armés et enturbannés débarquent chez nous à bord d'un véhicule de marque Toyota 4X4, l'un d'eux s'est introduit dans notre cour et l'invite à sortir. Dès qu'il est sorti, il avait reçu une balle à la tête, voyant qu'il est mortellement atteint, ils sont repartis ... ».
DEBY SIKI, un autre témoin d'ajouter ce qui suit : «…Je suis cultivateur dans mon village dénommé Ambazarak commandé par la sous-préfecture de Bitkine, département de Mongo. En mars 1987, à 5 heures du matin, notre village avait été encerclé par les militaires de Hissène Habré. Les femmes avaient été épargnées mais tous les hommes étaient regroupés et fouettés, ceci pour savoir si Maldoum n'était pas arrivé dans notre village qui est aussi le sien… Parmi les hommes, 12 ont été exécutés pour servir

d'exemple et enterrés dans une fosse commune. Les autres ont été amenés pour une destination inconnue. Quant à moi j'ai été grièvement blessé et abandonné surplace... ».
Enfin dans la phase d'instruction, une commission rogatoire internationale à la date du 4 décembre 2013, une mission composée de juges tchadiens, sénégalais, membres du parquet général et des experts argentins, ont visité plusieurs charniers où ils ont pu faire des constats et recueillir certains témoignages.
Ainsi, des impacts de balle sur des arbres ont été constatés à la ferme de Déli où d'ailleurs le gardien a montré 02 fosses communes à la délégation. Au village d'Ambazira, les habitants trouvés sur place ont affirmé qu'en 1987, des hadjeraï ont été exécutés avant d'y être enterrés.

Les Zaghawas n'ont pas été en reste dans la traque des supposés ennemis du régime de Habré. Selon le témoignage de AHMAT CHOUGOU, des Zaghawas ont été exécuté juste parce « qu'Idriss Déby était entré en rébellion… ».
MARIAM AHMED DJAMIL déclare à son tour ceci : « …A partir du 1er avril 1989 mon mari Hassan Djamouss et autres ont quitté N'Djamena. Le 14 avril j'avais entendu que celui-ci était arrêté par les forces de Hissène Habré et ramené à N'Djamena. Ensuite le 25 avril 1989 … RFI a annoncé la mort de mon mari… les agents de DDS ont envahi notre maison… emporté tout ce qui s'y trouve… même ma fille MASSIRIA TIDJANI a fait l'objet de tortures et sévices corporels dégradants. Ses boucles d'oreille et bagues ont été arrachées et même ses habits. Moi particulièrement je suis protégée par les français et c'est ainsi que j'ai eu la vie sauve… après la fuite de Habré… le Président de la Commission de recensement des victimes… Mahamat Hassan Abakar … m'a montré la photo de mon mari au moment où il a été assassiné…
Dans le procès-verbal n°10 du 28 mars 2014, établi par le service central de police technique et scientifique du Tchad dans le cadre de l'exécution de la commission rogatoire, plusieurs charniers ont été localisés lors d'un transport au nord-est du pays. Il en est ainsi des suivants :

- Sous-Préfecture de Tiné
- 3 Charniers de Wadi-Makanous
- 1 charnier au Centre-ville de Tiné
- 1 charnier à Toubassigui
- Sous-Préfecture de Iriba
- 2 charniers à Iriba Centre

- 1 charnier Diordigui
- 1 charnier à Boibé

Plusieurs enlèvements et disparition de personnes arrêtées ou en détention ont été constatés durant le règne de Habré. Nationaux comme étrangers disparaissaient sans laisser de traces. En effet, le régime de Habré ne donnait aucune information sur ces cas de disparition.
Ces enlèvements concernaient pour la plupart les populations du sud, les arabes, les HadjeraÏ et Zaghawa

.

Plusieurs témoignages recueillis lors des différentes auditions font état d'enlèvement de populations du Sud. C'est le cas dans le témoignage de ROSSOL YENGAR qui déclare: « En effet, je suis l'épouse de feu Djiminguebaye MASKINGANGAR qui fut chef de circonscription de l'ONDR de Sarh qui est enlevé et porté disparu, sous le règne de Hissène Habré en 1984. En date du 30 septembre 1984, lorsque mon feu mari se trouvait à son lieu de service, il fut enlevé par des inconnus et conduit au commissariat central de Sarh. (...). J'ai effectué personnellement un déplacement à Sarh. Au moment où je me suis rendu au commissariat central de Sarh, étant dans la cour, j'ai entendu la voix de mon feu mari à l'intérieur du violon, mais je ne suis pas autorisée à le voir. Dans la même journée, la nuit, un agent qui assurait la garde m'a mis en contact avec lui. Le jour suivant, je suis repartie au commissariat et on m'a dit qu'on ne connait pas sa position. Depuis ce jour, je n'ai plus eu de nouvelles de mon feu mari. Mon mari était un membre du comité Permanent au temps de Kamougue, donc c'est pour des raisons politiques qu'il est enlevé. Je connais certaines personnes qui sont enlevées de la même manière que lui et qui sont tuées: Il s'agit de Rimoyal un commerçant à Koumra, Israel un gestionnaire de l'hôpital Semour à Koumra, Omer un enseignant à Koumra etc. ... »
ABOULAYE MAHAMAT quant à lui déclare : « Le 07/08/1987, à 20 heures, les militaires de Hissène Habré sont venus à bord de véhicules Toyota 4x4 et ont débarqué chez nous, sis au quartier Repos 11. Ils sont entrés pour demander mes cadets les nommés Ibrahim et Douad Mahamat. Mes deux frères se sont présentés à eux et ils leur donné l'ordre de monter dans le véhicule sous le prétexte que mes cadets ont l'habitude d'aller au Cameroun pour trahir le pouvoir en place. Depuis leurs arrestations, personne n'a plus de leur nouvelles. A l'arrivée de Idriss Deby

au pouvoir en 1990, suivi de la libération des prisonniers de DDS, nous avons appris qu'ils ont été exécutés par leurs bourreaux ».

Comme indiqué plus haut, les Arabes ont été persécutés durant tout le règne de Habré du fait de leur proximité avec le régime libyen et le leader du CDR Acheikh Ibn Omar.
Les représailles contre ce groupe ethnique ont fait d'énormes victimes, en témoignent les déclarations de HALIMATA OUMAR AHMAT : « …En 1986 mon mari Idriss Bineye Younous a quitté un matin pour se rendre dans le village Aboye non loin de N'Djamena pour rendre des condoléances. Deux jours après il a été arrêté par des agents de la DDS et conduit en prison dans les locaux de la DDS. Toutes les démarches menées pour le retrouver ont été vaines, son frère sur qui je comptais pour m'aider fut arrêté aussi… ».
Un autre témoignage de HAWA BRAHIM alias MARDIE fait aussi état de tortures à la chaise électrique. En effet, selon sa déposition, elle a été arrêtée le 6 juin 1985 date à laquelle elle était âgée de 13 ans « afin de mettre la main sur sa mère Hadje Mabrouka soupçonnée de complicité avec les GUNT », espérant que l'arrestation de sa fille la ferait rentrer au Tchad. Elle a ainsi «…été détenu pendant un an au Commissariat central, puis un an à la DDS, un an plus tard elle est transférée à Ouadi-Doum. C'est lorsqu'elle a été emmenée devant Saleh Younouss que Hawa Brahim a été torturée, nue sur une chaise électrique… »

Comme pour les arabes, les Hadjeraï ont aussi connu des enlèvements et disparition de populations en guise de représailles.
C'est ce qui ressort des déclarations de ABDOULAYE Wadé :« ... je viens pour la cause de mon neveu Wombi Adoum...C'est en 1987 que mon neveu Woumbi A Doum a été arrêté au domicile familial à Sarh dans le Moyen Chari par un groupe de militaires pour l'amener à une destination inconnue ... A cette période, les cadres militaires du Guerra (Hadjeraï) ont fait défection de l'Armée Nationale, suite à cette défection le régime s'en prend à tous les Hadj… »
FATIME NEGUI : « . . . Je suis victime indirecte…pour l'arrestation de mon père Negui Atche. ... militaire en cette période,… ma mère m'avait expliqué que mon père avait été arrêté par les militaires venus à bord de leur véhicule Toyota en 1987 à notre domicile au quartier Mardjane Dafack. Ils l'ont conduit à une destination inconnue parce que personne n'a plus eu de ses nouvelles jusqu'à aujourd'hui….Mon père est un Hadjerai.

C'est à cause de son appartenance ethnique à Maldom qu'il avait été arrêté.... »

Et de Edemdi BAKOULOU GARA : « ...mon frère cadet du nom de Gamarga Bakoulou... Mon frère était, au moment des faits, élève et célibataire sans enfant. Il n'était âgé que de 16 ans. Dans le courant du mois de Mars de l'année 1987, vers les coups de 19 heures, quatre agents de la DDS sont venus cueillir mon frère à la maison pour le conduire à leur service...Aucune explication...Mais toute la famille était persuadée que notre frère n'avait commis aucun acte délictuel pouvant motiver valablement son interpellation, hormis son appartenance ethnique d'Hadjeraï. C'est ainsi que depuis lors notre frère susnommé n'a jamais été retrouvé... »

Pour les Zaghawa, la famille et les proches de Idriss Déby et Hassan Djamouss, étaient particulièrement visés.

Selon AKARIA FADOUL, sept membres de sa famille ont disparu dans les conditions qu'il décrit comme suit :

1. Abdoulaye FADOUL KITIR, seul militaire de la famille. Il a été arrêté le 4/41989 à Ounianga Kabir dans le nord. Après sa capture, il a disparu, il a laissé deux femmes et sept enfants tous vivants.
2. Mahamat FADOUL, fonctionnaire des transports du Tchad, arrêté au début du mois d'avril avec qui j'ai séjourné en prison, il a disparu depuis lors, laissant deux femmes et quatorze enfants.
3. Saleh FADOUL, arrêté à N'Djamena chez lui alors qu'il était malade au début du mois d'avril 1989, on ne l'a pas revu, il a laissé deux femmes et dix enfants.
4. Yakoub FADOUL, commerçant à N'Djamena arrêté avec son cousin germain Ousmane TAHIR en moto le 1/4/1989 et ont disparu depuis lors.
5. Sadick FADOUL arrêté le 29.06/1988. D'ailleurs son arrestation a été l'un des éléments déclencheur du départ de Hassan Djamouss, Idriss Deby et leurs compagnons. Homme politique, après s'être refugié en Europe, Hassan Djamouss avait négocié son retour. Il a été arrêté à la surprise d'Hassan Djamouss à son domicile et depuis son arrestation, il n'a pas été revu. Il a laissé une femme et deux enfants.
6. Ali FADOUL que j'ai vu une fois en prison. Il était gérant de la Société Nationale Sucrière du Tchad. Il a été arrêté à Am-Timat début avril 1989, il n'a pas été revu depuis. Il a laissé deux femmes et cinq enfants ;

7. Mahamiden FADOUL, chauffeur, il devait convoyer des vivres à l'armée régulière et il a été arrêté en cours de route en 1988, depuis lors il a disparu…Compte tenu du fait qu'Hassan Djamouss était notre beau-frère (mari de ma sœur), Idriss Deby, notre oncle Hissène Habré a voulu nous exterminer parce que la famille était nombreuse et il a pensé que nous pouvions jouer un rôle central dans la rébellion… ».

MAHAMAT ALIFA une autre victime déclare : « le 7 juillet 1989, en compagnie de mon grand frère feu BOKHIT j'étais en pâturage avec un troupeau composé de 92 chameaux, 83 bœufs et 314 moutons quand des combattants de Hissène Habré sont venus nous arrêter et ont emporté tout le cheptel. Je fus libéré quatre jours après mais mon grand frère n'est jamais réapparu. Notre arrestation était purement ethnique car nous sommes des zaghawa ».

AMIR ABAKAR déclare aussi « juste après le coup d'état manqué d'Idriss Deby, des militaires d'Hissène à bord de 6 véhicules ont encerclé le village de Bamina et procédé à l'arrestation d'une quarantaine de personnes parmi lesquelles mon petit frère Moubarak Abakar pour une destination inconnue. Vingt jours après pendant que je conduisais des chameaux, ils sont revenus pour me tirer dessus et me blesser à la jambe droite en emportant tout le bétail. Je suis devenu handicapé »

Enfin MAHAMAT BACHAR nous informe dans sa déposition que « … Le 10 avril 89 les agents de la DDS sont venus nous arrêter pour nous conduire au Commissariat central en nous bandant les yeux…Les motifs de son arrestation sont purement ethnique, il était zaghawa…Le nommé Ibrahim Bachar et moi-même…J'ignore les forme de tortures qu'il (Ibrahim Bachar) avait subi…et conduit à sa disparition… ».

III .La torture ou les actes inhumains inspirés par des motifs d'ordre politique.

Au sens de l'article 6 paragraphe g, il s'agit d'actes de torture ou d'actes causant intentionnellement de grandes souffrances ou des atteintes graves à l'intégrité physique ou la santé physique ou psychique inspirées par des motifs d'ordre politique, racial, national, ethnique, culturel, religieux ou sexiste.

Contrairement au traitement inhumain, la torture a une finalité précise. Ce qui la distingue d'ailleurs de cette infraction pénale.

Infligés par les FANT et agents de la DDS, les actes de torture visés comme sus-évoqué des autorités locales et autres personnes importantes. Celles-ci étaient placées dans des lieux de détention en province avant d'être transférées dans des centres de détention à Ndjamena.
Les actes de torture étaient pratiqués en province comme dans la capitale. D'ailleurs en province, les pratiques d'isolement et autres tortures avaient cours.

Quant aux traitements inhumains, ils se caractérisent par les dures conditions de détention avec des privations de nourritures adaptées, de soins, la détention au secret, la privation d'eau, la restriction du droit de visite, la confiscation des droits de la défense et tout autre mauvais traitement. Le TPIY a utilisé une définition plus large en considérant que « le traitement inhumain est un traitement qui cause de grandes souffrances ou douleurs physiques ou mentales ou qui constitue une atteinte grave à la dignité humaine ».
Le régime carcéral sous le règne de Habré ne respecte pas les principes fondamentaux de séparations des catégories de détenus selon le sexe et l'âge. Ceci donnant libre cours à des pratiques de viol et sévices sexuels.
Certains détenus ont subi des viols pour bénéficier de conditions de détentions plus humanisées. Aussi, les agents imposent aux femmes détenues des relations sexuelles sous la menace de sévices comme ce fut le cas de celles transférées à Ouadi-Doum.
Les conditions de détention des prisonniers et autres populations civiles arrêtées étaient telles qu'une grande partie mourait de chaleur, d'insalubrité, de manque de soins, d'alimentation suffisante, en violation flagrante et permanente des règles élémentaires en matière de détention.
Certains ont subi des actes de tortures ou traitements inhumains juste pour avoir refusé d'adhérer à l'UNIR, parti unique ou de participer aux manifestations de cette formation politique.
A côté des cas de viol isolés non dénoncés, plusieurs victimes ont rapporté des scènes de violences sexuelles qu'elles ont subies durant leur incarcération. Des rapports de la DDS adressés aux autorités sur la situation des détenues font ressortir ces abus sexuels, souvent suivis de grossesse. Si certaines femmes ont accouché en détention, d'autres ont préféré se faire avorter sans précautions médicales.

Les cadres militaires, civils, les intellectuels, les notables et les dirigeants politiques du sud du Tchad ont aussi été victime de tortures et d'actes inhumains. Il ressort des déclarations des victimes et témoins qui suivent que la torture et actes inhumains ont touché les populations des cinq préfectures :

Selon Ngakoutou Noni Simon, secrétaire de Police au Service de Surveillance du Territoire à Sahr, arrêté pendant le « Septembre Noir », il a été emprisonné au Commissariat Central de Sarh là où les conditions de détention étaient semblables à celles des prisons de N'Djamena.

Il déclare : « Nous étions enfermés au Commissariat même. Il y avait environ 15 personnes dans la cellule, qui mesurait 2,5 sur 2,5 mètres. Il n'y avait pas assez de place, on devait se tenir debout ou s'asseoir sur les pieds. Nous avons été enfermés comme ça pendant 25 jours. Nos parents nous emmenaient à manger, mais nous ne recevions pas la nourriture. L'eau entrait dans la cellule par un tuyau qui était ouvert pendant 5 minutes vers 13 h. Chaque personne passait dessous à tour de rôle. Nous buvions du tuyau même parce que nous n'avions pas de récipients. Nos parents donnaient aussi de l'argent aux gardiens le soir et ils achetaient des cacahouètes ou des bâtons de manioc qu'ils nous donnaient en cachette. Il y avait un demi-fût dans la cellule dans lequel nous faisions nos besoins. On le vidait tous les 3 à 4 jours. Nous ne pouvions pas sortir pour aller aux toilettes. Il y avait une petite fenêtre en haut. Il faisait très sombre dans la cellule, parce qu'il n'y avait pas de lampe. L'air ne pouvait pas entrer et la porte restait fermée toute la journée. Quelques-uns sont morts de faim, de la chaleur et du manque de soins, comme Jean Noubangar. Son cadavre est resté dans la cellule pendant 3 jours. Nous avions frappé à la porte, mais on ne nous a pas ouvert. Le corps était déjà en train de se décomposer quand on l'a sorti ».

GINETTE NGARBAYE témoigne ceci « j'ai été arrêtée le 16 janvier 1985 à N'Djamena par Sabre Ribé, un gendarme détaché à la DDS au motif que j'étais en intelligence avec les opposants précisément Kamougué. Ma détention a duré deux ans. Dans un premier temps, j'ai passé 4 mois à la DDS et le reste à la Prison dit « les locaux »...Pendant mon séjour...J'ai fait l'objet de tortures, décharges électriques qui me plongeaient dans l'inconscience et à mon réveil malgré mon état de grossesse de quatre mois, j'ai constaté qu'on m'avez dénudée et abusée et surtout mon corps était souillé ... Je subissais ces tortures de la part d'Issa Arawaï un responsable DDS et Goukouni sans autres précisions... J'ai accouché dans la Prison des « locaux » ...A même le sol et mes codétenues ont été les seules à m'avoir porté assistance...Nous étions 28 femmes à partager la même cellule et quand on en a déportée 11 il en restait 17...Elles étaient parfois extraites pour être réintégrées quelques heures plus tard…J'ai appris que pendant ce temps qu'elles faisaient l'objet de sévices sexuels de la part de militaires qui nous gardaient…J'ai été mise en liberté en février 1987…A coïncidé avec la signature d'Accord entre le gouvernement d'Hissène Habré et Kamougué. Ma fille…Présente les signes d'une personne attardée mentalement… » ;

DOLE ALISSA : « …j'étais l'épouse de feu Ainbo Pierre à peine 29 ans dans la localité de Kélo/Tandjilé-ouest, aux environs de 9h, pendant que mon mari et moi, nous trouvâmes aux champs en train de labourer, … un groupe de militaires à cheval et armés d'armes à feu ont tiré sur nous et ont réussi à atteindre mon feu mari à la poitrine, au rein et au genou. Lorsque ce dernier est tombé,… sont venus lui couper les 4 doigts de la main gauche… a fui pour venir mourir à son domicile… »

MINGUEMADJI NGARATE déclare qu'en décembre 1985 : « les militaires de Hissène Habré sont entrés dans notre village BEDANG canton Ngalo par Moissala. Ces militaires ont tiré sur mon frère aine dénommé Mahamat Nguetola qui revenait de son champ. La jambe droite de mon frère a été cassée en plusieurs endroits. Ainsi, le frère a rendu l'âme à la suite de ses blessures 14 jours après. Il a laissé derrière lui deux veuves et 08 orphelins ».

Dans un procès-verbal N°162/PR/DDS/86 du 15 mai 1986, établi par le Service de liaison militaire et extérieur de la DDS, il est fait état de l'interception d'une note que Rose Lokissim avait écrit à son ami Djim l'informant de sa situation dans la prison dite « les locaux ». Dans la missive, elle déclare : « … si je venais à mourir, c'est pour mon pays et mes parents et l'histoire parlera de moi et l'on me remerciera du service rendu à la Nation tchadienne, cela veut dire que je considère que la cause que j'ai défendu et continuerai de faire est juste et qu'en aucune manière je ne dois céder à moins que l'on me fasse disparaître…».

Les conclusions de l'enquête mentionnent que : «… pendant deux ans de détention, l'intéressée n'a pas changé de langage mais bien au contraire se glorifie. Etant donné qu'elle est irrécupérable et continue de porter atteinte à la sécurité de l'Etat même en prison, il serait souhaitable que les autorités la pénalise sévèrement…».

Sabadet Totodet un autre témoin, dit avoir vu la tombe de Rose Lokissim.

MBAITOYO KINGKERE déclare que : « le 20 avril 1982, il a été arrêté par les bourreaux de Hissène Habré et libéré ce jour 10 juin 1982. A présent, je ne connais pas la raison de mon arrestation. ... j'ai subi des tortures, mes bras sont liés au dos et je reçois tous les jours des coups de gifle et plus pire, ils m'ont tapé au bas ventre dont je souffre énormément aujourd'hui. Je précise que je suis marqué à jamais des tortures dans ma mémoire par ces traces visibles sur ma poitrine et le mal de bas ventre. » Dans la déposition de MOLEANG MARTHE nous pouvons lire : « En effet, au mois de mars 1983, mon père nommé Ndjekemnan David a été arrêté à son domicile par des militaires. Ils l'ont attaché, torturé et il a succombé suite à ces tortures. Notre père nous a laissé au nombre de dix orphelins ».

Ndoubambaye Phillipe Rodon déclare le 24 juin 1984, « il sortait de l'école quand des militaires à bord de véhicules l'ont intercepté. Il s'est présenté à eux mais, ils avaient mis en doute sa qualité d'élève et l'ont ainsi confondu aux rebelles. Dans sa déposition il soutient ce qui suit : « J'étais embarqué pour Coré où j'étais ligoté (Arbatachar) et torturé. Le soir, j'étais conduit à la maison d'arrêt de Coré où je suis détenu pendant 04 (quatre) mois; nous étions nombreux, chaque matin on nous fait subir des tortures. Nous étions quatre à être arrêtés; les trois autres étaient moins âgés que moi, ils étaient libérés, c'est eux qui avaient rapporté la nouvelle à mes parents ; ces derniers avaient peur et ne pouvaient même pas me rendre visite. Sur une vingtaine de personnes arrêtées, tous les jours, on fait sortir deux personnes pour une destination qu'on ignorait. Heureusement; pour nous les quatre : Nodjlnaye, Mbaidiguissem, Ndjeguem et moi-même, par la complicité d'un de nos gardiens sieur Bombo Gilbert, avions pu nous échapper. Le plus souvent, ils arrêtent les jeunes à partir de 14 ans et les accusent de rebelles ; c'est dans le but de les tuer. J'avais une côte cassée, … » ;

Aboïna Nguelsou, Chef de Canton de Tagal (Gouna Gaya, préfecture du Mayo-Kebbi) a été quant à lui arrêté et emprisonné le 10 octobre 1985 avec 12 autres à la Maison d'arrêt de Gounou-Gaya, dans la même cellule que celle des prisonniers de droit commun. Le lendemain, les 13 détenus auraient été frappés à tour de rôle avec des bâtons et d'autres objets. Aböina Nguelsou aurait été attaché à l' « arbatachar», frappé et interrogé par deux personnes. Ses pieds seraient restés enchaînés pendant plusieurs mois. Le 12 octobre 1985, il a été transféré à la Brigade de Pala avec ses 13 codétenus où ils ont rencontré Aboïna Hinimbi et Alamdou Josué eux aussi détenus. Aboïna Nguelsou témoigne qu'il est resté détenu dans des conditions de détention inhumaines (très peu d'eau et de nourriture) jusqu'au 22 octobre 1985, date à laquelle il a été transféré à Moundou avec 10 des 13 codétenus, où les conditions de détention étaient aussi dures. Il leur était interdit de sortir de la cellule. Le 6 février 1989, il a été transféré à la Maison d'arrêt de N'Djamena avec 4 de ses codétenus.

Azina Sanga était enseignant au lycée Brahim Seid de Pala (Mayo-Kebbi). Il a été arrêté le 18 octobre 1985 par la DDS, du fait que son frère était dans la rébellion. Il est amené à la résidence du sous-préfet où se trouvait une équipe de la DDS, dont Bandjim Bandoum Jacques, venue de N'Djamena. A la Brigade de la Gendarmerie, il est enfermé dans une minuscule cellule mesurant environ 1,5 mètre sur 1 mètre où se trouvaient déjà entassées sept personnes dans des conditions sanitaires épouvantables. La cellule est apparemment suffocante, pleine de déchets, les détenus urinant et déféquant à même le sol. Il était impossible de s'étendre ni de dormir. Selon lui, les détenus n'avaient le droit de sortir que quelques minutes le matin et quelques minutes le soir. Il aurait été interrogé et torturé « à l'arbatachar ». Quelque temps après, il est libéré et rentre chez lui très difficilement. Le lendemain, il est de nouveau été arrêté et transféré à la Maison d'Arrêt de Pala, où il est resté détenu pendant trois ans. Il n'avait droit à aucun contact avec l'extérieur. Il serait resté enchaîné aux pieds pendant un mois et demi. Enfermé avec 12 personnes dans une cellule, il ne pouvait sortir que deux fois par jour pendant quelques minutes, pour aller aux toilettes. Il affirme qu'il devait dormir à même le sol en ciment pendant trois ans. Au mois de janvier 1989, il a été transféré à N'Djamena avec 7 autres personnes, dont Aboïna Nguelsou.

Djasrangar Moundonan, était commerçant à Moundou. Il a été arrêté le 04.04.84 par la Police qui l'a emmené à la Maison d'Arrêt de Moundou. Après 5 jours, il a été évacué en avion avec 11 autres personnes, notamment un Chef de Canton, un Chef de Quartier, un comptable, un garde municipal, un étudiant et plusieurs commerçants. Il a été emprisonné à la Gendarmerie de N'Djamena pendant deux jours et ensuite aux Locaux, où ils ont vécu dans des conditions inhumaines. Il y avait 60 à 65 morts par mois. Il a été témoin de la mort de l'ex-sous-préfet Mbaybe René aux Locaux, suite aux coups reçus et aux tortures subies à Moundou, notamment «l'arbatachar » et pour lesquels il n'a reçu aucun soin médical. Le jour de son arrivée à N'Djamena, Djasrangar Moundonan a été torturé deux fois « à l'arbatachar » et aurait reçu une centaine de coups. Il a été libéré le 21.07.87, dans le cadre des accords avec les CODOS.

Un jeune homme de Bendang, arrêté à Bidi en février 1985, témoigne lui aussi des tortures qu'il a subies à la prison de Béboro, Moyen-Chari.

« Le mardi après mon arrestation, ils sont venus me chercher pour un interrogatoire. On me demandait de dire la vérité. J'ai été attaché à l'arbatachar et suspendu afin qu'ils puissent me tourner en me tapant avec des bouts de métal qu'on appelle des baguettes. Le vendredi, on m'a soumis au supplice des baguettes pendant environ trente minutes. Mes mains étaient attachées et ils donnaient des coups sur les baguettes. J'avais l'impression que ma tête allait exploser. La fenêtre de ma cellule s'adonnait sur la cour de la prison et j'ai même vu d'autres personnes être torturées. L'une d'elles a été pulvérisée dans les yeux, l'autre attachée à batachar et un troisième soumis au supplice des baguettes. »

Les arabes n'ont pas été en reste dans les actes de tortures et de traitements inhumains infligés aux populations. Plusieurs témoignages font état des atrocités qu'ils ont subies

ADWANE SIMEH déclare : « … En date du 11 Aout 1983, un véhicule bourré de militaires bien armés, a fait éruption dans notre école coranique pendant que nous faisons la prière de 18 heures. Ils ont embarqué 12 personnes dont Moussa Mourha, Moussa Seid, Mahamat Barka (décédé en prison), Ahmat Barka et moi-même... Nous étions enfermés dans les locaux de la DDS ... Les tortures subies ne sont que des coups des battons en fer, et nous étions également privés de repas ... Ceux-ci nous ont accusés de prier pour les opposants du régime de Hissène Habré… Présentement, j'ai des séquelles de nature physique à l'épaule gauche et je ne peux pas travailler, je suis devenu infirme… »

GOUDJA KALLAS d'ajouter : « .... je suis militaire en retraite actuellement. A l'époque, j'étais combattant et appartenais à la tendance du commandant Acyl Ahmat dénommée C.D.R. Le 03/091983, j'ai été fait prisonnier pendant la guerre de Wadi Fama dans le département d'Arada avec mes camarades de lutte. Nous étions au total 500 à être fait prisonniers. Après avoir été gardés 20 jours dans la prison d'Arada puis, celle de Biltine où nous avons mis un mois, nous avons été déplacés à la maison d'arrêt de Ndjamena destination finale. Un matin, on nous a tous conduit les 500 prisonniers de guerre hors de la ville de Ndjamena mains attachées au dos, les yeux bandé pour ne pas reconnaître le lieu. C'est là qu'avait commencé le carnage. Les militaires de Hissène Habré se mis a tiré sur nous sans hésitations. Il y avait plusieurs morts et blessés. Nous sommes restés 110 survivants miraculés. C'est ainsi que nous avons été conduit devant Hissène Habré lui-même en personne, qui nous a torturés. Certains de mes camarades étaient encore morts à la présidence. Quant à moi, j'ai reçu un coup de crosse à la tête et je me suis réveillé à la maison d'arrêt pour y rester jusqu'à 25/12/1988 date de ma libération »

MAHADI ABDELWAHAB un autre témoin soutien qu': « ... En 1986, ma mère Hadjé Leila était rentrée de la Libye. Un jour après la prière de 18 heures, les militaires à bord d'un véhicule dont le chauffeur Abderaman Atchei, le garde du corps du chef d'antenne de la DDS Abdelkrim Ali et leur complice Abba Yaya un voisin actuellement vivant, ont fait irruption dans la maison. Ils ont embarqué ma mère pour les locaux de la DDS ...où elle a passé 05 (cinq) ans. À la rentrée du Mouvement Patriotique de Salut (MPS), affaiblie, fatiguée et mentalement malade, elle a été libérée. Nous l'avons récupérée et amenée dans différents centres de soin mais elle n'a jamais recouvert la santé ...C'est ainsi que dans l'inconscience elle s'est immolée en Novembre 1991 ... Les motifs de mon arrestation sont qu'elle était une grande femme d'affaire.
MAIMOUNA ABDALLAH MAHAMAT quant à lui nous informe que « ... Je suis une victime indirecte de la DDS et je viens déposer pour mon feu époux Moussa Abderahim d'ethnie Arabe, c'était un commerçant .Il a été pris au marché de Dembé le 09/07/1988 à15heures par sept hommes, tous habillés en civil et à bord d'un véhicule militaire, mais ne possédant aucune arme. Parmi ces individus, je n'ai pu identifier que le Mahamat Bidon, car son arrestation s'est déroulée en ma présence...accusé par ceux-ci de collaborer avec rébellion. Un an et cinq mois après, mon époux a été remis en liberté avec une infirmité au niveau des membres inférieurs qui sont paralysés .Trois ans après...il est décédé des suites de sa maladie... »
Bechir Youssouf Chadara, un Arabe membre du GUNT résidant au Nigeria, aurait été arrêté là-bas par des agents de la DDS en mars 1984. Sa femme et ses 5 enfants - dont un de 4 ans seulement - auraient également été arrêtés et seraient restés détenus au Nigeria pendant 4 mois, tandis que lui-même aurait été transféré à la DDS à N'Djamena et détenu pendant 9 mois. Il aurait été torturé sévèrement et à multiples reprises, parce qu'il opérait sous un faux nom et on voulait qu'il avoue son vrai nom. Il aurait subi le supplice des baguettes, des pailles auraient été insérées dans son pénis et il aurait reçu des électrochocs dans les oreilles, sur la tête, à l'arrière des genoux et aux reins.

Une autre plaignante du nom de Hadje Merami Ali, une Arabe, aurait été arrêtée à son retour d'exil en février 1986. Elle aurait été enlevée par deux agents de la DDS, qui lui auraient dit que son mari, dont elle voulait divorcer, l'avait trahie et qu'elle était accusée d'être venue espionner au Tchad. Elle aurait été torturée avec de l'électricité, dont elle a gardé une grande cicatrice au bras gauche. Ensuite, elle aurait été ligotée et pendue au plafond avec une corde et frappée. Elle aurait reçu des électrochocs avec

un bâton sur son corps. Ensuite, elle aurait été ligotée « à l'arbatachar ». Sa fille, Azina Sako, 13 ans à l'époque, aurait été arrêtée plus tard. Elle aurait été frappée et violée. Toutes les deux auraient passé trois ans en détention. Azina Sako est décédé en 1997, des suites d'une maladie.
Abdallah Bouniamine, arrêté en 1983, aurait subi des tortures à plusieurs reprise dans le but de lui faire avouer sa supposé complicité avec CDR. On lui a mis des électrochocs sur les organes sexuels.
Les traitements inhumains étaient surtout liés aux dures conditions de détention.

Selon Zakaria Malick, un Arabe qui a été arrêté le 03.08.83 pendant la vague d'arrestations d'Arabes soupçonnés de complicité avec le CDR en 1982 et en 1983. Il aurait été dénoncé par son épouse dont il voulait divorcer à l'époque. Il aurait été emmené à la DDS et frappé avec des matraques longues en bois. Il a ensuite été emprisonné dans une cellule de la DDS et transféré après 8 mois aux Locaux, d'où il a été libéré en mars 1985 avec 140 autres personnes. Il aurait été détenu dans des conditions inhumaines, qui entraînent la mort de beaucoup de détenus:
Il témoigne ce qui suit : « A la DDS j'étais dans une cellule de 2 sur 3m avec 15 personnes. Nous étions très serrés, nous devions rester assis ou debout. Il n'y avait pas de lumière, seulement un petit trou en haut. La porte restait fermée tout le temps. On nous sortait vers 6h le matin pour aller aux toilettes dans un demi-fût qui se trouvait en dehors de la cellule. Si nous avions besoin d'aller aux toilettes entre temps, nous tapions à la porte et on venait nous ouvrir. Il y avait des nattes très dures et sales. On nous donnait à manger une fois par jour: du mil rouge cuit ou du blé avec de l'huile sans sel. Ce n'était pas suffisant, seulement un peu. On nous donnait de l'eau dans un seau de peinture. S'il était vide on pouvait taper à la porte, ils venaient le remplir. Il y avait la famine, 3 à 4 personnes mouraient par jour. S'il y a un cadavre on tape à la porte et ceux qui sont un peu fort doivent le sortir pour aller l'enterrer. On rajoutait d'autres gens tous les jours. A la DDS, la torture était surtout la famine. Je ne pouvais plus marcher, mes dents lâchaient et ma bouche était enflée. Une fois, nous n'avions pas reçu de l'eau pour nous laver pendant deux mois. Il y avait beaucoup de poux. »

De même que les Arabes, les Hadjeraï ont aussi été la cible des actes de tortures et traitements inhumains. Ce qui ressort de plusieurs témoignages à l'image de :

ADOUM SAKINE qui déclare ceci : J'étais mécanicien chauffeur. En 1987, je conduisais un véhicule gros porteur … pour Abéché … Arrivé à une localité dénommée Massaguette … contrôle obligatoire de la DDS…j'ai remis une somme de mille francs pour la formalité. Celle-ci fût refusée et ... J'ai été transféré à la prison de la DDS de Ndjamena où je suis resté jusqu'à la libération de tous les détenus de Hissène Habré par le MPS. je ne connais pas les motifs de mon arrestation. Peut-être mon appartenance ethnique parce ce que je suis hadjeraï … je garde toujours les séquelles mentales et physiques car mes tibias me font mal et je garde les cicatrices de ces tortures dues … »

ZAOURI SENA quant à lui, il aurait été arrêté : « …le 07 juin 1988, dans la ville de Mongo vers les coups de 06 heures alors que je me trouvais dans une boutique …Les auteurs de mon arrestation étaient au nombre de deux habillés en tenues militaires. … j'ai été immédiatement conduit à la gendarmerie … les enquêteurs m'ont accusé de financer la rébellion … Malgré mes dénégations … j'ai été bastonné puis transféré dans les locaux de la DDS où j'ai subi d'autres tortures …en m'envoyant des décharges électriques sur tout mon Corps… l'autre raison de mon arrestation était en rapport avec mon appartenance ethnique car je suis Hadjeraï . .. 17jours dans les locaux de la DDS … transféré à la gendarmerie d'où j'ai été purement et simplement remis en liberté à ma grande surprise… je ne pouvais pas marcher tout au début. Tout mon corps était meurtri et couvert de blessures… »

TORI TCHONGO, une autre victime, élève à l'époque déclare lui aussi ceci « … au moment des faits, j'ai été arrêté en juin 1987, à Bitkine/ Guera, par les militaires, à bord d'un véhicule de leur service. J'ai été enfermé dans une cellule de leur camp avec d'autres individus … Cette cellule étaient infestée de fourmis qui nous piquaient. Nous étions tous enchaînés aux pieds, nous subissions chaque matin des coups de fouets. Les soldats qui nous gardaient, nous faisaient manger du riz mélangé au sable, par jour. Je peux citer comme auteur de mon arrestation le nommé Guini Kore … en relation avec mon appartenance ethnique Hadjeraï … J'ai mis en tout six mois dans cette prison … »

DJIMET DREB déclare dans sa déposition ce qui suit : « …En effet, c'était le 11 Septembre 1982, j'avais rendu visite à mes parents qui se trouvaient au village Kournari situé à 39km au SUD de Ndjamena. Dès mon arrivée, je me suis présenté en déclinant ma qualité de militaire aux agents de la DDS en poste au dit village, quand j'avais présenté ma carte, ils mon dit comme tu es du Geura, c'est la catégorie des individus qu'on cherche. Soudain ils ont sorti une liste dans laquelle il y avait les noms de tous les Hadjeraï rebelles. C'est ainsi qu'ils mon retenu jusqu'au le soir avant de me transférer à N'Djamena et me déposer à la BSIR ... Finalement, ils ont décidé de me torturer pour que j'avoue…Pendant trois jours on me torturait avec le câble électrique, c'est au quatrième jour qu'ils m'ont transféré nuitamment à la gendarmerie, ils nous donnaient la nourriture qu'une seule fois par jour et sur mesure... J'ai mis huit ans dans cette prison… »

Au même titre que leurs leaders Hassan Djamouss et Ibrahim Itno, torturés à mort, les membres de la communauté Zaghawa ont subi toutes sortes de torture en représailles à la rébellion comme en témoignent notamment les victimes ci-dessous nommées, entendues dans le cadre des commissions rogatoires internationales exécutées au Tchad :
MAHAMAT BACHAR « …J'étais parti ce jour 10 avril 89, rendre visite à mon grand frère Ibrahim Bachar au quartier Klemat…Les agents de la DDS étaient venus nous arrêter pour nous conduire au Commissariat central…J'appartiens à la communauté zaghawa…Des formes de tortures que j'avais subies sont…Arbatachar…Sous-alimentation… »
Ismael Hachim, témoin des actes de torture de Mahamat Fadoul Harim, qui avait subi l'arbatachar déclare que celui-ci lui avait confié ceci: « je ressemblais à un poulet rôti…ils m'ont passé à l'électricité partout, les ongles, les testicules, le sexe et dans l'oreille. L'un d'eux m'a mis un pistolet dans la bouche et a menacé de tirer … un autre m'a annoncé que je serai enfermé dans un sac et jeté au fleuve ». Selon toujours Ismael Hachim, d'autres détenus, tous torturés, ont rejoint la cellule, jusqu'à être 27 dans un espace de 3 mètres sur 2. Il dit que Habré voulait faire arrêter tous les Zaghawa et les Bideyat qui étaient les seuls à s'opposer au régime. Dans sa déposition, Ismael Hachim décrit avec beaucoup de précision l'insalubrité et les morts dans son lieu de détention. Il parle de la plus grande rafle de l'histoire du Tchad, du cynisme des militaires de la DDS, totalement insensibles au sort des détenus. L'objectif des traitements infligés aux détenus était de leur faire perdre tout espoir. Deux semaines après les arrestations massives, on assistait à des disparitions de prisonniers extraits de cellule presque tous les jours vers 2 heures du matin. Et cela s'est poursuivi pendant presque un mois. Au début, il s'agissait de proches parents de Deby, Itno et Djamous. Après, tout le monde y passait sans aucun tri.

Abba Abbas aussi parle des morts, quotidiennes ; et des gardiens qui ne venaient chercher les cadavres que lorsqu'il y en avait plusieurs, 5 au minimum. Il cite l'identité de certains morts. Il est transféré aux locaux le 6 juin 1989. Il va d'abord dans la cellule C, avec 200 personnes, puis dans la A, réservée à 24 privilégiés. Les conditions de détention aux Locaux étaient nettement meilleures qu'à la Piscine, du point de vue eau, nourriture et soins. Dans la cellule A, il y avait même une douche. Mais il y avait des privilèges dont ne bénéficiaient que les Goranes. Ce qui démontre la discrimination qu'il y avait entre les ethnies. Il déclare aussi que les conditions de détentions sont devenues exécrables à partir du 22 juillet à la suite de l'évasion de 13 détenus, dont 11 ont été rapidement repris, 5 mourant de soif peu après. 3 mois d'enfer ont suivi avec des interdictions de toutes sortes et des brimades ce qui avait entrainé la mort de 60 à 80 détenus. .

« De nombreux certificats de décès trouvés dans les archives de la DDS font état pour la majorité des causes de mort naturelle. Selon Alifa Gaston infirmier à la BSIR c'est Ababacar Torbo Rahama, Chef du service pénitencier qui lui dictait les causes de la mort qu'il devait porter sur les certificats de décès. Il lui est arrivé de constater plusieurs cas de torture ».

Son collègue Saria Asgneke Donoh, décrit la situation des détenus : « les prisonniers menaient une vie vraiment malheureuse. Les médicaments ne suffisaient pas. Les prisonniers étaient dans un état pitoyable. Il faisait tellement chaud dans les cellules qu'en tant qu'agent de santé, on avait des difficultés pour y entrer. Au bout de cinq minutes, on avait les habits trempés de sueur et le corps couvert de poux. Les prisonniers avaient des furoncles, la gale et leurs dents tombaient toutes seules ... »

Les mauvais traitements dans les centres de détention ont occasionné des milliers de décès. Selon Patrick Ball, expert statisticien, « … sur la base des rapports quotidiens de la situation de la DDS, cette étude a établi le taux brut de mortalités quotidienne des prisons de la DDS entre 1985-05-31 et 1988-05-31. La mortalité dans les prisons de la DDS, spécialement pendant la période de pic entre 1985-09-01 et 1987-01-31, a été des centaines de fois plus élevée que la mortalité normale des hommes adultes au Tchad pendant la même période. En outre, la mortalité dans les prisons de la DDS fut substantiellement plus élevée que celle des pires contextes du vingtième siècle, de prisonniers de guerre… »

Comme pour les nationaux, les étrangers faisaient aussi l'objet de traques sans relâche. Ils étaient pour la plupart accusés d'espionnage et

détenus dans des conditions inhumaines. Ce fut le cas de deux sénégalais : Demba Gaye décédé en détention et Abdourahmane Gueye, libéré à la suite de négociations diplomatiques entre les deux chefs d'Etat :
Selon Abdourahmane Gueye, il était établi à Bangui en qualité de commerçant évoluant dans le domaine de l'or et du diamant. Durant l'année 1987, il a reçu une série de commandes qu'il devait livrer. Accompagné de Demba Gaye A sa descente, il témoigne ce qui suit : « ...Nous avons atterri de nuit à la base française de N'Djamena...Le matin...C'est sur le chemin de l'aéroport qui est voisin de la base française qu'un individu en civil accompagné de deux militaires se trouvant à bord d'un véhicule 504 nous a arrêtés...Conduits dans un bâtiment dans l'enceinte de la Présidence de la République...Reçus dans deux bureaux distincts...Demandait le motif de ma présence à N'Djamena...Je lui ai montré différents documents...A fini par dire que j'étais un espion à la solde de Kadhafi...Acheminé au camp des martyrs dans une cellule surpeuplée, sombre où il y avait 30 à 40 personnes squelettiques...Quand j'ai fait part...De mon désir de rencontrer un avocat, il m'a fait comprendre que je n'avais qu'à confier mon sort à Dieu car j'étais dans la Prison d'Hissène Habré...Transféré dans une cellule plus petite...Dans cette prison le taux de mortalité était élevé...Personnellement je n'avais pas été torturé mais j'estime que les conditions de détention constituaient à elles seules des tortures...Un jour Abakar Torbo en personne est venu me chercher...Pour me conduire à la DDS...Pendant une vingtaine de jour on s'est bien occupé de moi...Ensuite le même Abakar Torbo est venu me chercher pour me conduire au Ministère de l'intérieur dans le bureau d'Ibrahim Itno où j'ai rencontré Papa Louis Ambassadeur du Sénégal au Tchad avec résidence à Yaoundé ainsi que Cheikh Tidiane Sall le premier secrétaire...J'ai compris que j'allais être libéré... »
SATTA GAYE nous informe dans sa déposition que son frère Demba Gaye s'est rendu au Tchad en compagnie de son ami Abdourahmane Gueye pour y écouler des pierres précieuses et objets d'art auprès de militaires français établis au Tchad. Dans le courant de l'année 1985, un ressortissant sénégalais vivant à Bangui a informé son oncle maternel du décès de celui-ci. Selon SATTA, le Président Abdou Diouf avait été saisi à l'époque par son oncle afin que soient élucidées les circonstances du décès de Demba. Le Président de la République du Sénégal leur avait informé en retour que son homoloque du Tchad lui aurait fait savoir, parait-il, que Demba Gaye serait mort du diabète. Alors que dans les affaires rapatriée de Demba Guèye et délivré par la DDS. Il était mentionné sur un

document : « cause de décès : anémie sévère, dysenterie amibienne et œdème des membres inférieurs… » Selon toujours SATTA, un certain Clément Abaïfouta lui aurait dit que son frère serait enterré dans une fosse commune… »

IV. Les crimes de guerre

Constitue un crime de guerre, l'une des infractions sous-jacentes du Statut de Rome, énumérées à l'article 7 lorsqu'elles concernent des membres des forces armées, des prisonniers de guerre ou des civils ou des biens protégés par les dispositions des Conventions de Genève du 12 août 1949. Les crimes de guerre exigent l'existence d'un élément préalable : un conflit armé. Cela se comprend aisément. Pour qu'il y'ait crimes de guerre, il faut que les actes incriminés soient commis en temps de guerre. Cette situation était-elle réunie sous le règne de Habré ?

En droit international humanitaire coutumier, les conflits armés pouvant entrainer la commission de crimes de guerre sont au nombre de trois. Il s'agit du conflit armé international, du conflit armé internationalisé et du conflit armé non international. Le conflit armé international tel que défini par l'article 2 commun aux Conventions de Genève oppose deux États. Les situations d'occupation et les guerres de libération nationale rentrent aussi dans cette catégorie Le conflit armé internationalisé est un conflit interne impliquant l'intervention d'un État tiers. Cette intervention de l'État tiers peut être directe ou indirecte.

En dernier lieu, il y a le conflit armé non international. Ce type de conflit ce mesure à un double niveau : l'intensité de la violence et l'organisation des groupes armés. Pour ce qui est de l'intensité de la violence dans un conflit non international, elle se mesure à la nature des armes utilisées, les techniques mises en œuvre, le résultat engendré par l'emploi de ces armes et le sérieux des attaques. Ces critères doivent être vus sous l'angle de la densité des affrontements armés, la réaction des États et en particulier des États tiers c'est à dire la façon dont les organes de l'État impliqué se défendent face à la menace.

Quant au critère relatif à l'organisation d'un groupe armé, il se déduit de l'existence d'une structure de commandement unifié et sa capacité à conclure des accords de cessez-le feu ou de paix, de l'aptitude du groupe à mener des opérations de manière organisée, de la logistique du groupe armé, de l'existence d'une discipline et d'une prédisposition à faire respecter l'article 3 commun aux conventions de Genève.

Ces critères appliqués au conflit interne tchadien, ils ne semblent pas être rempli par le groupe armé des CODOS qui, selon Bandjim Bandoum, sont « ...un groupe qui n'est pas homogène. D'une région, Préfecture à l'autre, ils sont organisés de façon différente sur des bases ethniques, sociales ou géographiques... ». Cette absence d'homogénéité et de structuration organisée est à l'origine de la pluralité des groupes et des leaders (les CODOS Rouges, les CODOS verts, les CODOS Noirs, les CODOS d'Espoir, les CODOS Cocotiers, les CODOS Panthères, etc...., suivant leur région d'origine).
Ainsi, l'on peut en déduire que la situation conflictuelle au Sud du Tchad de juin 1982 à décembre 1990 ne rentre pas dans le champ de l'article 3 de la convention de Genève. Cette situation était plutôt marquée véritablement par des troubles intérieurs, constamment réprimés dans le sang et entrecoupée de phases de négociations.
Par contre, la situation au Nord du Tchad entre les FANT et le GUNT peut bien être saisie par l'article 3 précité. Le critère déterminant pouvant être : l'organisation du groupe armé en hostilité avec les forces gouvernementales

Le GUNT dirigé par son chef Goukouni Weddeye était un groupe armé installé à l'intérieur du territoire tchadien. Goukouni y incarnait l'autorité au sein d'un commandement organisé à travers sa branche armée l'ANL dirigé par le Général Djibril Négué Djiogo avec deux secteurs de commandement : le front nord et le front sud. Le front nord a comme théâtre d'opération la région ou le secteur des BET où son ascension est favorisée par sa proximité avec le voisin Libyen. Le front sud s'étend du centre-est au Sud du Tcahd. Lors de son audition, Goukouni Weddeye « lui-même a reconnu l'importance de son armement moderne essentiellement fourni par son allié la Libye qui lui a valu des victoires sur les FANT ». Sa capacité de mobilisation de troupes ainsi que le nombre de prisonniers de guerre fait dans les rangs des FANT, dénotent l'intensité des combats et de sa force de frappe propre à un groupe armé bien structuré.
Goukini Weddeye lui-même a reconnu l'ampleur de cette aide libyenne en ces termes : « Les libyens nous apportaient la logistique, c'est-à-dire nos besoins pour la réussite des opérations. Ainsi, en ce qui concerne l'armement, le Chef d'Etat-major discutait avec eux ? Des fois, on les informait des opérations, des fois la Libye elle-même suggérait « au lieu de

rester comme ça, faites quelque chose.... Nous dépendons entièrement de la Libye tant sur la plan militaire que politique. Nous combattons un régime sur place, nous n'avions pas d'autres soutiens à l'extérieur. On était entièrement dépendant de la Libye ».

Au regard de l'article 2 de la convention de Genève, l'intervention directe d'un État tiers dans un conflit interne au sein d'un État donne au conflit un caractère international. Cependant, cela implique que le groupe armé opposé aux forces loyalistes soit sous le contrôle de l'Etat étranger. Ce qui est le cas de la Libye qui exercé, suivant le témoignage de Goukouni Weddeye, un pouvoir de contrôle caractérisé par la coordination, l'organisation et la planification des actions militaires du GUNT.

Le GUNT composé de différentes branches politico-militaires dont la première armée de Mahamat Abba, les FAT de Kamougué, l'UND du Dr Facho Balam, les FAP de Goukouni, le CDR d'Acheikh Ibn Omar, les FAO de Moussa Médela et le Frolinat originel d'Abdelkader Yacine , tous réunis autour de Weddeye, ont bénéficié de l'appui libyen juste après la prise du pouvoir par Hissène Habré. L'aile armée étant sous le commandement du Général Djibril Négué Djiogo. Ce qui ressort du témoignage suivant : «...Cotonou devient alors la plaque tournante d'une entreprise de recrutement qui réussit à acheminer, en quelques mois, environ 3.000 hommes vers les zones de belligérance du Tibesti. Ces 3.000 recrues viennent s'ajouter aux 4.000 hommes CDR et aux débris de troupes rassemblés par les autres tendances...L'ANL est divisée en deux secteurs de commandement : front nord et front sud. Le secteur nord (Borkou-Ennedi-Tibesti) est le mieux organisé du fait de sa proximité avec l'allié libyen. Le secteur sud...couvre le Centre-Est...».
Cependant les hostilités avec les FANT ont débuté en mai 1983 avec une offensive des forces armées du GUNT qui a abouti à la prise de Faya-Largeau le 24 juin 1983 suivie plus tard par l'occupation des grandes villes de l'Est comme Abéché et Biltine à partir du 10 juillet 1983. Tous les besoins en armes, munitions, moyens de transport, carburant et autres venaient de la Libye.

Il se disait d'ailleurs que Goukouni weddeye recevait dans le Nord des journalistes et leur montrait l'armement fourni par son allié libyen.
Cet appui matériel et logistique du voisin libyen a permis au GUNT d'étendre son contrôle au-delà de Faya-Largeau à d'autres villes de la

région, telles que Fada, Oum-Chalouba ou Kalaït, puis Abéché et Biltine. Ce qui explique les défaites successives des FANT.
Une « libyanisation systématique du Nord» a même été théorisée. En témoignent les propos du Général Jean Poli commandant des troupes françaises de l'opération Manta, qui en a informé deux journalistes français, le 16 janvier 1984, lesquels ont repris ses propos: «Le général Poli [...] a précisé que dans le Nord du Tchad, la Libye mettait progressivement en place sa propre administration et imposait sa tutelle aux populations locales que, d'autorité, elle déplaçait ou empêchait de circuler. L'enseignement du français est désormais interdit dans les établissements scolaires au profit exclusif de l'Arabe. [...] La Libye, a estimé le général Poli, est gagnante sur le terrain. Elle assure sa mainmise sur les principales localités de la région - Faya-Largeau, Fada- tout en poussant les adversaires de Hissène Habré à poursuivre la guerre contre ce dernier, avec pour objectif final l'installation à N'Djamena d'un régime qui lui soit favorable ».
Les villes conquises par le GUNT ont été reprises par les forces gouvernementales grâce à l'appui de la France et des Etats-Unis avec comme conséquences la mort de nombreux soldats dans les rangs du GUNT et de la Libye et un nombre important de prisonniers dont le sort s'est ensuite apparenté à celui des prisonniers de guerre de Faya-Largeau.
Des prisonniers de guerre ont été exécutés après les combats de Kalaït en mars 1986, dans la région de Zouar. Certains ont été tués sur place, d'autres transférés à N'Djamena et détenus dans des conditions inhumaines. La plupart sont morts avant la fin de l'année.

Comme Le GUNT, les Forces armées de Habré avait aussi leur lot de souteneurs avec la France et les Etats-Unis aux premières loges. Le Zaïre n'intervenant au conflit que quelques années plus tard. Après la prise de Faya-Largeau et autres, la France viendra en appui aux FANT par l'envoi d'un lot de matériel militaire comprenant, entre autres, une dizaine d'automitrailleuses légères (AML) Panhard, des mortiers, des engins antichars, des fusils d'assaut, des caisses de munitions etc…Les ressources humaines n'étaient pas en reste, les Français et britanniques sous le sceau de la communauté internationale qui voyait en Khadafi un allié de l'ex-Union Soviétique qui avait la ferme volonté de conquérir toute l'Afrique centrale ont envoyé à Ndjamena , une cinquantaine d'instructeurs et britanniques, d'ex-officiers et sous-officiers français. Une douzaine

d'agents des services secrets français ont aussi été recrutés par les autorités tchadiennes.
Les Américains, eux ont opté pour une aide en matériel militaire d'un montant de 10 millions de dollars. Cette aide s'est traduite par la livraison de 30 missiles anti-aériens Redeye et des armes légères.
Quant au Zaïre, il interviendra directement au conflit avec un appui aérien et l'engagement de 250 hommes de troupes. Gardiens de la capitale, les troupes zaïroises ont permis aux FANT de pouvoir se déployer dans les zones de combat sans se soucier d'une quelconque attaque surprise des sites stratégiques de Ndjamena. Cette intervention zaïroise se justifiait par une politique sécuritaire préventionniste du Président Mobutu. Il se disait que « si le Tchad tombe entre les mains d'un régime inféodé à la Libye, ses voisin méridionaux, la RCA et par conséquent le Zaïre ne seraient pas à l'abri de manœuvres de déstabilisation ».

Pour asseoir l'intention criminelle, la volonté coupable, l'auteur des violations des lois de la guerre doit, outre son rôle spécial dans la commission des crimes sous-jacents:

- Avoir connaissance des circonstances factuelles de l'existence d'un conflit armé ;
- Avoir connaissance des circonstances factuelles établissant le statut des personnes et biens protégés.

En l'espèce, la participation directe ou indirecte de la Libye dans le conflit interne opposant les forces régulières du Tchad au GUNT était connue tant par les FANT, leurs dirigeants que par l'ensemble de la communauté tchadienne et internationale. Le traitement spécifique réservé aux prisonniers de guerre et l'établissement de liste démontrent à suffisance la connaissance de leur appartenance à la partie belligérante. Les atteintes contre ces combattants capturés sont souvent précédées de l'établissement de listes spéciales avec indication précise de leur qualité.

Il ressort de témoignages que des combattants ont été exécutés après les combats à Kalaïet en mars 1986 dans la région de Zouar. Certains ont été exécutés sur place, d'autres ont subi des traitements inhumains après leur transfèrement à N'Djamena.
André Tosset, combattant des FAP/GUNT de Goukouni Weddeye capturé en mars 1986 a témoigné des crimes commis par les troupes de Hissène Habré.

« Le 5 mars 1986, au dernier combat de Ansaloba Kalait, j'ai été capturé avec 1000 et quelques personnes. Il n'y avait pas de Libyens avec nous. Nous sommes venus avec Kamougué. Ça c'était à Kalait. Les FAN nous ramassaient et on chargeait les camions. Il y a 300 personnes qui ont été tuées. Ils sont partis mais ne sont jamais revenus. On est resté 10 jours à Kalait et un élément de Djamous, un de ses gardes du corps, a tué un prisonnier de guerre qui s'appelait Gabriel. Nous l'avons vu de nos propres yeux.
Hassane Djamous a dit: « Ramenez les à N'Djamena ». Ils ont ramassé les gens pour N'Djamena. Dans la nuit, 150 prisonniers ont été amenés à la maison d'arrêt de Biltine et environ 550 à N'Djamena. 5 jours plus tard, de Biltine, ils ont amené quelques-uns à Kalait. Presque 10 sont partis. À Biltine, ils ont tué une personne. Ceux qui sont à Biltine, ils mourraient des conditions de détention. Ceux qui travaillaient recevaient des soins mais ceux qui ne travaillaient pas n'en recevaient pas. Ensuite, ils ont ramassé 70 des 150 personnes après 10 jours et les ont amenées à une destination inconnue en avion. Je suis resté à Biltine jusqu'au jour de ma libération, avec d'autres. Le préfet, Alafousa Koni, a refusé à la Croix Rouge tout accès à la prison ».
Selon Laounodji Dionlar, un militaire appartenant aux FANT et travaillant comme chef de l'antenne médicale à Bardaï de 1986 à 1988, lors des combats. Des prisonniers de guerre étaient exécutés à Bardaï et il s'agissait bien de combattants capturés. Des tchadiens comme des Libyens étaient exécutés. Il soutient avoir assisté à l'exécution de Cinq à sept prisonniers de guerre libyens.
Plusieurs archives de la DDS rapportent que les prisonniers de guerre mourraient parfois en grand nombre, entre autres par manque de soins apportés aux blessés.

- un certificat de décès du 19.03.86 confirme le décès en une seule journée de 10 prisonniers de guerre « malades ou blessés aux combats »,
- un autre certificat du 28.03.86 rapporte la mort de 7 prisonniers de guerre capturés à Kalaïet par les FANT et mentionne comme cause du décès « atteints de coups et blessures »,
- un certificat de décès du 01.04.86 confirme la mort de 5 prisonniers de guerre « malade et blessés aux combats »,

Le traitement des prisonniers de guerre était différent d'un camp à un autre. Selon un rapport de la visite du CICR en janvier 1988, les prisonniers détenus en Libye ont des lits, des matelas, des couvertures, qu'ils reçoivent trois repas par jour, du savon, de la poudre à lessive, qu'il y a un bloc sanitaire dans chaque cellule, qu'ils sont bien habillés et qu'ils reçoivent des soins médicaux. Ce rapport ayant été retrouvé dans les archives de la DDS, la différence de traitement devait donc être connue des responsables de la DDS. Cet état de fait a été confirmé par Ngarkete Tatola, militaire et ministre de la fonction publique de Hissène Habré, qui avait été capturé par les forces du GUNT à la prise de Faya en 1983. Ils ont passé 6 ans en prison en Libye.

L'article 7-2 du Statut des Chambres Africaines Extraordinaires régit les violations graves de l'article 3 commun aux Conventions de Genève du 12 août 1949 pour la protection des victimes en temps de guerre.
Les victimes sont les personnes qui ne participent pas ou qui ne participent plus directement aux hostilités, y compris les membres des forces armées qui ont déposé les armes, les personnes qui sont mises hors de combat pour blessure, détention ou toute autre cause et les civils. Ces personnes doivent être traitées avec humanité, sans aucune distinction de caractère défavorable basée sur la race, la couleur, la religion ou la croyance, le sexe, la naissance ou la fortune ou tout autre critère analogue.
Leur situation dans les conflits précités, a déjà été évoquée.

V. Les homicides volontaires

Plusieurs actes d'homicide volontaire ont été commis dans le conflit armé internationalisé opposant FANT et GUNT. Des exécutions de prisonniers de guerre comme ce fut le cas des combattants du GUNT pris à Faya-Largeau et exécutés à Ambing et d'autres extraits de cellule pour être exécutés.

Plusieurs témoignages recueillis auprès de victimes directes et indirectes font état d'homicides ou d'exécutions sommaires de prisonniers de guerre après les combats de Faya-Largeaud, au cours de leur transfèrement, à l'intérieur ou à l'extérieur des centres de détention.
Selon Mahamat Bichara Seid, rescapé des massacres de Faya, le 30 juillet 1983, 250 prisonniers de guerre arrêtés ont été exécutés sur le rocher. Le même incident est évoqué par d'autres personnes dont Zakaria Tahir Hamid, Mahamat Ahmat Abbas, ISSA Idriss Alkhali, Brahim Abdoulaye

Ali, Mahamat Hamid, Nahar Brahim, Akya M'béra Antoine et Guilona Atomgak Thomas.

Parmi les victimes figurent plusieurs cadres militaires du GUNT notamment Tahir Hamid, cadre militaire du GUNT, prisonnier de guerre exécuté à Faya-Largeau en juillet 1983, Zakaria Tahir Hamid, son fils; Daoud Hamid, chef de protocole de Goukouni exécuté à Faya-Largeau en août 1983 parmi 160 prisonniers de guerre, Mahamat Hamid, son frère; Moussa Annour Djibrine, arrêté lors de l'attaque de Faya-Largeau en 1983 : « il faisait partie des 150 prisonniers abattus lâchement selon Nahar Brahim, son neveu..

Il s'agissait de 150 prisonniers de guerre arrêtés à Faya-Largeau en fin juillet 1983 et qui seront exécutés après quelques transfèrements. Selon les témoignages, ils ont été ligotés et transportés à bord de camions près du village de Ambing situé à environ 25 km de N'Djamena où ils seront exécutés sommairement par fusillade.

Le seul rescapé Bichara Djibrine Ahmat décrie le massacre en ces termes : « ….J'avais été arrêté et enchainé par les agents de la DDS. Je ne connais pas leurs identités. J'avais été arrêté à Faya avec beaucoup d'autres personnes qui étaient pour la plus part des militaires. De Faya nous étions transférés à Ndjamena, trois jours après notre détention dans les locaux de la DDS, nous avons été conduits au cimetière du village en Mbing où sur 150 prisonniers fusillés, j'étais le seul survivant. Je m'en suis sorti avec une fracture à la jambe droite et à la main gauche, suite aux tirs d'exécutions dirigés sur nous .... Les agents de la DDS m'ont accusé d'être un agent du Gouvernement <l'Union Nationale de Transition (GUNT) et aussi d'être un agent de Goukouni Weddeye……Je peux citer entre autres Bechir Bichara Deguechene, Aladaneousmane et Ousmaneabakar tous des militaires. Le chef de village de Mbing le nommé Faladja est également témoin de notre exécution dans leur village ce jour. Je peux montrer les lieux où nous avons été exécutés. Comme je l'ai dit plus haut, notre exécution s'était faite dans le village dénommé Mbing ou je m'en suis sorti avec des fractures à la jambe droite et à la main gauche. Pour ce qui concerne les autres, je ne connais aucun, mais je sais que c'est l'œuvre des agents de la DDS et de leurs responsables.

Il est de notoriété publique que les agents d' Hissène Habré n'aiment pas les anciens combattants du Gouvernement (l'Union Nationale de Transition (GUNT). Donc c'est des montages faits pour nous éliminer physiquement ... Jusqu'à aujourd'hui, je garde des séquelles, car les anciennes blessures me font toujours très mal. Je me suis traité moi-même, mais je continue à

sentir des douleurs au niveau de ces anciennes blessures. Aussi la nuit je dors très mal, tous le corps me fait mal ...Nous avons été arrêtés et détenus ensemble avec des gens comme Ateib Issaka, Aladam Ousmane et Bechir Bichara Dagachene. Ces trois témoins sont toujours en vie et résident à N'Djamena...
J'ai été arrêté le 30 juillet 1983 et trois jours après nous avons été transférés avec les autres sur Ndjamena où nous avons été détenus une semaine dans les locaux de la DDS avant d'être conduit au village d'Ambing pour y être exécutés. Par miracle, je suis resté le seul survivant sur un effectif d'environ 150 personnes. Les habitants d'Ambing dont le chef du village ayant constaté mes blessures m'avaient récupéré pour me soigner. Après ces soins j'ai regagné le Nigeria pour ensuite fuir me réfugier à Tripoli au Libye... ».
Des victimes indirectes et autres témoins ont confirmé la thèse du massacre. C'est le cas notamment d'Abakar Mahamat et de Moussa Ali dont les frères respectivement Tahir Mahamat et Abdoulaye Ali Brahim ont été arrêtés le 30 juillet 1983 à Faya-Largeau et transférés à N'Djamena pour y être exécutés en août 1983 lors du massacre d'Ambing.
52 autres prisonniers de guerre dont Bechir Absala, Acherif Achite, Goudia Adoum, Faki Mahamat Nour, Abteze Mahamat, Makaila Djibrine, Abdel Karim Al Kabili, Koursa Djibrine arrêtés à Kalaït Oum Chalouba le 11 août 1983 seront eux aussi exécutés à environ une dizaine de km de Ndjaména. Tous alignés et attachés à l'aide d'une corde les uns aux autres, ils ont été fusillés sur place. Seul Idriss Abdoulaye victime a échappé au massacre.

Les prisonniers de guerre en l'espèce sont les combattants tchadiens du GUNT et les membres des forces armées libyennes qui ont pris part aux combats aux côtés du GUNT et qui sont capturés lors du conflit. Ils ont fait l'objet de tortures physiques ou psychiques dans les centres de détention notamment lors des interrogatoires à la BSIR comme à la DDS où ils subissent toute sorte de souffrances telles que la privation délibérée d'aliments, le surpeuplement dans des cellules exiguës, la privation de droit de visites. Ce qui est constaté dans plusieurs des témoignages de victimes.
MIANMBAYE DJETOLDA DAKOYE témoigne ceci « Dans la nuit du 05 février 1983, j'ai été enlevé de mon domicile à Moundou par des hommes en treillis et enturbannés qui m'ont conduit « manu-militari » dans un véhicule banalisé et j'ai été emmené sur les lieux dit « Etat-major de l'abattoir Sara », qui est situé entre la Préfecture et la Banque des Etats de

l'Afrique Centrale (BEAC), au bord du fleuve Logone de Moundou, reconstruite en pleine ville... Dans ce lieu sinistrement célèbre, j'ai été ligoté et soumis aux interrogatoires musclés et battu à volonté par des enfants soldats sous l'œil souriant de leur Chef de bataillon... je leur préparais du thé « akadar » auquel il ajoutait de la cocaïne. Ce mélange incitait à la bravoure au combat et au sadisme...
A la maison d'arrêt de N'Djamena, il y avait un surpeuplement dans les chambres, environ 15 à 30 détenus par cellule. Pendant les premiers mois de détention, on nous servait du sorgho rouge cru dans de petites boîtes de tomate. On nous a privés d'eau pendant quelques jours. On faisait nos besoins naturels dans l'enceinte des cellules. Il arrivait parfois qu'on nous extrait des cellules vers 3 heures ou 4 heures du matin pour nous administrer des coups de bâtons en guise de café matinal.... ».
Quant à Abdoulaye Badiang LAZAR il déclare dans sa plainte que : « ... vers la fin de l'année 1982, j'ai été recruté en qualité de milice par le Gouvernement d'Union Nationale de Transition (GUNT) dirigé par Goukouni Weideye qui était en guerre contre Hissène Habré... Après avoir combattu pendant près de trois mois, j'ai été fait prisonnier à Faya-Largeau, détenu pendant une durée de 20 jours puis transféré à la Maison d'Arrêt de N'Djamena où j'ai été incarcéré pendant plus de cinq ans. Durant ce séjour carcéral, je n'avais droit qu'à une poignée de riz une fois par semaine. En plus du fait d'être affamé, j'ai été plusieurs fois ligoté des pieds et mains et suspendu à un bâton pendant plusieurs heures... ».
Les prisonniers de guerre sont soumis à des tortures surtout pendant leurs interrogatoires et de dures conditions de détention

Les prisonniers de guerre, à défaut d'exécution sommaire, sont détenus parfois pendant de longues années sans aucune forme de procès. Ils n'ont jamais été présentés à un juge. Le droit de la défense ne leur est pas reconnu. Ils ne peuvent s'attacher, en effet, les services d'un avocat. Aucune autorité judiciaire n'intervient dans leur arrestation ou détention. Tout est conduit par la DDS, instance administrative et sécuritaire n'assurant aucune garantie des droits des personnes privées de liberté. C'est cette police administrative, qui procède, en lieux et places de la police judiciaire et des cours et tribunaux, à l'arrestation, aux interrogatoires, aux transferts, à la libération ou à l'exécution sommaire de détenus. Les mesures d'élargissement sont le monopole de Hissène Habré sauf pour les affaires de moindre gravité a déclaré Saleh Younous devant la

commission nationale d'enquête. De la même manière, les visites de familles et l'accès à des soins n'était pas garantie.
Plusieurs archives font état d'un lot important de prisonniers de guerre, libyens, combattants du GUNT, détenus irrégulièrement sans jugement ou mandat de dépôt. En définitive, les prisonniers de guerre n'avaient pas droit à un procès pénal.

Pendant toute la durée du conflit armée opposant GUNT et FANT, des transferts de prisonniers de guerre ont été opérés des zones de conflit vers la capitale en toute illégalité. Les dures conditions de leur transfèrement ont eu comme conséquence le décès de plusieurs d'entre eux. L'illégalité de ces transferts de prisonniers de guerre découle du fait qu'aucune autorité judiciaire ou administrative compétente n'a été associée au processus. Tout était piloté par les FANT et la DDS.
Le transfèrement et les raisons l'ayant motivé n'étaient notifiés ni à l'intéressé, ni à ses proches. Certains témoignages et plaintes l'ont d'ailleurs souligné notamment celui de :
Mamadou Ahmed Guereni « . . . Le 07 Juin 1982 Hussein HABRE et ses hommes ont pris la ville de NDaména. ...des officiers sont entré dans le camp des martyrs pour nous demander de rester sur place et déposer les armes… des hommes ont escaladé le mur du Camp des Martyrs pour tirer sur nous … J'ai été gardé à la BSIR durant 45 jours avant d'être conduit… maison d'arrêt où j'ai été mis en cellule pendant 06 mois … transféré de nuit à la prison qui se trouve à la Présidence de la République dans l'ancienne école… » ;
ADEYTE NAIM ADOUM déclare que son père Naim Adoum était un enseignant, et qu'en 1983 alors qu'il rendait visite à ses enfants à Faya, il est tombé sur les événements de Faya. Ces enfants qui s'étaient engagés dans les forces du GUNT ont été arrêtés et transféré à la maison d'arrêt de Ndjamena. Quant à lui, il a disparu dans ces évènements.

VI. La torture comme crime autonome

Parallèlement à la torture constitutive de crime contre l'humanité, le Statut des chambres a érigé la torture en crime autonome en lui réservant une disposition spéciale en son article 8. Si la torture répond à la même définition posée par le Statut, il n'en reste pas moins, qu'elle est punie sans considération de l'existence ou non d'un contexte de conflit armé ou d'attaque généralisée et systématique.

Au regard de l'article 8 du Statut des Chambres Africaines Extraordinaires, la torture comme crime autonome du droit international pénal a pour but soit de punir en dehors de toute sanction légitime, soit d'extorquer des aveux et renseignements pour des motifs discriminatoires ethniques ou politiques ou pour tout autre motif et ce peu importe qu'elle soit infligée à une tierce personne ou à la personne considérée comme ennemi ou opposant du régime de Hissène Habré. Aucune circonstance exceptionnelle, d'état de guerre, de menace de guerre, d'instabilité politique intérieure ou de tout autre état d'exception, ne peut être invoquée pour justifier la pratique de la torture.

La torture comporte trois éléments constitutifs :

- Les auteurs,
- Les actes,
- Les buts poursuivis.

Les auteurs des actes de torture sont des agents publics relevant pour leur écrasante majorité de la DDS et de ses démembrements ou des personnes agissant à titre officiel ou sous leurs ordres, leur instigation ou avec leur consentement exprès ou tacite.

La DDS et ses différents services se sont très vite détournés de leurs missions originelles de collecte de renseignements pour s'adonner à des pratiques illégales. Nous pouvons relever de ses archives et des témoignages de victimes des arrestations sans motif valable, des détentions dans des conditions inhumaines et des actes de torture. Bref, la DDS est passée d'un organe légal du régime de Habré à une machine de répression sans précédent.

Les agents de la DDS font subir aux prisonniers de guerre des exactions même en l'absence d'instructions directe de la hiérarchie. Les actes de torture étaient diverses et variées. Ils usaient de tout ce qui sortait de leur imagination.

Hissène Habré, Chef de l'Etat agissait en fait comme le supérieur hiérarchique direct des différents directeurs de la DDS, tous d'ethnie Gorane et de l'ensemble des agents qui officiait sur l'étendue du territoire tchadien. Les autres organes secondaires comme la BSIR et l'UNIR, parti unique étaient aussi sous son commandement.

Pour ce qui concerne la DDS, Hissène Habré en nommait par décrets et arrêtés tous les agents, du directeur jusqu'au plus simple traducteur.

Plusieurs d'entre eux qui se sont le plus illustré par des actes de sadisme ont été cités à plusieurs reprises par les prisonniers. C'est le cas de « :

- Guihini Koreï, ancien Directeur de la DDS ;

- Mahamat Sakher dit « Bidon » commandant adjoint de la BSIR ;
- Mahamat Djibine dit « El Djonto », coordinateur ;
- Issa ARWAï, Chef du service de la documentation ;
- Abakar Torbo, Chef du service pénitencier ;
- Aba Moussa, agent du service pénitencier ;
- Adoum Galmay, contrôleur ;
- Warou FADOU, Chef du service Recherches ;
- Yaldé Samuel, Chef du service Formation- Recrutement ;
- Doudé Yaldé, Chef du Service adjoint du Service Sécurité intérieure ;
- Bandjim Bandoum, Chef du Service exploitation ;
- Mahamat Fadil, ex directeur de la sureté nationale ;
- Nojigoto Haunnan , ex Directeur de la sureté nationale ;
- Bichara Chaïbo, ex Directeur adjoint de la DDS »

Ces agents ont apposé leur signature dans nombre de rapport, fiches, compte rendus et procès-verbaux retrouvés dans les archives de la DDS démontrant ainsi leur implication dans la commission des actes de tortures.

Les actes de tortures qui sont pratiqués sur la personne des opposants ou ennemis supposés se caractérisent tant par leur cruauté que par la diversité de leurs formes. Ce sont « :

- Le ligotage dit « arbatachar » qui consiste à ligoter les deux bras de la personne sur ses deux pieds derrière le dos de manière à faire bomber la poitrine. Cette forme présente des variantes dont celle qui consiste à mettre en travers du dos un morceau de bois sur lequel sont attachés les deux bras. Les séquelles de cette forme de tortures sont soit la perte de l'usage des membres supérieurs, soit une poitrine définitivement bombée ;
- L'ingurgitation forcée d'eau : le détenu solidement ligoté et couché sur le dos est contraint d'absorber une quantité importante d'eau parfois jusqu'à suffocation ou évanouissement ;
- La suspension de la personne : le détenu est suspendu sur une poulie et son buste plongé alternativement dans un fût rempli d'eau ;
- Le supplice des baguettes : La tête est fortement serrée des deux côtés au niveau des tempes à l'aide de deux baguettes de bois solidement nouées avec une corde. On donne parfois de légers coups de bâtons sur les baguettes. Plus la corde est serrées, plus la pression de la tête est forte ;
- Le supplice du pneu : L'agent tortionnaire monte sur un pneu placé sur le ventre ou le torse de la personne ligotée ;

- Le pot d'échappement de voiture : il est introduit dans la bouche du détenu et l'accélération du moteur provoque des brûlures dans le système respiratoire et digestif;
- Les brûlures : des objets incandescents comme des allumettes, cigarettes ou fer à repasser sont utilisés pour brûler les parties sensibles du corps comme les seins, les parties intimes et les joues;
- L'utilisation de piment : la tête de la personne est placée devant un trou à même le sol pendant que le tortionnaire souffle dans du feu avec du piment se trouvant dans un autre trou communiquant avec le premier;
- Le coffre arrière de véhicule : La personne arrêtée est gardée pendant toute une journée par exemple dans le coffre arrière du véhicule de service avant son transfèrement aux services de la DDS;
- Le tire-fort : c'est une forme de supplice qui consiste à attacher une corde ou une ficelle sur le sexe de l'homme et la tirer avec force. ».

A côté de celles listées, d'autres formes de tortures sont pratiquées. Il s'agit de : « la décharge électrique, la flagellation, le tabassage, l'extraction d'ongles avec une pince ou une tenaille, la longue privation d'aliments et d'eau dite « diète noire », les interrogatoires nocturnes tardifs, la pulvérisation de gaz comme des insecticides au niveau des yeux, le bandage des yeux, la longue détention dans une cellule obscure suivie de l'exposition subite à la lumière, la cohabitation avec des cadavres et l'empoisonnement ».

Les viols et les violences sexuelles sont des atteintes qui établissent eux-mêmes la souffrance de ceux qui les subissent. Dans l'arrêt Kunarac, la Chambre de Première instance, concluait en la présence d'une telle souffrance même en l'absence d'un certificat médical. Elle ajoutait que les violences sexuelles causent nécessairement une douleur ou des souffrances aigues physiques ou mentales et justifient ainsi leur qualification d'actes de torture. Les cas de viol et autres violences sexuelles ont été constatés chez les femmes dans les centres de détention. C'est le cas de Haoua Brahim qui déclare : « …J'étais élève et j'avais 14 ans….. Le 02 Juin 1985, le Commissaire Wakaye à la tête d'une équipe était venu pour arrêter ma mère, mais comme ma mère avait eu des rumeurs, a pris fuite. Wakaye et son équipe, m'ont arrêtée à, la place de ma mère pour m'enfermer au poste de police du Commissariat Central de N'Djamena. J'avais fait deux ans de détention. Le Commissaire a dit si ma mère revient, je serais libérée. Lorsque ma mère est revenue, on l'a conduite dans les locaux de la DDS. Nous étions restées séparées pendant un an ....Après cela, ma mère, d'autres femmes et moi au nombre de 09, étions conduites à Ouadi-Doum

(BET). Nous avions connu un accident en cours de route et mon bras était cassé. Nous étions ligotées, privées de nourriture et de l'eau pendant trois jours avant d'arriver à destination. A Ouadi-Doum, nous étions enfermées dans une maison d'où nous avions subi des violences sexuelles quotidiennes durant un an et deux mois puis subitement, nous étions ramenées à la DDS à N'djamena ....Abakar Torbo nous a présenté le coran pour prêter serment de ne rien révéler à notre sortie et c'est ainsi qu'une nuit, nous étions embarquées dans une 404 bâchée conduite par Abba Moussa, ensuite chacune a été déposée chez elle... Les faits se sont déroulés dans les locaux de la DDS à N'Djamena. Les témoins sont Hadjé Mereni, Aziné Sako, Kaltouma Defallah, Khadidja Rouche, Mariam Bakhit, Fatimé Youssouf, Augustine la fille du chef de canton de Kélo, Clément Abaïfouta et bien d'autres ....».
C'est aussi le cas de Khadidja Hassan Zedane qui soutient que Durant sa première arrestation, ses geôliers lui ont ingurgité de l'eau. « Ils ont branché un tuyau sur le robinet et l'autre bout dans ma bouche. J'ai tellement souffert que je me suis évanouie. Pendant ma deuxième arrestation, j'ai été torturée à cinq reprises ...
Pour la troisième torture subie, Guihini Korei, Mahamat Fadii, Amat Allatchi m'ont amené à la présidence et ont voulu me forcer à avoir des rapports sexuels avec Hissène Habré .Devant mon refus, Hissène Habré m'a poignardé au sexe et sur les deux jambes. Du sang ayant coulé en abondance, il a dû renoncer à son acte...
La quatrième fois, les mêmes personnes, Guihini Korei, Ahmat Allatchi, Mahamat Djibrine Dit El Djonto et Abakar Torbo m'ont extraite de la prison pour m'amener à mon domicile. Ils ont fouillé, la maison, se sont emparés de mes 25 millions de mes soixante pièces d'or. Lorsque j'ai protesté, ils m'ont tabassée au point de casser mes deux dents. Tout mon corps était enflé et couvert de sang....
Je ne sais pas si mes tortionnaires avaient reçu des ordres ou ont agi de leur propre initiative.....Ma mère a subi des décharges électriques qui lui ont occasionné une plaie béante sur le sein. Elle en est morte cinq mois après sa libération..... A Wadidoum nous étions détenues dans des conteneurs.....C'est à quelques jours de l'arrivée de l'actuel Président de la République au pouvoir, que j'ai été libérée en même temps que d'autres détenues....Mon désir le plus ardent, c'est d'être confrontée à Hissène Habré pour pouvoir lui demander pourquoi j'ai été arrêtée et torturée ....» .
Afin d'empêcher les détenus libérés de révéler les tortures et mauvais traitements subis, ils étaient obligés de prêter le serment suivant « ...je

prête serment de n'avoir rien vu, rien entendu et de rien dire à qui que ce soit sur la situation des locaux et des détenus restés en prison. Je jure par Dieu respecter ces usages en secret confidentiel éternel ».

Les conséquences psychiques pour les ex-détenus ont d'ailleurs étaient constatées par le Docteur Hélène Jaffé qui a eu à faire des missions au Tchad de 1991 à 1996 dans le but de consulter les victimes. Dans son rapport, elle déclare : « …J'ai été contactée et mandatée en Juin 1991 par Mahamat Hassan Abakar, Président de la commission d'Enquête Nationale sur les crimes et dénouements de l'ex- Président Hissène Habré et de ses complices. J'ai été choisie en raison de l'expérience acquise en Guinée auprès des détenus après la mort de Sékou Toure et en France auprès des victimes de tortures et mauvais traitements qui demandent asile politique dans notre pays dans le cadre d'une structure médico-sociale juridique que nous avons mise sur pied, dénommée Association pour les victimes de répression en exil (AVRE).

Le Président de la Commission d'enquête m'a demandé de venir au Tchad pour apporter une aide médicale aux nombreuses victimes libérées après le départ de Habré. Avant de donner mon accord, je me suis rendue au Tchad pour mesurer l'ampleur du travail qui m'attendait. Dans ce cadre-là, le Président de la Commission d'enquête nous a fait visiter les lieux ou avaient été détenues les victimes que nous devions recevoir. A savoir l'ancien mess des sous- officiers « la piscine », l'ancien complexe de la DDS où il y avait bâtiment annexe appelé «cabine technique» qui servait de lieu d'interrogatoire.

Lors de la visite de la piscine, un soldat m'a montré un fil téléphonique qui, d'après lui, relierait directement la salle d'interrogatoire de la DDS à la présidence et grâce auquel le président Habré suivait les interrogatoires. Ce qui lui permettait, s'il y a lieu, de donner des instructions. Il nous a aussi montré dans la cour de la «piscine» un arbre avec une grosse branche sur laquelle on suspendait les gens après ingurgitation d'eau, .pour ensuite, les laisser tomber par terre. Ce qui, selon le même soldat, entrainait souvent la mort.

Gali Gatta Ngothe, ancien ministre de Habré, m'a affirmé qu'il a subi cette forme de torture et qu'il a échappé à la mort parce qu'il est heureusement tombé sur les genoux et qu'il en est résulté une rupture ligamentaire d'un genou.

Je précise que la mission a été effectuée en présence du président de la Commission Nationale d'enquête.

Notre mission au Tchad s'est étalée sur cinq années (1991-1996) avec des séjours de quinze jours par trimestre en moyenne, dans Espoir de former des équipes locales susceptibles de prendre le relais.
S'agissant de mes collaborateurs, on formait une équipe de trois personnes au total: un psychologue, un ou deux médecins. Suivant les missions, nous faisions venir des spécialistes pour la prise en charge des cas posant des problèmes de diagnostic. Il pouvait s'agir d'un orthopédiste, d'un pédiatre, d'un psychiatre ou d'un rhumatologue. Au fil de nos missions, nous avons pu ressentir tout le poids de la terreur engendrée par la répression. Ainsi, il a été difficile de trouver des médecins locaux susceptibles d'inspirer confiance à nos patients et réciproquement. Cependant, nous avons obtenu de la part du directeur de la santé que l'Hopital central de Ndjamena puisse offrir gratuitement des examens complémentaires et des consultations de spécialistes notamment en ophtalmologie. ...Nous avons organisé des consultations dans un local appartenant à une personne privée et qui offrait une certaine garantie de sécurité pour les patients. Avant chaque consultation, nous annoncions notre venue par radio et les personnes venaient directement. Par rapport à cette annonce, le cadre d'intervention était bien défini. Au départ les malades venaient munis d'une carte délivrée par la commission d'enquête. Par la suite, nous nous sommes rendus compte qu'un nombre non négligeable de personnes refusait de se rendre à la Commission d'enquête bien qu'ayant été torturés, car les bâtiments dans lesquels la Commission les recevait étaient ceux de la DDS. Ils ne pouvaient donc se résoudre à se rendre dans ces les lieux où ils avaient tant souffert pour venir directement nous voir en consultation....Les consultations se déroulaient de façon suivante. Dans un premier temps, le psychologue interrogeait les malades sur les évènements qu'ils avaient vécus, les séquelles qu'ils ressentaient et ce qu'ils attendaient de la mission. C'était pour eux, l'occasion de parler des séquelles physiques qu'ils présentaient souvent mais aussi, ce qui était une première dans ce pays, ce qu'ils ressentaient dans leur tête depuis les mauvais traitements subis.

Cet entretien préliminaire durait le temps qu'il fallait pour qu'une relation de confiance puisse s'établir. Ensuite, les malades étaient reçus par un médecin qui faisait un examen général puis un examen centré sur les plaintes les plus importantes. Durant cette consultation, était abordé de nouveau le problème des séquelles psychologiques. Un traitement était alors initié et, si besoin, un rendez-vous ultérieur fixe... .Entre 1991 et 1996, nous avons consulté 582 personnes. Par la suite, au cours de visites occasionnelles au Tchad notamment en 2002 et en 2009, chaque fois nous avons été sollicités par de nombreuses et authentiques victimes d'Habré que nous n'avions pas eu l'occasion d'examiner. Ce qui porte le total des victimes examinées à 700 environ. Ce chiffre est surement inférieur au nombre de victimes de ce régime. Je précise également que toutes les personnes que nous avons consultées nous ont déclaré être des victimes du régime de Hissène Habré.

Parmi les victimes, on retrouvait des adolescents, des personnes âgées d'une soixantaine d'années mais aussi des femmes, même si elles se montraient plutôt réticentes à venir se faire consulter.

Parmi les personnes consultées, les ethnies les plus représentatives étaient les Hadjerat, les Zaghawa et les populations du sud (les sara, mbaye etc.) …Nous nous sommes rendus à Sarh, à Moundou ainsi qu'à Abeché au Nord Est. Le déplacement dans d'autres localités nous avait été déconseillé pour des raisons de sécurité. Pour ce qui est des motifs récurrents de consultation, les patients se plaignaient de douleurs articulaires, de maux de tête, de vertiges, de palpitation et surtout de manque de sommeil. Ils présentaient également des troubles de l'humeur allant de la dépression grave aux crises d'agressivité venant de manière imprévisible et qui pouvaient déboucher sur des violences….Sur le plan du suivi médical et psychologique, l'écoute offerte aux victimes avait suffi à changer leur humeur et à leur redonner confiance dans l'avenir. Pour certains ayant des pathologies physiques sévères, nous avons donné autant de consultations que possible…..Sachant que l'on ne guérit pas de la torture, notre but était que le souvenir de celle-ci n'occulte pas leur vie quotidienne. En 1996, plusieurs de nos patients nous ont affirmé qu'ils se sentaient mieux. D'où l'arrêt de la mission.

…Ne me l'avait jamais fait». Certains hommes se sont plaints d'hémorroïde et présentaient des fissures anales liées à l'introduction d'objet dans le rectum...

…Les victimes n'ont jamais réclamé la délivrance de certificats médicaux. Mais sur la base de fiches de consultation, je peux dresser un tableau récapitulatif portant l'identité des patients, les tortures alléguées, les plaintes liées aux tortures et les constats des séquelles.

Par ailleurs, les conditions d'incarcération étaient telles qu'elles pouvaient être considérées en elle-même comme des tortures. Le manque d'eau, de nourriture délibéré, la cohabitation forcée avec les cadavres, le manque de lumière, le manque d'installations sanitaires appropriées, entrainaient des pathologies rhumatismales et des troubles de vision, l'avitaminose (béribéri), des maladies de la peau, la mauvaise consolidation de fractures par manque de soins, des pathologies respiratoires et des pathologies digestives (diarrhée). Sur le plan psychologique, les séquelles sont les mêmes que celles constatées auprès des victimes de tortures physiques bien que celles-ci n'allèguent pas de torture.

A propos des constats effectues sur les parents des victimes, notamment les veuves et les orphelins, les conversations que nous avons eues hors-consultation ont fini par attirer notre attention sur les cas des enfants et des femmes dont les pères et maris avaient disparu. Pour des raisons d'ordre économique, la plupart de ces femmes se sont remariées mais ces enfants étaient pris en charge souvent par la grand-mère paternelle. Alors nous avons pensé utile de les répertorier. Nous avons suggéré à l'Association des victimes dite AVCRP (Association des victimes de crimes et Répression Politique) de le faire et c'est Sabadait Toto qui s'en est chargé. C'est ainsi qu'il a été répertorié 184 enfants appartenant à 43 familles, 119 ont été consultés et pour 77 d'entre eux, on a fait venir un pédopsychiatre. Parmi ces enfants, on a noté plusieurs cas de dépression se manifestant par un mutisme, un refus de contact, des troubles de sommeil avec cauchemars. La dépression de certains d'entre eux faisait écho à celle de leur grand-mère qui les avait en charge. L'état de santé de ces enfants s'est parfois amélioré très rapidement dès qu'on a soigné la grand- mère. Dans un certain nombre de cas, le père est revenu vivant. Mais les enfants n'ont pas reconnu cet homme diminué physiquement et parfois violent.
L'effet traumatique de l'arrestation violente du père associé à la perte brutale des moyens matériels (famille expulsée, spoliation de biens) a entrainé des cas de psychopathologie infantile pour lesquels nous avons fait recours à un pédopsychiatre.

Conservant les veuves, leur problème s'est montré à nous dans toute son ampleur quand nous sommes allés à Abèché. La situation de ces veuves était dramatique sur le plan matériel et affectif. Elles ont expliqué que selon leur tradition quand le mari décède, la femme se remariait avec un parent proche (frère ou cousin). Mais la répression des Zaghawaa été si massive que les veuves n'arrivaient pas à trouver ce proche parent avec qui elle pouvait se remarier. Dans ce même registre, un de nos patients, Moussa Moursil Waid a déclaré à un des membres de notre association que beaucoup de villages de l'Est, particulièrement Zaghawa, ont été incendiés et les habitants exécutés.

Outre la déclaration de Moussa Moursal Wadi, le témoin met à la disposition de la Chambre d'instruction d'autres documents. A savoir le rapport intitulé «mission AVRE au Tchad 1991-1996 », des photos montrant les bâtiments de la DDS, la « piscine », les cellules, «la cabine technique » avec les fils téléphoniques qui la relient à la présidence et enfin, la photo de bras de victimes de l'arbatachar.... » .

Le traitement infligé aux prisonniers était tellement cruel qu'il les amenait à avouer des actes qu'ils n'avaient jamais commis. Ainsi, l'objectif des actes de tortures était d'extorquer aux prisonniers des aveux autours de « maraboutage en faveur de l'ennemi, agents à la solde l'ennemi, franchissement des frontières sans pièces, introduction frauduleuse de marchandises, propos malveillants à l'égard des Goranes, du Président ou de son régime, recrutement d'éléments au profit de la Légion Islamique, écoute des stations radio ennemies ».
Selon la commission Nationale d'enquête : « la torture est le procédé par excellence qu'utilise la DDS pour obtenir des aveux ou tout simplement pour faire souffrir. Arbitrairement arrêtés dans leur grande majorité, les détenus de la DDS ne reconnaissent généralement pas les faits qui leur sont reprochés, même ceux à qui une prétendue faute est imputée. A côté de ceux-là, un grand nombre de personnes sont arrêtées sans que la moindre faute leur soit reprochée mais tout simplement à cause de leur appartenance ethnique ou de leur richesse. Pour ceux à qui une faute quelconque a pu être attribuée, la torture est infligée pour qu'ils reconnaissent coûte que coûte les faits et qu'ils passent aux aveux en dépit d'une innocence souvent manifeste d'ailleurs, qu'importe leur innocence, pourvu qu'ils avouent, c'est l'essentiel. Souvent, même après un aveu spontané, les détenus sont atrocement torturés. Pour ceux qui sont arrêtés à cause de leur appartenance ethnique ou de leur richesse, la torture est infligée en guise de représailles ou en vue d'intimidation. C'est dire que la DDS a pratiquement érigé la torture en système de travail et que la presque totalité de ses détenus y sont soumis d'une façon ou d'une autre, sans aucune distinction de sexe ou d'âge...».

En plus des actes de tortures physiques, les opposants au régime de Habré sont soumis à la privation de la liberté d'opinion et d'expression et d'association par le régime. Tous ceux qui s'y aventuraient, faisaient l'objet de traque, de persécution, d'arrestation et de torture. Tout y passait, des présumés auteurs de la rédaction de tracts aux distributeurs. En guise d'exemple, dans l'affaire dite des tracts en août 1990. Plusieurs

personnalités politiques comme Galli Gatta Ngoté, Aldoumngar Djiodinga Mbadje Boukar, Lakoubou Mbainassem, Josué Doumassem, Mbalao Djiodinga, Larma Pierre et Laokein Bardé, Koumagoto Madjitoloum, Guiryanouba ont été arrêtés, détenus et torturés dans le but d'identifier les rédacteurs et autres commanditaires.
Les nombreuses victimes civiles et prisonniers de guerre confirment la pratique de la torture et les buts visés tels que décrits par la commission Nationale d'enquête.

L'intention dans la torture est inhérente à la commission même de l'acte. Elle est même confondue à la finalité poursuivie. Elle découle, en l'espèce, « de l'intention manifeste des tortionnaires d'administrer de tels actes pour un but prohibé » ; elle se déduit de la volonté de l'auteur de faire mal par l'administration volontaire de douleurs ou de souffrances atroces pour les buts précisés à l'article 8 du Statut des chambres.

CHAPITRE 4 :
La responsabilité individuelle de Hissène Habré selon le Parquet

En vertu de **l'article 10**, paragraphes 2, 3, 4 du statut des Chambres Africaines Extraordinaires : «la responsabilité pénale individuelle comprend la commission, la tentative de commettre une infraction ainsi que le fait d'apporter son assistance à la commission du crime, de la faciliter, d'y apporter son aide ou son concours. Elle inclut aussi le fait de planifier, d'ordonner, d'encourager ou d'inciter la commission d'un crime. Elle renvoie aussi à la responsabilité du supérieur hiérarchique, principe consacré par le Droit Coutumier ».

Les articles 7 et 3 du Statut du TPIY, les articles 6 et 3 du TPIR, l'article 28 de la CPI et les articles 10 et 4 des Chambres Africaines Extraordinaires, ne s'appliquent pas seulement aux chefs militaires mais aussi à toute personne civile investie d'une autorité hiérarchique.

Dans les faits, objet de la présente procédure et constitutifs de crimes contre l'humanité, torture et crimes de guerre, la responsabilité pénale individuelle de Hissène Habré en sa double qualité de chef d'Etat et chef militaire peut être établie alternativement et / ou cumulativement selon les trois modes de responsabilité suivants :

- La commission individuelle ;
- La commission conjointe : l'entreprise criminelle commune ;
- la responsabilité du fait du supérieur hiérarchique.

I. La commission individuelle des crimes par Hissène Habré

En application de l'article 10 du Statut des Chambres Africaines Extraordinaires, Hissène Habré est personnellement responsable d'homicide volontaire, de pratique massive et systématique d'exécutions sommaires, d'enlèvement suivi de disparition, constitutifs de crimes contre l'humanité pour avoir planifié, incité à commettre ou de tout autre manière, aidé ou encouragé ses agents à planifier, préparer ou exécuter ces crimes sous-jacents.

Le meurtre ou l'homicide volontaire est le « fait de donner illégalement et volontairement la mort à un être humain ».

De 1982 à 1990, plusieurs évènements se sont soldés par la mort de milliers de personnes. Dans les actes ayant entrainé la perte de ces vies humaines, Hissène Habré a soit été le donneur d'ordre ou l'instigateur. Suivant certains témoins et pièces du dossier, Hissène Habré a commis ou donné personnellement des ordres de liquidation. C'est le cas notamment de l'empoisonnement d'Idriss Miskine, son ministre des affaires étrangères et de la coopération, des exécutions sommaires des détenus, des civils, des combattants (troubles internes) et des prisonniers de guerre (conflit armé internationalisé). Il a aussi était le donneur d'ordres de la répression sanglante des populations du Sud du Tchad, y compris la période qualifiée de « septembre noir »,

Il a aussi été l'instigateur des enlèvements, exécutions ou disparitions d'opposants établis à l'étranger. Ces disparitions peuvent aussi être qualifiées comme des homicides volontaires et des exécutions sommaires.

Suivant le témoin Djouma Matar Irobeye du groupe Zaghawa, militaire à la Sécurité Présidentielle, entendu par la Commission Nationale d'enquête, « … il existe 2 prisons à la Présidence de la République : l'une réservée exclusivement aux détenus de son ethnie, l'autre aux autres groupes. Djouma Matar Irobeye a révélé qu'avant de prendre la fuite, Hissène Habré avait tiré lui-même sur les prisonniers faisant une centaine de morts… ».

Hamid Kowa Mouro, officier assimilé, du groupe Zaghawa déclare devant la Commission Nationale d'enquête : « …que lors de son arrestation le 02 avril 1989, il a été enfermé en même temps que 105 frères de sa tribu dans ce réduit. Le résultat est terrifiant car il n'y a eu que 39 survivants au 1er décembre 1990. Certains ont été exécutés, d'autres sont morts de chaleur et d'étouffement … ».

Elles se sont traduites par le massacre de la Ferme de Déli au Sud. Après des négociations et sur la base d'un Accord signé pour l'avènement de la paix, plusieurs centaines de combattants des Comités auto-défense anti-Habré (CODOS) des localités de Logone et Tandjilé ont été regroupés dans une ferme pour leur intégration dans l'Armée officielle, le 17 Septembre 1984. Mais la cérémonie n'a jamais eu lieu parce qu'il s'agissait en réalité d'un guet-apens. Ils ont été désarmés et tués par les militaires des FANT. Parmi les victimes, il y avait des civils dont les familles des CODOS et le personnel de la ferme. Les villageois ayant échappé pensent avoir enterré au moins 200 CODOS.

Durant le conflit contre la Libye, les arabes soupçonnés de complicité avec les libyens ont subi des arrestations, enlèvements et tortures. Le régime a été conforté dans sa répression contre les arabes lorsque le mouvement armé du Conseil Démocratique Révolutionnaire (CDR) dirigé par Açyl Ahmat Akhabach remplacé à son décès par Acheikh Ibn Omar, et

composé principalement d'Arabes tchadiens est devenu la faction du GUNT la plus proche de la Libye.
Mahamat Djibrine, ex-agent de la DDS, qui a été Chef du Service Contre-Espionnage et Coordinateur à la DDS, a révélé que l'ordre d'arrêter les Arabes venait directement du Président Habré. Ces exactions se sont intensifiées de 1982 à 1984 lors des conflits armés au Nord du Tchad.

La traque des Hadjeraï a commencé avec le basculement dans l'opposition de Maldoum Bada et Haroun Goudi avec l'arrestation massive de responsables politiques, militaires, professeurs, fonctionnaires, chômeurs, éleveurs, bergers, étudiants, élèves ainsi que les membres des familles des opposants. Même ceux qui n'avaient rien à voir avec la rébellion ont été considérés comme des complices de l'ennemi.
Beaucoup de personnes d'ethnie Hadjeraï arrêtées ont trouvé la mort, soit par exécution, soit suite aux tortures ou aux mauvaises conditions de détention. Les familles des personnes arrêtées sont systématiquement dépouillées de leurs biens et ont été forcées à quitter leurs maisons.

Suivant des témoignages, Hissène Habré était l'instigateur principal de la traque des Zaghawa. Selon Abbas Abougrène, ex-agent de la DDS, Chef de Service de la Sécurité Fluviale: « Le 1 er avril… (1989) … à six heures du matin, Guihini Koreï, ex-Directeur de la DDS, a réuni tous les chefs de service et leur a demandé de procéder à l'arrestation de tous les ressortissants Zaghawa sans aucune distinction. Il leur avait précisé que ce sont les instructions du Président de la République même ».
Les arrestations étaient suivies d'actes d'humiliation comme le pillage des biens et de l'occupation des maisons des Zaghawa. Ce que confirme Mahamat Mbodou, ex-agent de la DDS, Chef Adjoint du Bureau de Renseignements devant la Commission d'Enquête en déclarant: «qu'au moment des arrestations des Hadjeraï, je me trouvais au Cabinet militaire, par contre j'ai vécu les événements du 1/4/89 concernant les Zaghawa car je me trouvais à la BSIR. L'ordre d'occuper leurs maisons provenait du Directeur qui l'aurait en sans doute de la Présidence ».
Mahamat Wakaye, ex-agent de la Sûreté Nationale puis Directeur adjoint de cette même Sûreté Nationale à partir de juillet 1989, en a également fait état devant le Commission d'Enquête. : « Je n'ai jamais participé aux arrestations des Zaghawa et d'ailleurs j'étais encore en formation en France et je n'étais pas encore nommé au poste de Directeur Adjoint. Toutefois, après ma nomination, le Service d'Investigation Présidentiel

(SIP) saisissait des Minibus appartenant à des Zaghawa pour nous les confier sans instruction. J'avais informé le Président de ces actes-là, mais il m'a dit de les laisser faire leur travail. .... Je sais comme tout autre citoyen que toute personne arrêtée à la DDS a très peu de chance de sortir.....
Les ordres d'occupation des maisons viennent certainement du Président puisque j'ai vécu cet exemple. Le Directeur de la DDS est venu me demander d'évacuer la maison que j'occupais dans le Camp de la Police de Ridina, il m'a notifié que c'est sur instructions du Président lui-même; c'est ainsi qu'il m'a affecté une maison sise à côté de la CONOCO. Je l'ai occupée le même jour sur instruction du Président toujours, mais j'ai appris par la suite qu'elle appartenait au défunt Ministre de l'Intérieur Ibrahim Mahamat Itno ».

Mahamat Djibrine, ex-agent de la DDS, Chef du Service du Contre-Espionnage et Coordinateur de la DDS, confirme devant la Commission d'Enquête que l'ordre d'occuper les domiciles des victimes venait du Président : « Quand le Président ordonne d'arrêter quelqu'un il nous a dit de ramasser tout chez lui. Je fais l'inventaire et je lui transmets. Et chaque fois les éléments de la Sécurité Présidentielle viennent avec des bons signés du Président pour prendre les vidéos, des tapis, même un particulier présente un bon ou quelques fois les gens chargés d'arrêter profitent pour détourner avant l'inventaire. Tout est centralisé chez le Président: l'occupation des maisons des personnes arrêtées. C'est le Président qui ordonne l'occupation des maisons. Le plus souvent il donne à ses frères ou proches parents. Pour les biens de valeur: or, argent, on lui transmet l'inventaire et le Directeur les garde dans les coffres. Quand on a besoin de d'argent, il envoie une partie et nous complétons avec ce que nous avons pris sur les gens. Pour les voitures pillées la répartition se fait au niveau de la Présidence. Les voitures sont immatriculées R.T. – A.P. ou P.R. Il les donne soit à ses parents ou pour le service. Pour les gros porteurs c'était bien avant moi. Il y a 3 magasins: un à la BSIR, un à l'ancienne Ecole de la Police et un à la DDS».

Devant la Commission Nationale d'Enquête Abougrene Abbas et Saleh Younouss confirment que les instructions exécutées par la DDS émanent directement de Habré. Ainsi, Bichara Chaibo ancien tortionnaire de la DDS qui avait fui le Tchad en 1987-1988, a été arrêté au Togo et délivré à Habré, qui l'a fait exécuter.

Dans la traque des Hadjeraï et Zaghawa, il a été créé au sein de la DDS, des commissions ad hoc pour procéder à la collecte des renseignements, aux arrestations, aux interrogatoires et aux actes de torture contre les supposés souteneurs des leaders politiques opposants issus de ces communautés. Des agents de la DDS confirment l'existence de ces commissions comme Abbas Abougrène, ex-agent de la DDS, Chef de Service de la Sécurité Fluviale, qui déclare qu'il a été créé : « … une commission chargé de l'arrestation et de la torture des Hadjeraï en 1987. Elle était composée de Al Hadj Djada (Président), Mahamat Wakaï, Mahamat Djibrine, Absakine Gade, Adjudant Sabre et le lieutenant Kette ; et Abakar Torbo, Mahamat Bidon, Issa Arawai et Adoum Galmaye, composent la commission Zaghawa ».

La composition de cette commission est donnée par Mahamat Djibrine dit El Djonto qui déclare : « … pour le problème des Zaghawa, il y avait une commission composée de Abakar Torbo, Mahamat Bidon, Issa Arawai et Adoum Galmaye. C'est cette commission qui est chargée des interrogatoires et des tortures. La veille du 1er avril, on nous a réuni tous, nous étions consignés, on est resté jusqu'au matin… ».

La création des commissions Hadjeraï et Zaghawa dans une structure telle que la DDS, étroitement contrôlée par Hissène Habré, montre le niveau de planification de la répression systématique des Hadjeraï.

Lors des événements de la répression des populations du Sud, un comité dit Ngalaka, chargé de coordonner les activités de collecte des renseignements et des activités des organes de répression a été créé.

Selon Bandjim Bandoum, ce comité était officieux et les noms qui reviennent le plus sont Mahamat Fadim, Dadi Mahadjir et Zacharia Berdei. Il ajoute : « … qu'il s'agissait d'un gouvernement bis, composé de membres de l'ethnie du Président, une sorte de cellule occulte qui scellait les décisions… Le conseil des ministres était purement formel…».

II. La commission individuelle d'actes de torture et d'actes inhumains

En application des Statuts des Chambres Africaines Extraordinaires, Hissène Habré est personnellement responsable d'actes de torture ou d'actes causant volontairement de grandes souffrances ou des atteintes graves à l'intégrité physique ou psychique, inspirés par des motifs d'ordre politique, constitutifs de crimes contre l'humanité pour avoir planifié, incité à commettre, commis ou de toute autre manière aidé et encouragé des agents à planifier, préparer ou exécuter ces crimes.
Koumagoto Madjitoloum Guiryanouba, une victime arrêtée dans le cadre de l'affaire des tracts, a déclaré que Hissène Habré suivait son interrogatoire à distance par le biais d'un talkie-walkie. Il soutient qu'au cours de cet interrogatoire, il a subi des actes de torture comme l'arbatachar et l'ingurgitation d'eau.
Hélène Jaffé ajoute ceci : « … lors de la visite de la Piscine, un soldat m'a montré un fil téléphonique, d'après lui qui, relierait directement la salle d'interrogatoire à la Présidence et grâce auquel, le Président suivait les interrogatoires. Ce qui lui permettait, s'il y a lieu, de donner des instructions … ».

Mahamat Djibrine, dit « El-Djonto » tortionnaire redouté qui a servi parmi les agents hiérarchiques de la DDS et a été arrêté et emprisonné. Il déclare devant la Commission d'Enquête : « …Hissène Habré interroge aussi. C'est lui qui m'a interrogé – il m'a même donné une gifle ».
Moussa Haroun Tirgo, arrêté lors de la répression des Zaghawa, affirme : « Dès le premier jour, j'ai été interrogé dans la nuit par Adoum Galmaye, le Directeur adjoint de la DDS et Hissène Habré. Il y avait plus de 4 personnes présentes en tout, et Cherif Haliki était là aussi. J'ai dit à Habré qu'il n'y avait pas de coup d'état planifié, que je fuyais tout simplement le nettoyage ethnique. Il a demandé combien on était et je lui ai dit qu'on était 42. Il a dit vous êtes 300: « J'ai répondu que nous n'avons que 5 véhicules ! » Il a ri et est sorti ».

Le Président Habré, supérieur hiérarchique, passait outre l'organisation hiérarchisée de la DDS et de ses organes dérivés pour prendre part activement et personnellement à la commission des actes de torture.
La participation personnelle de Habré dans la commission d'actes inhumains surtout, lors des interrogatoires dans les locaux au sein de la DDS ressort de plusieurs témoignages.

Par son immixtion dans la gestion quotidienne de la DDS, Habré a ordonné ou incité à la dégradation dangereusement les conditions de détention qu'il ne pouvait d'ailleurs ignorer.

Du fait des conditions de détention, les détenus souffraient de plusieurs pathologies notamment le rhumatisme articulaire aigu, la paralysie des membres, l'avitaminose, la gingivite sévère, anémie, béri béri, dysenterie amibienne et hématophage. Ce que révèle le rapport mensuel du mois de juin 1987 du chef des services pénitentiaires de la DDS adressé à son directeur sur la « situation générale des détenus politiques et prisonniers de guerre dans les différents locaux».

Gali Gatta Ngothé, arrêté dans l'affaire des tracts, témoigne pendant son séjour carcéral courant mi-septembre 1989, qu'une femme arrêtée avec son bébé âgé d'un mois environ a refusé de répondre à l'interrogatoire des agents de la DDS sur le ralliement de son mari à la rébellion d'Idriss Deby. Le témoin poursuit que « Mahamet Saher a demandé par talky walkie à Habré quoi faire. Il a dit, il faut trouver les moyens de la faire parler. Ainsi, il a donné le feu vert. 4 ou 5 minutes après, Mahamet Saher a pris le bébé de la femme et l'a écrasé contre le minier qui se trouvait dans la cour de la DDS. La femme a crié, elle s'est déchirée les vêtements. Je l'ai vu moi-même… » .

Interpellé sur cet incident lors de son interrogatoire au fond, Habré a préféré gardé le silence. Il a eu la même attitude sur toutes les autres questions qui lui ont été posées au cours de l'instruction.

Un traitement de rigueur spécial est infligé aux prisonniers de guerre pour lesquels seul Habré est habilité à prendre la moindre des décisions les concernant. Il y va des ordres de libération à la simple ration alimentaire.

L'intention de Hissène Habré de commettre des crimes contre l'humanité découle des circonstances factuelles qui entourent son action. Le fait de commettre personnellement, d'ordonner, d'encourager, de planifier les homicides volontaires, les exécutions sommaires, les actes de torture et autres actes humains en connaissance de cause des conséquences dommageables qui en découlent au préjudice des populations civiles, démontrent à suffisance son intention coupable.

La responsabilité individuelle de Hissène peut être recherchée dans le fait qu'il est érigé dans son palais présidentiel un centre de détention où il logeait les prisonniers torturés, triés sur le volet et qu'il jugeait potentiellement dangereux pour son régime.

Entre 1983 et 1990, des documents officiels et rapports détaillés attestent que Habré a participé directement à la gestion des centres de détention, lieux privilégiés de la torture et même à la répartition de la ration alimentaire quotidienne des détenus. Par exemple, des procès-verbaux d'interrogatoires avec les motifs de l'arrestation qui lui sont directement envoyés ont été régulièrement exploités par ses soins, annotés et souvent renvoyés à l'expéditeur, le directeur de la DDS, pour exécution d'instructions précises ou approfondissement de l'enquête, ordre d'arrêter, de torturer ou de tuer.

III. La commission individuelle de crimes de guerre

Hissène Habré, en plus d'être le supérieur hiérarchique des forces armées et donc donneur d'ordre et responsable au premier plan des actions de l'armée tchadienne, ne ratait jamais l'occasion d'assister ou de se présenter tout de suite après les hostilités. C'est notamment le cas lors du massacre à Faya en juillet 1983.

Garonde Djarma, ancien membre du CDR, confirme que Hissène Habré était à Faya fin juillet-début août 1983, mais a fui dans un avion de la Croix Rouge au début de la contre-attaque du GUNT.

Rhakis Mannany du CDR, qui a participé aux combats de reprise de la ville de Faya par les forces du GUNT au mois d'août 1983, confirme également que Hissène Habré était aux commandes des FANT mais qu'il a été exfiltré par avion à la dernière minute pendant la contre-attaque du GUNT.

Akya M'Béra Antoine, qui était commandant dans l'armée du GUNT, a été arrêté et gardé avec 149 combattants qui ont été capturés avec lui, dans les bureaux de la préfecture de Faya où Hissène Habré serait venu les voir. Hissène Habré aurait déclaré: « Tous ces gens sont des Tchadiens alors qu'on dit que ce sont des Libyens. Il faut leur donner à manger ». Le témoin et d'autres prisonniers semblent avoir compris de cette déclaration de Habré qu'il voulait dire qu'il s'agissait de leur dernier repas et qu'ils allaient être exécutés.

Bechir Bechara Dagachene, combattant du CDR capturé à Faya, aurait vu Hissène Habré à l'aéroport de Faya en août 1983, où il avait été emmené pour décharger des vivres d'un avion. Le témoin le connaissait de vue puisqu'il avait dans le passé l'habitude de prier dans la même mosquée.

Sa présence est également rappelée par Robert Buijtenhuijs , en expert reconnu qui étudie la politique tchadienne depuis des décennies :
« .. Les chefs militaires Toubous, contrairement aux leaders de la plupart des autres tendances politico-militaires tchadiennes, avaient l'habitude de monter eux-mêmes en première ligne pour galvaniser le moral de leurs troupes et ils ont perpétué cette tradition même après avoir accédé à des hautes fonctions politiques... Hissène Habré, tout chef d'Etat qu'il était, ne dédaignait pas... de prendre personnellement en main les opérations militaires lors des batailles d'Abéché et de Faya qui ont précédé l'intervention militaire française déclenchée par le président Mitterrand en août 1983».
Selon Robert Buijtenhuijs, en 1983, Hissène Habré commandait les troupes à Faya Largeau pendant les combats opposant FANT et GUNT. Hissène Habré aurait même récidivé plusieurs fois, notamment en novembre 1990, lors des combats dans l'Ouaddaï contre les forces rebelles du MPS d'Idriss Deby. Ayant perdu la bataille contre Deby, Hissène Habré avait dû être évacué par hélicoptère.
Robert Buijtenhuijs a confirmé également que Hissène Habré était encore présent quand les FANT ont repris Abéché le 12 juillet 1983 aux troupes du GUNT de Goukouni et que Hissène Habré a fait emprisonner les membres de la délégation des citoyens d'Abéché qui avait accueilli les GUNT quelques semaines auparavant.

Les rapports de visite du CICR à la maison d'arrêt de N'Djamena à la date 07 mars 1984 font état de conditions de détention inhumaines impliquant : « ... les cellules abritant les prisonniers totalisent 359 m2 de surface au sol, leur capacité peut donc être estimée à 180 places. En fait, 660 prisonniers de guerre les occupent en ne disposant qu'1/2 m2 par individu, en moyenne 0.54 m2...les WC sont hors service et les déjections humaines souillent la cour principale. Les prisonniers ne disposent pas de savon. Il n'y a pas de matériel de nettoyage. Concernant l'alimentation : ... l'irrégularité de l'approvisionnement, la monotonie du régime alimentaire et l'absence du bois nécessaire à la cuisson des céréales ou encore les effets de l'insuffisance des quantités de nourriture parvenues aux prisonniers. Sur le plan sanitaire, la structure médicale responsable est inactive et les médicaments ne sont pas disponibles ». Une situation qui n'était pas inconnue de Hissène Habré. D'ailleurs ceux qui étaient en voie de sortie du fait de négociations ou d'interventions diplomatiques bénéficiaient de meilleurs traitements.

Ce que conclût d'ailleurs le rapport en faisant remarquer que la combinaison des facteurs sus-décrits a causé une situation critique relativement à la santé des prisonniers dont plus de la moitié est qualifiée de gravement malade. Le rapport continu en précisant que 160 prisonniers se trouvent dans un état gravissime, 22 considérés comme perdus et 28 cas de décès rapportés pour les deux mois précédents.
Dans une lettre du 29 octobre 1984 en réponse à celle du Ministre des affaires étrangères et de la coopération trouvée dans les archives de la DDS et dont le Président de la République a reçu copie, Ndjinodji Guelhor informe qu'il donne son « accord pour le transfert de (11) onze prisonniers de guerre malades à l'hôpital central de N'Djamena, des mesures seront prises pour mettre en place un dispositif de sécurité afin d'éviter toute tentative de fuite de leur part ». Une instruction manuscrite est portée sur ladite lettre en ces termes « non pas question car par la faute de la Croix Rouge de nombreux prisonniers de guerre ont déjà fui » .
Ces annotations ne peuvent provenir que de Habré qui a reçu copie de la lettre et qui est le seul à pouvoir ordonner la libération des prisonniers. Une autre lettre, venant cette fois-ci de son ministre de la défense sur la situation sanitaire des prisonniers de guerre contient les annotations ci-après : « ...contrôler l'existence de ces prisonniers de guerre à l'hôpital. Désormais aucun prisonnier de guerre ne doit quitter la maison d'arrêt sauf en cas de décès... ».
L'expert en vérification d'écritures requis par les CAE a conclu que Habré en est l'auteur. Ce refus de Habré de donner une suite favorable aux requêtes de son ministre, démontre à suffisance, qu'il était le donneur d'ordre et de ce fait, il a contribué personnellement aux mauvais traitements infligés aux prisonniers de guerre.

Les longues détentions des prisonniers n'étaient pas suivies de procès. Il ressort du dossier et comme le démontre les annotations précitées que seul Habré décidait du sort des prisonniers de guerre qu'il n'a jamais voulu déférer devant les juridictions compétentes. La DDS qui s'occupait des interrogatoires et de la détention des prisonniers de guerre en lieux et places des autorités judiciaires est placée sous son autorité et son contrôle exclusif.
L'intention personnelle de Habré résulte de sa volonté manifeste de violer les Conventions dont son Etat est signataire.
Hissène Habré connaissait parfaitement le statut des prisonniers de guerre transférés des zones de combat notamment de Faya Largeau à la maison

d'arrêt de N'Djamena. En outre, il était informé de leur situation sanitaire par les nombreuses interpellations du CICR sur les mauvaises conditions de détention des prisonniers de guerre constitutives de violations graves du Droit Coutumier et des conventions de 1949.

IV. Responsabilité individuelle de crime de torture Habré, agent officiel auteur

Hissène Habré en sa qualité de Chef de l'Etat, exerçait son autorité sur la DDS et des centres de détention où la pratique de la torture était généralisée. Hissène Habré a été personnellement mis en cause par des victimes de torture. Il a en outre encouragé, incité, planifié et ordonné la commission de la torture par l'institution d'organes et la nomination des agents en charge de la pratique des actes de torture. Les actes de torture impliquant la responsabilité de Hissène Habré, ont pour finalité d'extorquer des aveux ou renseignements sur l'identification des opposants du régime et leurs activités ou d'administrer une punition illégale.

Hissène Habré et ses hommes de main ont engagé leur responsabilité pénale dans la commission des crimes précités. Les faits remplissent toutes les conditions factuelles constitutives d'une participation à une entreprise criminelle commune. En effet, aux termes de l'article 10-2) du Statut de Rome : « quiconque a commis, ordonné, planifié ou incité à commettre, ou de toute autre manière aidé et encouragé à planifier, préparer ou exécuter un crime visé aux articles 5 à 8 du présent Statut est individuellement responsable dudit crime en tant qu'auteur ou complice ».
Tous les auteurs de la répression ont agi intentionnellement et en toute connaissance des conséquences dommageables de l'attaque au préjudice des victimes sus énumérées.
En l'espèce, la planification et la portée de l'attaque qui n'a ménagé aucune catégorie de victimes ciblées démontrent de la ferme intention de Habré et des membres de son dispositif répressif de commettre les différents comportements sous-jacents constitutifs de crimes contre l'humanité.
Les membres du dispositif répressif de Habré ont agi sciemment dans le but de commettre des crimes contre l'humanité et pratiqué la torture sur une grande échelle.

Habré quant à lui a personnellement et intentionnellement dirigé une unité dont l'objet, le but et la conséquence prévisible étaient de commettre des homicides volontaires, des exactions meurtrières, des enlèvements de civils, des tortures ou autres actes inhumains constitutifs de crime contre l'humanité. Pour arriver à ce résultat, Habré a bénéficié du concours des autorités administratives, des chefs politiques et des responsables militaires, ainsi que d'autres membres de la sécurité intérieure pendant au moins la période comprise entre 1982 et 1990.

Un des proches collaborateurs de Hissène Habré, Guihini Korei, à l'origine simple agent de la DDS, s'est distingué par son zèle, sa cruauté dans la torture des détenus avant d'être nommé Directeur de la DDS en remplacement de Saleh Younouss. Sous sa direction, de nouveaux centres de détention comme « la piscine » sont installés avec des conditions carcérales considérablement dégradées ». Ce que confirment d'ailleurs plusieurs victimes à l'audience

Zakaria Berdei, responsable de la DDS au Sud et membre du « Comité Ngalaka », s'est lui distingué dans la répression des populations du Sud, notamment pendant la période appelée « septembre noir ».

Quant à Abakar Torbo Rahama, à la tête du service pénitencier durant tout le règne de Habré, il s'est signalé dans l'exécution des prisonniers de guerre à Ambing, les tortures et les privations d'aliments dans les centres de détention.

Mahamat Djibrine dit « El Djonto », agent de la DDS et de la BSIR, s'est distingué par la cruauté de ses actes de tortures. Il est cité par plusieurs victimes comme étant le tortionnaire le plus redouté de la DDS.

«Le but commun c'est le projet, le dessein ou l'objectif qui consiste à commettre un des crimes visés dans le statut ou en implique la perpétration. Cette définition est fondée sur une alternative qui a son importance : « le but n'est pas nécessairement criminel au sens du statut, il suffit que les moyens utilisés pour réaliser le but le soient ». Le projet commun de Habré et de ses acolytes consistaient à étouffer toute tentative de rébellion ou d'opposition politique à son régime. Le projet en lui-même n'était pas de nature intégralement criminelle. Mais sa mise en œuvre impliquait nécessairement la commission ou la perpétration de crimes internationaux relevant de la compétence des Chambres Africaines Extraordinaires.

Les participants à l'exécution des crimes en commun (ECC) savaient que la pratique de la torture, des meurtres et exécutions sommaires,

d'enlèvements suivis de disparition et les actes inhumains perpétrés sur les populations civiles et les prisonniers de guerre étaient des actes prohibés par les conventions internationales régulièrement ratifiées par le Tchad sur la protection des droits humains.
La situation de conflit interne ainsi que le différend avec la Libye et le faible niveau de développement économique du Tchad dans la période du 7 juin 1982 au 1er décembre 1990, ne sauraient nullement justifier les violations massives des droits de l'Homme commis par le régime de Hissène Habré.

V. La responsabilité du supérieur hiérarchique

En application de l'article 10 du statut des Chambres Africaines Extraordinaires, Hissène Habré est personnellement responsable pour sa parfaite connaissance des crimes contre l'humanité et tortures que pratiquaient des subordonnés sans pour autant prendre les dispositions nécessaires et raisonnables pour empêcher que lesdits actes ne soient commis ou en punir les auteurs.
Hissène Habré avait un pouvoir de fait et de droit sur sa machine répressive. Dès lors sa responsabilité en tant que supérieur hiérarchique ne se déduit pas nécessairement et seulement de sa position dans la hiérarchie mais découle simplement dans le présent cas d'une relation d'autorité et de subordination.

En sa qualité de Chef de l'Etat du Tchad, légalement reconnu, Habré a rédigé et fait adopter le 29 septembre 1982 par le Conseil de Commandement des Forces du Nord (CCFAN) l'Acte fondamental à valeur constitutionnelle. Par ce texte, il dissout le Conseil d'Etat et organise par l'acte N°322/PCCFAN du 18 juin 1982 le poste de Président de la République, Chef de l'Etat, Président du Conseil des ministres, l'armée nationale et le Conseil National Consultatif.
L'article premier du décret de création de la DDS, montre le lien de subordination direct avec Habré et le contrôle effectif exercé sur cette police administrative du fait de la sensibilité de ses activités. Plusieurs fiches de la DDS démontrent que le Président intervenait dans la gestion tant administrative que financière de la DDS, en plus de nommer les directeurs, principaux responsables et agents appartenant à son ethnie. En sa qualité de Chef des armées, Habré est détenteur de l'autorité militaire

suprême. Du fait de son expérience en la matière et de son autorité sur ses troupes, il est souvent présent sur le théâtre des opérations.
Le SIP comme son nom l'indique est un service présidentiel qui regroupe plus de 3000 hommes formant la garde prétorienne de Habré. Plus connu sous le nom de Sécurité Présidentielle (SP), cette unité d'élite était assujettie directement au Président de la République qui définissait ses missions et en assurait le contrôle.

Hissène Habré à la tête de son dispositif militaire connaissait jusque dans les moindres détails les actes de ses subordonnés. Il était destinataire des fiches autres rapports de la DDS et de la BSIR.
Cela se matérialisait par la transmission directe de procès-verbaux des réunions, des interrogatoires, fiches et rapport, liaison téléphonique, messages, comptes rendus des missions accomplies sous ses instructions, de la situation journalière des détenus et des conditions de leur détention. Habré était informé des cas de torture, des traitements inhumains et de décès dans les centres de détention. En effet, il recevait en temps réel les procès-verbaux d'interrogatoires et décide seul de la suite à leur donner, qui peuvent être des ordres de torture, d'élimination ou d'approfondissement d'enquêtes.
Le procès-verbal d'enquête de Goukouni Choua, ex-combattant des FANT qui avait été capturé par les forces d'opposition, a été retrouvé dans les Archives DDS. Un officier de la police judiciaire et de la DDS du Kanem a interpellé le prisonnier sur les stratégies des opposants. Dans la marge du document, une annotation manuscrite précise: « Faites P.V. à l'attention du Président ».

Des compte-rendu particuliers sur des détenus politiques sont aussi faits au Président et portent sur leur état de santé et les conditions de détention.
D'après le témoignage devant la Commission d'Enquête de Touka Haliki, ex- Directeur de la Sécurité Nationale, Hissène Habré était personnellement tenu au courant du manque de ressources pour les détenus.
« Notre service sait qu'il y a des gens qui meurent de faim dans les cellules de la DDS. La mission des RG est de renseigner le Président sur tous les problèmes; nous avons donc à cet effet adressée des fiches qui sont restées sans suite ».

Deux fiches adressées à Habré faisaient état de « Difficultés rencontrées par l'Infirmerie de la BSIR», l'auteur rend compte des difficultés quant à la situation des médicaments livrés à la BSIR par la Sécurité Présidentielle.
Dans une fiche du 19 juin 1989, l'état de santé des nommés Mahamat Kosso Mahamat, Moctar Bachar Moctar et Yaya Adoum Ahmat admis dans les services de la Direction de la Documentation et de la Sécurité pour des raisons politiques, a été signalé à Habré. Mahamat Kosso Mahamat souffrait d'œdèmes aux membres inférieurs et de vertiges suivis d'un état d'amaigrissement, Moctar Bachar Moctar se plaignait d'une baisse d'acuité visuelle et Yaya Adoum Ahmat, sous-officier assimilé d'ethnie Zaghawa souffrait quant à lui d'une inflammation de la vessie et des dents. Son état physique subi également un amaigrissement progressif.
D'ailleurs Habré faisait des visites régulières dans certains centres de détention. Aussi, les conditions de détention privilégiées dont bénéficiaient les prisonniers Toubous, n'étaient possibles que sous l'autorisation préalable de Hissène Habré.
Dans le « Rapport mensuel pour le mois de janvier 1988 sur la situation des prisonniers politiques et prisonniers de guerre dans nos différents locaux », il est expliqué que: « le plus souvent, nos malades souffrent du problème de paralysies parce qu'ils sont sur place sans mouvement, ensuite il y a le problème des médicaments, certains produits qu'on trouve à la pharmacie de la présidence ne conviennent aux cas de maladies de quelques-uns de détenus ».

Dans certains cas, le Président avait connaissance de cas spécifiques de torture. Une correspondance à lui adressée et datée du 21 mars 1988, l'informe du fait que des agents de la DDS ont ligoté un détenu avec la tête pendue, pour lui « [administrer] plusieurs coups ». Des éléments militaires à qui on reprochait leurs manquements professionnels ont aussi été torturés. Le Président fut informé le 4 août 1990, par exemple, est informé de la mort du sous-lieutenant Ali Ahmat survenue lors d'une mission à Tiné, dans le Nord du Tchad. Il a été « fouetté avant d'être ligoté contre un arbre » et sujet à une « correction».
Selon Koumagoto Madjitoloum Guiryanouba, une victime arrêtée dans l'affaire des tracts, Hissène Habré suivait son interrogatoire par talkie-walkie ; il dit avoir non seulement reconnu la voix de Habré mais a également entendu le tortionnaire dire: «Oui monsieur le Président».
Toujours selon Touka Haliki, Hissène Habré était informé du manque de ressources pour les détenus : « Notre service sait qu'il y a des gens qui meurent de faim dans les cellules de la DDS. La mission des RG est de

renseigner le Président sur tous les problèmes; nous avons donc à cet effet adressé des fiches qui sont restées sans suite ».
Un agent de la DDS affirme quant à lui que Hissène Habré était informé des conditions de détention des Zaghawa.
« Hissène Habré est venu deux fois lui-même à la Piscine pour vérifier si les prisonniers étaient bien gardés. C'était pendant le jour vers 13 h, j'étais de permanence. C'était vers 1989 parce que les Zaghawa étaient déjà arrêtés... Hissène Habré était aussi au courant des conditions de détention dans les prisons parce qu'il venait les visiter. Il a même fait construire la Piscine. Vu l'investissement que cette construction impliquait, il ne se peut pas autrement qu'il en était au courant ».

Un ancien militaire ayant travaillé comme sous-lieutenant des FAN à la radio-transmission de l'armée, et notamment dans un bataillon basé dans le Guéra, aurait reçu par télégraphe l'ordre de la Présidence d'incendier Djara, un village Hadjeraï, situé à 12 km à l'Est de Amkourouma, préfecture de Melfi, suspecté d'être en connivence avec les rebelles. L'antenne de la DDS de Melfi avait reçu des informations dans ce sens et ce militaire a envoyé un message sur ce point à N'Djamena. Quatre jours plus tard, il aurait était destinataire d'un message contenant le code « 512 PR ». Ce code signifiait « la Présidence » et le contenu du message était l'ordre d'incendier le village et de tuer les habitants. Effectivement, une unité militaire solidement armée est entrée au village le 28.03.87. Dady Ahmat, commandant de la sous-zone à l'époque, aurait regroupé les villageois et aurait expliqué en Arabe: « Nous sommes des envoyés du Président. A partir d'aujourd'hui, on n'entendra plus parler de votre village ». Il aurait laissé partir les femmes et les enfants. Puis, 42 hommes auraient été ligotés et enfermés dans une case fermée à clé auquel les militaires ont mis le feu.
La connaissance potentielle peut être recherchée dans le fait que Hissène Habré dispose de tous les moyens de savoir que des exactions synonymes de crimes contre l'humanité, crimes de guerre et tortures sont commises par ses agents notamment ceux relevant de la DDS et des organes dérivés. D'ailleurs, des informations qui étaient disponibles à travers des fiches, rapports, notes, qui lui sont régulièrement adressés prouvent cet état de fait. En témoignent les nombreuses correspondances trouvées dans les archives de la DDS.
Au plan international, « en février 1986, Amos Wako, Rapporteur spécial des Nations-Unies sur les exécutions sommaires et arbitraires a soulevé ces

violations en demandant aux autorités tchadiennes d'ouvrir une enquête et de traduire en justice les responsables ».

Il avait d'ailleurs saisi par correspondance les autorités tchadiennes à la date du 26 juillet 1990 les informant qu'un nombre considérable de prisonniers accusés de s'opposer au gouvernement sont morts de torture, malnutrition, absence ou défaut de soins médicaux ou ont été secrètement exécutés sans un procès pénal. Le rapporteur spécial avait cité en exemple les cas de :

- Saleh Ngaba, journaliste hadjeraï, arrêté en juin 1987 et mort en détention en 1988,
- Asseila Ibrahim, mort en novembre 1988 des suites de torture,
- Bichara Chaibo, exécuté en 1988.

Des témoignages font aussi état de la présence effective de Habré à des séances de tortures de prisonniers.

L'exemple de Hissein Seidou Nanga un ancien compagnon de lutte de Hissène Habré et grand commerçant, surnommé « Michelin » à cause de sa corpulence, en est une parfaite illustration.

Un ancien membre de la Garde Présidentielle aurait était témoin de son exécution. Selon lui, il se trouvait dans la cour de la Présidence lors d'une réunion. Des gardiens lui ont confié que Habré aurait décapité ou fait décapiter une personne et aurait présenté sa tête aux ministres en leur lançant : « Celui qui lève la tête sera abaissé de la même manière ». Bien que cet ancien membre de la Garde Présidentielle ait pensé qu'il s'agissait d'Ahmat Dadji, il reconnaîtra la photo de Hissène « Michelin » comme celle de la personne concernée.

Ahmat Dadji aurait été tué, exécuter pour les mêmes motifs par Hissène Habré ou sur son ordre direct. Ahmat Dadji était administrateur PDG de la Sonasut à N'Djamena, ex-ambassadeur du Tchad pendant 15 ans et Chef de file des Hadjeraï. Il a été arrêté chez lui vers 23 heures le jour même du départ de Maldoum Bada en rébellion le 28.05.87. Trois ou quatre véhicules avaient encerclé tout le quartier. Ahmat Dadji est monté dans une Mercedes noire avec une plaque « PR » de la présidence. Ensuite, il a été emmené à la BSIR, d'où il a été emmené de nouveau dans la Mercedes «PR » vers une destination inconnue. Sa famille n'eut aucune nouvelle de lui jusqu'au moment où elle a appris que Ahmat Dadji aurait été exécuté à la Présidence.

La présence de Hissène Habré à Iriba lors de la répression des Zaghawa est confirmée par plusieurs documents.

• un document dans lequel il est question d'une réunion à Iriba le 07 et le 08.04.1989. Ce document mentionne: « Il est à rappeler que durant le séjour du Chef de l'Etat à Iriba, au cours de nos investigations, plusieurs fiches d'informations ont été portées à sa connaissance… ».
L'auteur du document de renchérir 50 prisonniers de guerre lui ont été confiés, que l'un d'eux a été « maintenu avec nous » vu son niveau d'information « sur ordre du Chef d'Etat ». Le document ajoute que le Chef d'Etat est parti le 08.04.89 et que le 09.04.89: « Sur les 50 prisonniers de guerre qui nous ont été confiés, 34 parmi eux tous bien portants ont été transférés à N'Djamena par VAM. Les 15 autres, grièvement blessés ont été mis hors d'état de nuire. »
L'appréciation au cas par cas démontre qu'en l'espèce Hissène Habré n'a pas exercé tous ses pouvoirs pour empêcher et réprimer la commission de tels crimes. Dès lors, nous pouvons affirmer qu'il a été défaillant dans l'exercice de son obligation générale de prévenir et à son obligation spécifique d'empêcher la commission de ces crimes.

Dans un entretien paru dans le magazine Jeune Afrique, sur son autorité sur les FANT, Hissène Habré déclare ce qui suit: « J.A.: Vous êtes à la fois chef d'État et chef militaire. A la tête de vos troupes et dans ce bureau Présidentiel. C'est une situation unique en Afrique. Comment arrivez-vous à concilier les deux ? H.H.: Je ne vois pas ce qu'il y a d'inconciliable. Un chef militaire et un chef politique, c'est la même chose. Beaucoup de chefs d'État ont été ou sont encore des militaires […] Les deux fonctions sont […] complémentaires. L'une enrichit l'autre. Je me trouve très bien dans cette peau-là. »
Des homicides et exécutions sommaires ont été commises tant contre les civils en province qu'à l'encontre de prisonniers politiques dans les centres de détention de la DDS.
Saleh Younous, qui fut le premier Directeur de la DDS de 1983 à 1987, a précisé devant la Commission d'Enquête que des exécutions de prisonniers avaient lieu sur ordre du Président Habré. Lui seul pouvant en donner l'autorisation et surtout pour ce qui concerne les personnalités importantes ou des militaires de grades élevés.
« Il est vrai que beaucoup de prisonniers sont morts d'épuisement ou de maladie dans les geôles de la DDS, mais d'autres sont enlevés la nuit des geôles ou même de chez eux directement et disparaissent. Ces opérations-là ou plus exactement ces exécutions étaient toujours ordonnées par le Président […] ».

De même que les ordres de liquidations d'opposants politiques établis. « Je n'ai jamais eu des instructions pour procéder à des éliminations physiques des Tchadiens résidant à l'étranger. Mais plusieurs de mes collaborateurs étaient souvent convoqués directement par le Président de la République qui leur confiait ces tâches sans passer par moi. Il arrivait quelques fois qu'à la suite de l'élimination d'un Tchadien à l'étranger, le Président me demandait d'enquêter sur l'affaire alors que c'était lui-même qui en avait donné l'ordre ».

Quant aux exécutions de prisonniers de guerre qui ont eu lieu à N'Djamena, la même conclusion peut être retenue. Plusieurs témoins ont confirmé le rôle de la DDS dans les exécutions et notamment le fait que les enlèvements étaient l'œuvre des plus hauts responsables de la DDS.

• Akya M'Béra Antoine, combattant du GUNT, capturé à Faya et détenu à N'Djamena, a témoigné qu'à la Maison d'arrêt de N'Djamena, le Commandant de Brigade Spéciale de Hissène Habré, Ketté Moisé, venait prendre les noms d'officiers et de sous-officiers, qui, selon lui, faisaient ensuite l'objet d'enlèvements et de de disparition.

• Mahamat Abakar Bourja1, combattant du GUNT, capturé à Faya et détenu à N'Djamena, a affirmé que Guihini Koreï et Mahamat Bidon venaient enlever 2 à 3 prisonniers de guerre, environ deux fois par semaine, pour les exécuter.

Hissène Habré qui suivait avec intérêt la formation et l'évolution de groupes d'opposition politique et militaire au Tchad et ailleurs, ordonnait l'arrestation de certaines personnes soupçonnées d'activités douteuses. Ce que confirment d'ailleurs certaines archives de la DDS. De plus, l'arrestation et la mise en détention de certaines personnalités ne pouvaient se faire sans le consentement de Hissène Habré. Pour les cas d'arrestations de personnes qu'il n'a pas lui-même ordonnées, le Président a éventuellement pris connaissance de leur situation et donc implicitement donné son accord à ce qu'elles soient maintenues dans les liens de la détention.

Selon un compte rendu adressé au Directeur de la DDS le 20 octobre 1987, le Président Habré a appréhendé lui-même Choukou Chideye et Allafouza Malimi le 18 octobre 1987. Les individus ont « pris la fuite lorsqu'ils ont aperçu le Président » et « c'est ainsi qu'ils étaient pourchassés par les éléments de la Garde Présidentielle avant de les intercepter et les incarcérer ». Les arrestations faites par les éléments de la Garde Présidentielle provenaient d'ordres directs du Chef d'Etat.

Mahamat Djibrine, ex-chef de service à la DDS, a révélé à la Commission d'Enquête : « En ce qui concerne les arrestations, c'est le Président lui-même qui ordonne. Quand il est informé, il nous demande d'interpeller comme il a aussi des sources d'informations ».
Selon Saleh Younous les chefs de service n'avaient aucun pouvoir pour ce qui était des arrestations. Ceux-ci rendaient compte au Directeur de la DDS et « lui seul ou le Président [ordonnait] l'arrestation ».
Le témoignage de Saleh Batraki, ex-agent de la DDS confirme les déclarations de Saleh Younus devant la Commission d'Enquête. Selon Batraki :
« Les ordres d'arrestations et de libérations émanaient directement du Président de la République qui avait ses propres sources d'informations ».
De la même façon, certains documents retrouvés dans les Archives DDS démontrent qu'Hissène Habré donnait des ordres d'arrêter.

Hissène Habré Chef d'Etat incarnant la plus haute autorité civile du Tchad n'a pris aucune disposition nécessaire à l'arrêt des exactions ou de punir les auteurs.
D'ailleurs, interrogé sur la question, il minimise les exactions en parlant de « bavures » au Tchad mais que la « guerre [entraînait] nécessairement des dégâts, des pertes et des souffrances. .
Les « dégâts » dont fait allusion le sieur Habré se soldaient en perte de vies humaines de civils, de tueries, d'incendies de villages entiers, de chasse à l'homme, d'exactions contre les femmes et les enfants, d'expulsions de gens de leurs maisons. Ces mêmes « dégâts » ont anéanti la vie de milliers de personnes. La torture fut utilisée à grande échelle et d'une manière systématique, devenant presque une méthode de gouvernement. Les exécutions sommaires et extrajudiciaires furent perpétrées régulièrement.
Les exactions ont été sciemment orchestrées et planifiées dans le cadre d'une attaque systématique des populations civiles et tout cela dans le dessein de les punir ou d'instaurer tout simplement une terreur.
Cette attitude du régime de Habré était contraire au Droit International résultant de la coutume internationale ou des traités régulièrement ratifiés par le Tchad. Habré savaient très bien que les personnes détenues avaient droit à un procès. Ce qui n'a jamais été le cas.

Le lien de subordination est un principe sacrosaint dans les rangs de toute armée. Le rapport entre le Président Habré et les FANT répondait à ce principe. En effet, dans le cadre de la structuration des FANT, Habré a pris

le décret N°001/PCE du 18 juin 1982 portant nomination des membres du Conseil d'Etat dirigé par le Capitaine Gouara Lassou remplacé par la suite par le nommé Toutouang Yoma Golom, ministre de la défense, suivant le décret N°001/PR/CAB/82 le 21 octobre 1982.
Par un remaniement du 24 juillet 1984 Habré a renforcé son autorité sur ses forces armées avec la suppression du poste de Ministre de la Défense qui est remplacé par le poste de Ministre Délégué à la Présidence, chargé de la Défense Nationale , des Anciens Combattants et Victimes. Aussi par décret N°201/PR/CAB/86 du 23 mars 1986, le Président Habré s'est lui-même attribué les pouvoirs du Ministre de la Défense. En cette qualité, il a pu contrôler directement la structure de l'armée ainsi que les opérations militaires.

Le Tchad a été émaillé par des conflits pendant toute la période du 7 juin 1982 au 1er décembre 1990 surtout dans le Nord. Pour faire face à cette situation, Habré nommé un Commandant chef d'opération (Com-Chef) chargé de diriger les troupes sur chaque zone de conflit. Il procédait aussi de façon discrétionnaire au remplacement de l'autorité en question en cas d'absence de résultats. Ce qui entrainait l'existence d'un lien directe du Président ministre de la défense avec le chef des opérations sur zone. Ahmat Kogri, ancien combattant des FANT devenu chef de service administratif et financier à la Présidence, confirme ce contrôle permanent de Habré sur les activités des FANT en ces termes: le Chef des opérations «... [Assurait] la gestion du théâtre sur le terrain et rendait compte au Président avec qui il maintenait des relations directes sans passer par le Chef d'état-major...».
Un document daté du 21 décembre 1988, nous informe sur le niveau de participation de Habré aux opérations. Dans ce document nous pouvons lire que le « Président de la République, Chef suprême des Armées » « il était question de brasser 975 CDR [ralliés] au FANT » c'est-à-dire, d'intégrer et de dispatcher les combattants CDR dans « toutes les zones militaires ». Sur le document, in fine, une mention « Remarques Présidentielles » y figure en ajoutant: « Discuter normalement avec eux pour qu'ils sachent qui nous sommes ». Un autre message du 05 mars 1987 du Président de la République, destiné au chef des opérations en Tibesti et au Commandant d'escadron de Wour illustre la connaissance du Chef de l'Etat sur les actes de son armée en ces termes : « ... je vous adresse mes félicitations sur vos travaux d'Hommes concernant les offensives, les destructions infligées à l'ennemi ; je vous demande d'être

vigilant car l'ennemi ne tarde pas à faire la riposte. Je suis toujours prêt à répondre à vos aspirations sur tout ce dont vous aurez besoin. Que Dieu soit avec vous … »

Aussi, « Chaque mois, une synthèse mensuelle est dressée sous forme de rapports par le renseignement militaire du Haut Commandement des FANT. Ces synthèses mensuelles destinées au Président de la République retracent l'ensemble des opérations de chaque zone militaire sur tout le territoire national. C'est aussi un canal qui a servi à informer Habré des dérives et exactions des FANT.

Cette connaissance des agissements de ses préposés est aussi confirmé par Maldoum Bada Abbas, ancien aide de camp de Habré et ancien Préfet de Guera, qui parlant de Habré, affirme: « … qu'il était très intelligent mais ne donnait pas ses ordres en patois, il contrôlait tout et rien ne pouvait être fait par un Préfet sans qu'il ne soit au courant … ».

Saleh Younouss de renchérir, en disant qu'il a : «…appris que Guihini Koreï a organisé plusieurs exécutions collectives de prisonniers militaires. Des renseignements divers me sont parvenus à ce sujet mais je n'ai jamais cherché à en savoir plus. Je suppose que Guihini recevait les instructions du Président de la République ».

En sa qualité de supérieur hiérarchique directe des FANT, Habré ne pouvait pas ignorer les violations du droit international humanitaire commises par ses préposés dans le conflit armé au Nord.

Parce que tout de même la discipline militaire voudrait que le supérieur hiérarchique soit informé de tout pour la prise de décision. De toute façon, la presse tchadienne avait largement épilogué sur les agissements des FANT. Ce qui était à la portée de tout tchadien.

Dans un extrait du rapport annuel 1990-1991 rendu public par Amnesty International, il y est fait état des « exécutions extra judiciaires et des détentions sans jugement des prisonniers de guerre ».

Hissène Habré, Chef de l'État et chef militaire du Tchad avait un pouvoir de contrôle effectif sur les FANT. Il savait ou avait des raisons de savoir que ses forces commettaient des crimes sans mesures nécessaires et raisonnables afin de punir les auteurs des crimes et de prévenir des crimes ultérieurs.

L'article 14 de l'Ordonnance N°001/PR/MDNACVG/82 du 30 décembre 1982 portant création et organisation des Forces Armées Nationales Tchadiennes, dispose que : « les FANT ne sont plus sous l'autorité du

Président de la République mais elles sont à la disposition du Président de la République ».
Malgré son autorité grandissante au sein de l'armée tchadienne, Habré n'a pris aucune mesure nécessaire et raisonnable en vue de prévenir les violations du droit international humanitaire. Il a de ce fait incité par son inaction ou son inertie la commission de crimes de guerre.

Le code justice militaire attribue des pouvoirs de police aux Commandants-Chefs pour la constatation des infractions commises par les militaires ou assimilés. Comme il est dit plus haut, le Co-Chef était un préposé direct du Ministre de la Défense et du Président Habré qui peuvent lui enjoindre d'ordonner des poursuites en application de l'article 17 dudit code pour traduire devant les autorités compétentes les éléments des forces armées auteurs de crimes. En l'espèce, malgré les nombreux comptes rendus sur les exactions commises par les militaires, adressés à ces autorités, des sanctions pénales ou disciplinaires n'ont pas été administrées. Au contraire, les autorités tchadiennes ont toujours préféré fermer les yeux sur les violations graves du droit international humanitaire.

CHAPITRE 5 :
Les arguments de la défense de Hissène Habré

La défense est représentée par Me Mounir BALLAL, Me Mbaye SENE, Me Abdoul GNING. Ces avocats qui sont tous du Barreau du Sénégal ont été commis d'office par les Chambres Africaines Extraordinaires après que ceux pris par Hissène Habré aient décidé de boycotter le procès.
Dans son mémoire, la défense a d'abord fait un bref rappel du contexte historique et particulier du Tchad pendant lequel se sont déroulés les faits reprochés à leur client. Elle a ensuite fait un rappel des faits et de la procédure avant de se prononcer sur les accusations de crimes contre l'humanité, de crimes de guerre et crimes de tortures et du crime autonome de torture.

I. Un contexte historique particulier

Selon la défense, Hissène Habré a gouverné un Etat particulier pendant une période de troubles engendrés par des forces obscures avec le soutien de puissances étrangères. Pour la défense, le Tchad est un Etat particulier de par sa taille et de par son positionnement géographique ; aussi, sa position géographique en fait un carrefour séparant l'Afrique noire et arabophone. Il partage aussi le stratégique Lac Tchad avec ses voisins immédiats dont le Cameroun, le Niger et le Nigéria. Cette ancienne colonie de la France qui a acquis son indépendance le 11 août 1960 a une population d'une densité faible répartie entre plusieurs ethnies ayant des rivalités historiques surtout entre populations du nord et du sud. Cet antagonisme est aussi accentué par la diversité des ethnies au Tchad. La défense indique que la plupart d'entre elles occupent une portion du territoire national où elles sont à cheval entre le territoire tchadien et celui des pays voisins. En termes de religion, l'islam est pratiqué par la moitié de la population, la chrétienté par le tiers et les religions animistes par le reste.
La défense a fait remarquer que vu les disparités au sein de l'Etat tchadien, une nation tchadienne ne pouvait se bâtir que dans un équilibre et une complémentarité de tous les paramètres suscités. Ne suivant pas ce chemin, le Tchad était depuis son indépendance un Etat instable qui peinait à retrouver son équilibre. Ainsi, pour les avocats de Habré, celui-ci était à la tête d'un Etat difficilement gouvernable du fait des rivalités et conflits internes qui secouaient le pays. Néanmoins, Hissène Habré a essayé de rassembler toutes les forces vives politiques comme militaires avec comme ambition la construction d'un Etat-nation.

Ces différents appels resteront sans suite du fait de la ferme volonté des groupes armés et du voisin libyen de lui barrer la route et surtout d'obstruer son projet de réunification d'un Tchad indépendant. Ce qui les a amenés, d'ailleurs, à s'emparer, pour chacun, d'une partie du territoire tchadien. C'est ainsi que le GUNT soutenu par la Libye installe son gouvernement illégitime dans la ville de Faya-Largeau en 1983.

D'après la défense, pendant les deux premières années de règne de Hissène Habré, les groupes rebelles ont voulu installer un chaos généralisé sur tout le territoire tchadien. Le pouvoir central faisait l'objet de toutes sortes d'agression.

Hissène Habré résistant toujours à toutes les attaques armées, il fallait le déstabiliser pour l'amener à capituler. Dans cette entreprise, des personnalités du pouvoir central ont pu être manipulées par des puissances étrangères pour semer les graines d'un déchirement interne conduisant au renversement du président de la République.

Ce qui a conduit à l'orchestration de la révolte des « Hadjerai et celle des zaghawa » pour légitimer de futures accusations de crimes contre l'humanité.

Suivant la défense, certaines organisations non-gouvernementales ont toujours fait de cette affaire leur gagne-pain en incitant les actions de poursuite contre Hissène Habré. Dans leur complot, un soutien total leur a été apporté par Idriss Déby qui voulait se débarrasser définitivement d'un adversaire politique redoutable.

La défense fait remarquer que pour davantage renforcer cette entreprise de liquidation de Hissène Habré, la Belgique est entrée dans la danse en invoquant une prétendue compétence universelle pour obtenir son extradition. Alors que la loi sur laquelle elle fonde cette compétence a été sciemment modifiée pour épargner Georges Bush et Ariel Sharon des poursuites internationales qui les guettaient.

Dans cette même lancée, selon la défense, la cabale contre Hissène Habré sera portée au sein des juridictions sénégalaises qui, à leur tour, rejetteront toutes les demandes injustifiées des organisations de droits de l'homme, en connivence avec de supposées victimes sénégalaises. La défense souligne que les comploteurs insatisfaits se tournent alors vers l'Union Africaine pour obtenir gain de cause. L'Union Africaine sera ainsi manipulée et finira par ordonner le jugement de Hissène Habré par la création de Chambres Africaines Extraordinaires eu sein des juridictions sénégalaises.

Pour la défense, ces chambres étant le fruit d'un long processus de complot et de calomnies, elles ne sont que le prolongement de la Commission

d'enquête nationale au Tchad sur les crimes internationaux fabriqués et supposés être commis par Hissène Habré pendant la période 1982-1990.
En témoignent les dispositions de l'article 3 du Statut des Chambres Africaines Extraordinaires qui dispose : « les Chambres Africaines Extraordinaires sont habilitées à poursuivre et juger le ou les principaux responsables des crimes et violations graves du Droit international, de la coutume internationale et les conventions internationales ratifiées par le Tchad, commis sur le territoire Tchadien durant la période allant du 07 juin 1982 au 1er Décembre 1990… ». Alors que la commission d'enquête nationale n'était qu'une manœuvre politicienne permettant à Idriss Déby de se débarrasser d'un potentiel adversaire politique.

La défense s'interroge sur l'absence de poursuites contre des responsables directs des crimes supposés. Pour elle, ils sont pour une grande partie recyclés dans le régime du président Déby. La défense s'interroge également sur l'enquête à charge qui a suivi la création des Chambres Africaines Extraordinaires et qui n'a abouti qu'au renvoi du seul Hissène Habré devant les Chambres Africaines Extraordinaires comme s'il était omniprésent et seul responsable de tous les crimes supposés commis.
Sur la base de cette enquête à charge et d'un vaste complot mettant à contribution des victimes créées de toutes pièces, le parquet général des Chambres Africaines Extraordinaires poursuit Hissène Habré pour « crime contre l'humanité, crimes de guerre et crimes de tortures ». Il articule ses accusations autour de prétendues « attaques généralisées et systématiques » dirigées contre les populations civiles, « d'homicide, d'enlèvement de personnes, de tortures, d'actes inhumains, de viol, de déportation et de violation des conventions internationales par de mauvaises conditions de détention » subies par les prisonniers de guerre.

Selon la défense, mieux encore, l'instruction d'audience devant les Chambres Africaines Extraordinaires démontre nettement la légèreté de l'accusation qui se base principalement sur des témoignages invraisemblables et sans fondement. C'est ce qu'a compris le parquet général des Chambres Africaines Extraordinaires qui s'est d'ailleurs empressé à demander à la Chambre d'accusation de ne pas tenir compte des débats d'audience.
Ce qui selon la défense est contraire aux dispositions du code de procédure pénale sénégalais en son article 414.
Les avocats de Hissène Habré estiment que pour démontrer la culpabilité de Hissène Habré le parquet s'est juste contenté d'un rappel du droit

international sans pouvoir asseoir véritablement la culpabilité de Hissène Habré au regard des faits et de leur imputabilité à ce dernier.

II. Rejet de l'accusation de crime contre l'humanité

Selon la défense, le parquet général des Chambres Africaines Extraordinaires en charge des poursuites à l'obligation de rapporter des preuves suffisantes en rapport avec les faits allégués et d'en débattre avec la chambre. La décision du juge ne pouvant se fonder que sur la base de ces preuves et discussions d'audience. Pour l'accusation de crimes contre l'humanité, la défense a fait remarquer que l'accusation dans son réquisitoire s'est contentée d'une étude descriptive du droit international et de la jurisprudence en la matière en citant des cas complètement étrangers aux faits. C'est seulement « qu'à la page 58 du réquisitoire » qu'il est constaté quelques passages où le parquet général s'intéresse « aux conditions de détention et à ce qu'il appelle déportation des dames à OUADI-DOUM ». Puis, plus tard, dans le réquisitoire, il évoque un prétendu « viol de Khadija Hassan Zidane » par Hissène Habré.
Quant à une supposée « attaque généralisée et systématique » contre des couches de la population du Tchad, aucune preuve sérieuse n'a pu être établi lors des débats d'audience.

La défense rappelle que le parquet fonde son accusation sur le Statut des Chambres Africaines Extraordinaires qui en son article 6, fait une énumération des différents actes pouvant constituer des crimes contre l'humanité lorsqu'ils sont réalisés dans un contexte d'attaque généralisée et systématique dirigée contre les populations civiles. De même que l'article 7-2 du Statut de Rome portant création de la Cour Pénale Internationale qui ajoute que les faits constitutifs de crimes contre l'humanité peuvent aussi être commis dans le cadre de « la poursuite de la politique d'un Etat ou d'une organisation ayant pour but une telle attaque ».
Selon la défense, cet argument brandi par le parquet des Chambres Africaines Extraordinaires est infondé car pendant la période concernée par les poursuites, aucune politique de l'Etat tchadien n'avait pour but l'épuration d'une population civile particulière. En plus, aucune organisation ayant cet objectif n'a été formellement montée. Aussi, la défense défie l'accusation d'en apporter la preuve.

Hissène Habré, en tant qu'initiateur d'un vaste dialogue national pour l'unification et la concorde sociale » du Tchad, ne pouvait être, selon la défense à la tête d'une « entreprise criminelle visant les populations civiles. Aussi, les populations « Hajjeraï et Zaghawa », qui sont présentées comme étant les victimes des attaques en question étaient pour la plupart des alliés de Hissène Habré.
La défense précise que toutes les crises internes au pouvoir tchadien étaient orchestrées de l'extérieur par des puissances étrangères sur fond de calomnies et de montages grotesques.
Dans un tel contexte, il était impossible voire difficile pour le Président de la République de mener une politique ou une poursuite dirigée contre une quelconque ethnie.

La défense précise « qu'il n'y a pas d'ethnie Hajjeraï au Tchad ». Le terme « Hajjeraï » signifiant «habitants des montagnes ». Dès lors, toutes les populations qui occupent les zones montagneuses sont appelés par l'accusation «Hajjeraï ». La défense fait remarquer que les populations dont il s'agit, ont étés des alliés de Hissène Habré jusqu'à ce qu'il quitte le pouvoir. D'ailleurs son homme de confiance et ministre des affaires étrangères était de cette communauté. Selon les avocats de Hissène Habré, son décès en 1984, des suites d'une maladie a fait l'objet de manipulation pour pousser la communauté Hajjeraï à la révolte.
La défense indique que l'Etat tchadien en tant que république était dans l'obligation d'assurer une tranquillité publique à ses populations. Dans cette perspective, tous les contrevenants étaient sanctionnés en application de la législation tchadienne. Donc il ne peut être reproché aux services publics assurant la sécurité des tchadiens de procéder à des arrestations de délinquants formellement identifiés et qui nourrissaient un projet d'attentat à la sûreté de l'Etat.

Selon la défense, en avril 1989, plusieurs officiers de l'armée ont fait défection emportant avec eux armes et munitions. La désertion étant une infraction militaire grave dans tous les pays du monde, il était donc justifié selon la défense que les autorités tchadiennes lancent des poursuites afin d'arrêter ces hors-la-loi qui préparaient également un coup d'Etat. Il incombait à Hissène Habré de défendre la république du Tchad face à un groupe rebelle qui avait l'intention de prendre le contrôle de N'Djamena.
En agissant de la sorte, le parquet général Chambres Africaines Extraordinaires, à la suite des ONG d'obédience occidentale, essaye tant

bien que mal de convaincre le juge du bienfondé des agissements des rebelles Zaghawa et l'Etat tchadien aurait dû fermer les yeux sur les désertions dans son armée et rester inerte face aux multiples agressions des dissidents Zaghawa.
Par conséquence, selon la défense rien ne peut être reproché à Hissène Habré qui a tenté de mettre fin aux agissements des déserteurs et traitres.

Sur l'existence de supposés crimes contre l'humanité, le parquet Chambres Africaines Extraordinaires invoque la jurisprudence du Tribunal International International de Yougoslavie PIY » sans pouvoir faire le lien avec des faits précis reprochés à Hissène Habré. Selon la défense, aucune preuve rapportée n'a permis au parquet des Chambres Africaines Extraordinaires de convaincre de l'imputabilité à Hissène Habré d'actes d'homicide, de meurtre ou d'enlèvements suivis de disparition.

Sur la question, le rapport dont le parquet se prévaut ne s'est basé que sur des allégations sans fondement venant, selon la défense, de supposées victimes et tirées de rumeurs sans fondement.
La défense de préciser qu'avec l'existence de procédures à l'encontre des personnes arrêtées, il ne pouvait y avoir de détentions secrètes. Les familles avaient accès aux personnes arrêtées et d'ailleurs s'il y avait une attaque généralisée et systématique dirigée contre les ethnies « Hajjéraï » et « Zaghawa », les familles des victimes n'auraient pu rentrer en contact avec leurs proches incarcérés.
Ce qui fait dire à la défense que la thèse de la traque des « Hajjéraï et Zaghawa » n'est que le fruit d'un montage grotesque et sans fondement.

Selon la défense, avec la conjoncture économique des années 1980 et le contexte politique de l'époque, les personnes détenues ne pouvaient vivre mieux que celles qui étaient en liberté. Et dans un contexte de troubles généralisés, il est tout à fait normal que les arrestations augmentent et que les lieux de détention soient peuplés pour un temps bien déterminé en attendant que des procès puissent se tenir.
Dès lors, la défense conclut sur ce point que les accusations de mauvaises conditions de détentions ne sont pas fondées comme celles de transfert de détenus qualifié de « déportation ».

Suivant la défense, l'accusation, dans sa recherche effrénée de motifs et d'éléments pouvant constituer des crimes contre l'humanité qualifie « de déportation le transfèrement de femmes à OUADIDOUM et à KALAÏT », alors que les preuves rapportées à la barre révèlent que ce transfèrement est la conséquence directe d'une note de service de l'administration pénitentiaire motivée par des raisons de sécurité. Ce que les avocats de Hissène Habré trouvent normal, si l'on sait que tous les prisonniers du monde sont transférés sur la même base : « nécessité du service ou raisons de sécurité des détenus ».

Donc pour la défense, il n'y a pas l'ombre d'une déportation dans cet acte administratif mais un simple transfert de prisonniers.

Les femmes concernées par la mesure savaient bien qu'elles étaient transférées en témoigne les déclarations de Mme Fatime SAKINE faisant état de son transfèrement avec d'autres femmes et consignées aux pages 62 et 63 du réquisitoire du parquet. D'ailleurs, poursuit la défense, le parquet précise dans son réquisitoire qu'une autorisation préalable d'une autorité de tutelle ne s'impose pas en matière de transfert de détenus du fait que l'acte de transfert est une mesure administrative interne .

Pour ce qui concerne les conditions de détention à Ouadi-doum et Kalaït, aucune preuve n'a pu être rapportée à l'appui des accusations. Seules, des « déclarations contradictoires de témoins-parties civiles » ont été servies à la Chambre. Et dans ces déclarations certaines ont affirmé qu'elles bénéficiaient d'une liberté qui leur permettait de se délecter des rations alimentaires abandonnées par les soldats libyens. Il est clairement ressorti que les prisonniers dont il s'agit « étaient libres la journée ; ce qui leur permettait d'aller en brousse pour chercher du bois ».

Ce qui veut dire donc, selon la défense, que les prétendus déportés étaient libres de tout mouvement et pouvaient alors s'évader. Alors pourquoi elles n'ont pas profité de cette liberté pour se fondre dans la nature ? La défense se demande comment des femmes qui vivaient dans des conditions inhumaines peuvent déclarer qu'elles faisaient du commerce par l'intermédiaire des militaires à qui elles confiaient la vente « des bouts de baïonnettes » ramassés par elles.

La défense en conclut qu'on ne peut reprocher à Hissène Habré qui n'exerçait d'ailleurs aucun pouvoir direct sur l'administration pénitentiaire et sur le contingent basé à Ouadi-doum et à Kalaït des actes commis par ceux-ci, s'il en existait.

Selon la défense, l'affaire Madame Khadija ZIDANE est symptomatique du peu de sérieux à accorder aux prétendues victimes ou témoins. Pour elle, cette dame qui accuse Hissène Habré de l'avoir personnellement violé n'a servi que des contradictions pendant toute la procédure. En effet, Mme EIDANE avait déclaré devant la Commission d'instruction au Tchad qu'elle avait été « amenée à la présidence et forcée à avoir des rapports sexuels avec Hissène Habré » qui s'est débiné après l'avoir « poignardé au sexe et sur ses deux jambes » ; devant la Chambre d'accusation, elle affirme avoir « dit la vérité à la Commission d'Instruction parce qu'elle ne savait pas mentir » avant de revenir pour nier complétement les déclarations faites devant la commission pour dire « que ce qu'elle a raconté n'était pas conforme à ce qui s'était réellement passé ». Selon la défense, on ne peut se fier à une Dame qui se dédit au gré de « ses fantasmes ».

Selon l'accusation, Hissène Habré a participé personnellement à la commission de « crimes de torture (crime autonome) et de viol (acte sous-jacent) sur la personne de Khadiza Zidane ». Aussi, elle soutient que Hissène Habré « a commis une omission fautive d'un acte requis en vertu d'une règle de droit pénal ». Ce que la défense réfute en faisant observer le manque total de preuves et l'invraisemblance dans les déclarations de la Dame Zidane. Elle en conclut que la responsabilité personnelle de Hissène Habré ne peut être retenue pour ces faits imaginaires.
D'après les conseillers de Habré, « l'autorité de jure ou de facto de Hissène Habré sur les supposés auteurs d'actes criminels n'a non seulement pas été établie, mais elle n'a pas été retenue même par la justice tchadienne ». Alors qu'en l'espèce, « la jurisprudence Tadic » invoquée par le parquet exige une condition, à savoir : « servir le plan ou but commun ».

Selon la défense, contrairement aux affirmations de l'accusation, les témoignages recueillis sur les « évènements de Déli » ont tous confirmés qu'il y avait une fusillade opposant « CODOS et FANT ». Et selon eux, c'est l'attitude des « CODOS » qui serait à l'origine de la fusillade. Ce qui veut dire simplement qu'il n'y a jamais eu « d'homicides volontaires » concernant les évènements de Déli. La défense fait remarquer à ce propos que le rapport des experts commis par la Chambre d'instruction pour conduire les travaux de fouilles à la ferme de Déli n'a révélé que quelques sépultures distantes du lieu où s'est tenue la fusillade. D'ailleurs la défense souligne qu'aucun rapport d'expertise ayant déterminé la date de décès des corps s'y trouvant, n'a été versée au dossier. Les avocats de Habré rappellent que la rencontre CODOS-FANT à la ferme de Déli avait pour objet : la matérialisation des accords pour la « réintégration des CODOS »

dans l'armée tchadienne. Hissène Habré séjournant à la Mecque à l'époque ne pouvait prévoir et planifier la réaction spontanée de ses forces armées face au niet catégorique des CODOS de se séparer de leurs armes.
Pour ce qui concerne les évènements de Ngalo, il est clair que Hissène Habré en infligeant des sanctions à des éléments de son armée montrait nettement qu'il n'approuvait pas certaines pratiques dont il n'était pas du tout informé.

Les attaques venant souvent des CODOS qui tendaient des embuscades aux FANT comme l'a « révélé l'interrogatoire d'audience ». La défense a fait remarquer à la Chambre d'accusation que ces embuscades ont occasionné la mort de plusieurs combattants des forces armées tchadiennes mais le parquet ne semble pas être intéressé par ces massacres qu'il n'a pas daigné évoquer. Sur cette base, la défense plaide l'acquittement de Hissène Habré des crimes contre l'humanité.

III. Rejet des accusations de crimes de guerres et les crimes de torture

Selon la défense, le parquet se base sur l'autorité de Hissène Habré sur son armée en sa qualité de chef militaire pour asseoir sa responsabilité dans les accusations de crimes de guerre. Il articule cette responsabilité autour de faits qu'il qualifie « d'exécutions sommaires de cadres civils (Ministres du GUNT) et de prisonniers de guerre (Ambing, Faya Largeau, Kalait) ». Pour la défense, le parquet ajoute que Hissène Habré serait directement responsable des mauvaises conditions de détention et de transferts qu'il juge illégales. Les avocats de Habré précisent que les personnalités dont il s'agit ici, ont dû être tuées au combat lors des affrontements entre FANT et GUNT. Ce que confirment d'ailleurs plusieurs témoignages dont celui de Miambaye Dietolda Dakoye qui déclare que les FANT se sont confrontés aux combattants du GUNT à Faya Largeau et que les cadres de ce mouvement rebelle étaient présents sur le théâtre des opérations.
A propos des supposées exécutions à Ambing, la défense considère que l'accusation ne fait pas preuve de logique : tantôt il s'agit de civils, tantôt de civils et militaires ou de militaires tout court ; le fait que le parquet emploie le conditionnel dans son réquisitoire démontre son incapacité à prouver le fait allégué. Pour la défense, même le lieu d'exécution n'est pas clairement identifié, dans certaines déclarations c'était à Faya, dans d'autres c'était à Ambing.

La défense considère qu'il en est ainsi pour ce qui concerne les transferts de prisonniers qualifiés de déportations. Selon l'accusation, les motifs des arrestations et de transfert n'ont pas été notifiés aux prisonniers de guerre, donc ces prisonniers dont l'arrestation était irrégulière et dont le maintien en détention ne découlait pas d'un mandat de dépôt ont été, tout bonnement déportés.
Ce que réfute la défense qui soutient que vu le nombre important de combattants faits prisonniers, dépassant le millier, selon les témoins, l'Etat tchadien n'avait pas les moyens matériels de pouvoir les maintenir en détention à Faya. Il ne pouvait faire autrement que de les transférer à N'Djamena où des structures pouvaient les accueillir. Donc leur transfèrement était motivé par des nécessités de service conformément à la loi.

La défense précise que les prisonniers de guerre ont reçu un traitement justifié par le contexte économique et la situation de trouble de l'époque.
La défense constate que les organisations non gouvernementales qui crient à la violation de la convention de Vienne devraient plutôt s'intéresser à des cas patents de crimes de guerre et crimes contre l'humanité constatés quotidiennement à Guantanamo et ailleurs.

Selon la défense, le supposé rescapé des massacres supposés commis à Ambing en la personne de Bichara Djibrine n'a fait que des déclarations contradictoires à toutes les étapes de la procédure. Devant la Commission d'Enquête Nationale du Tchad, il a déclaré que lui et les autres prisonniers ont été extraits de leurs cellules vers 17 heures pour être exécutés du fait de leur appartenance ethnique. A cette fin, un convoi composé d'un gros porteur, un pick-up fût formé pour les acheminer sous bonne escorte vers le lieu d'exécution. Bichara Djibrine affirme que les militaires ont tiré sur eux le blessant à la main gauche et à la cuisse droite.
Ensuite devant le juge d'instruction de N'Djamena, il déclare que le véhicule qui avait servi à les transporter était un «un porte-char » et qu'il avait était atteint à la main gauche et au niveau des deux cuisses. Enfin devant la Chambre d'Instruction, Bichara Djibrine Ahmat s'est lui-même contredit en déclarant que la durée de sa détention à la maison d'arrêt de N'Djamena avant son extraction pour être exécuté à Ambing était environ d'une semaine devant le juge d'instruction, puis de trois jours devant la Chambre d'Assises. Alors qu'il avait déclaré devant la Commission d'Enquête Nationale qu'il a été détenu au moins un mois.

La défense fait remarquer que le mois d'août au Tchad coïncide avec le solstice d'été, ce qui veut dire que c'est une période où le soleil se couche au-delà de 19 heures alors que le témoin Bichara Djibrine disait dans sa déposition que ses codétenus et lui ont été extraits des cellules vers 17 heures. La défense a noté d'autres déclarations contradictoires du témoin devant le juge d'instruction notamment lorsqu'il soutient que le convoi était composé de quatre à cinq véhicules bondés de soldats alors qu'il avait déclaré auparavant qu'il ne s'agissait que de deux véhicules. C'est devant la Chambre d'Assises qu'il se rectifie pour dire qu'il y avait d'autres véhicules militaires qui faisaient partie du convoi. Selon la défense, concernant ses blessures, Bichara Djibrine servira une autre version différente de la première où il affirme avoir essuyé des tirs mais puisse que le groupe de prisonniers était entassé, il n'avait pas été réellement atteint et qu'il n'avait qu'une blessure légère.

Vu les contradictions dans les différentes déclarations de Bichara Djibrine Ahmat, la défense suggère à la Chambre de ne retenir aucune d'elles.

Concernant les chaînes en métal avec lesquelles, ils étaient attachés, le témoin déclare qu'elles étaient épaisses puis dans une autre déclaration, il soutient que les dites chaînes étaient légères. D'ailleurs, il a essayé d'esquiver la question du juge qui voulant savoir, en fait, comment le témoin s'est débrouillé pour se défaire des chaines en question. Après avoir insisté, Bichara finit par déclarer qu'il avait tordu la chaine pour s'en débarrasser. Alors que devant la Commission d'Enquête Nationale, il avait affirmé avoir trempé la chaîne dans la mare de sang qui l'entourait et la tordre.

La défense retient que le témoignage de Bichara Djibrine Ahmat est truffé de contrevérités et que la Chambre d'Instruction ne pouvait s'en référer pour asseoir une quelconque culpabilité du Président Habré à propos du fait allégué.

La défense de s'interroger enfin sur le crédit que la Chambre pourrait accorder aux déclarations d'un farfelu qui en réponse à la question de savoir comment il a survécu à l'hémorragie consécutive à ses multiples blessures, avait répondu qu'il avait récité un verset du coran.

La défense note que comme pour les évènements de Ambing, il n'y aurait qu'un seul rescapé de ceux de Kalait-Oum-Chalouba en la personne de Idriss Abdoulaye.

Ce témoin déclare que le massacre dont il fait allusion se serait déroulé à la date du 11 août 1983. Cependant, la défense a fait remarquer que les déclarations du témoin en question n'avaient non plus aucune crédibilité.
La défense a souligné que tout le dossier apporté et défendu par l'accusation se base sur le rapport de la Commission d'Enquête Nationale du Tchad et les témoignages y figurant. Ce sont ces témoignages que l'accusation a exploité pour y sortir de supposés témoins. Cependant, la défense s'interroge sur la fiabilité même dudit rapport.

IV. Le manque de crédibilité du Rapport de la Commission d'Enquête Nationale

Selon la défense, ce rapport vient d'une commission instituée par Idriss Déby un mois après sa prise du pouvoir. Cette commission créée par Décret avait pour mission d'enquêter sur des actes « relatifs aux crimes portant atteinte à l'intégrité physique et morale des personnes et de leurs biens, et aux détournements de deniers publics. » Deux personnalités furent nommées à la tête de cette commission : Monsieur Mahamat Hassan Abakar en qualité de Président et Monsieur Ali Abdoulaye, Directeur du Service des Renseignements Généraux en qualité de vice-président.
Selon la défense, la qualité de ces personnalités laisse penser que la Commission d'Enquête Nationale ne répondait pas aux normes « d'objectivité, d'impartialité et de neutralité » requises pour de telles institutions car des collaborateurs de Idriss DEBY ont été désignés à la tête de cette commission devant enquêter sur des exactions dans lesquelles lui-même était impliqué.

V. Rejet d'accusations de crimes de torture, exactions et massacres dans le sud.

Concernant l'accusation de « crimes de torture, exactions et massacres dans le sud », la défense a constaté l'impossibilité pour le parquet de les imputer à Hissène Habré tout en faisant constater l'inexistence d'une chaine de commandement fluide dans l'armée tchadienne

L'accusation invoque la responsabilité de Hissène Habré en tant que supérieur hiérarchique militaire donnant les ordres à la chaine de commandement. Les actes incriminés auraient été infligés à des personnes détenues soit temporairement soit définitivement à la DDS où dans les autres lieux de détentions. La défense fait observer que la plupart des témoins cités étaient membres de l'opposition politique qui s'était radicalisée en prenant les armes contre le régime de Hissène Habré. Cette rébellion avait en outre des projets d'atteinte à la sûreté de l'Etat et était soutenu par des puissances étrangères. Par ailleurs, la défense ne conteste pas l'existence d'arrestations massives mais pour ce qui concerne les actes de torture, elle tient à relever qu'aucune preuve matérielle n'a pu être apportée par l'accusation.

La défense de préciser que le statut des Chambres Africaines Extraordinaires définit la torture comme: « un acte par lequel une douleur ou des souffrances aigues, physiques ou mentales sont intentionnellement infligées à une personne ». Selon la défense, les actes en question ont été juste allégués et n'ont pas été prouvés. Il n'y a dans le dossier que des déclarations de témoins s'étant constitué partie civile. La défense indique à la Chambre d'instruction que les témoignages dont l'accusation faisait le plus souvent allusion venaient d'anciennes personnalités de la DDS que le parquet met en avant pour asseoir une culpabilité personnelle de Hissène Habré. LA défense soutient que les ex-agents de la DDS ont tous pactisé avec le régime de Idriss Déby dans le but d'imputer à Hissène Habré tous les crimes commis pendant qu'il était au pouvoir.

VI. L'absence d'une véritable chaine de commandement

Pour asseoir la responsabilité individuelle de Hissène Habré pour « crimes de guerre et crimes contre l'humanité », l'accusation a invoqué sa position constitutionnelle de supérieur hiérarchique en sa qualité de chef suprême des armées. Selon la défense, il résulte de certains témoignages que Hissène Habré n'avait pas un pouvoir de commandement absolu sur ses troupes.

La défense a précisé qu'il a été prouvé que le donneur d'ordres était bien Idriss Deby car c'est lui qui était à la tête des troupes et commandait les opérations sur le terrain.

Pour la défense, aucun élément de preuve sérieux ne permet d'asseoir la responsabilité de Hissène Habré en tant que supérieur hiérarchique militaire. Aucune pièce du dossier ne prouve qu'il pilotait les opérations. La défense soutient que le témoignage du témoin Kassala confirme le fait que des massacres étaient étouffés et n'étaient point rapportés à Hissène Habré car comme pour les massacres de Ngalo, si Hissène Habré avait eu connaissance des massacres commis par Déby à Kotongo, il y aurait forcément eu des sanctions.

La défense conclut que la responsabilité pour les crimes de torture, les crimes de guerre, encore moins pour les crimes contre l'humanité quel que soit le mode de responsabilité envisagé, personnel ou au titre de la responsabilité de commandement ne peut être imputée à Hissène Habré au vu des éléments de preuves rapportés et discutées à toutes les étapes de la procédure.

Pour ces différents motifs, la défense plaide l'acquittement de Monsieur Hissène Habré des chefs de crimes contre l'humanité, de viol, crimes de guerre et crimes de torture visés aux articles 4, 6, 7, 8 et 10 du Statut des Chambres Africaines Extraordinaires.

Conclusion générale

Vingt années de lutte contre l'impunité, dix mois de procès auront suffi pour que les Chambres Africaines Extraordinaires déclarent Hissène Habré coupable de « crimes contre l'humanité, crimes de guerre et du crime de torture ». Condamné « à la peine d'emprisonnement à perpétuité » sans confiscation des biens saisis, ce procès entre dans les annales du droit pénal international. En effet, ce procès est historique à un double niveau : d'abord avec ce verdict des Chambres Africaines Extraordinaires, on assiste à la première condamnation d'un ancien chef d'Etat devant la justice pénale internationale. L'histoire retiendra que c'est la première fois qu'un ancien chef d'Etat est jugé dans un pays autre que le sien pour violation grave des droits humains. L'autre fait sans précédent est caractérisé par ce qu'on pourrait appeler l'africanité de la juridiction qui a condamné Hissène Habré à la peine à perpétuité. En effet, c'est aussi la première fois qu'un ancien chef d'Etat est jugé en Afrique pour des faits de crimes contre l'humanité et cela a été possible grâce au principe de la compétence universelle. Un principe du droit pénal international qui voudrait que des poursuites pénales puissent être engagées contre une ou plusieurs personnes présumées coupables de crimes graves sans tenir compte du principe de la territorialisation des infractions. La Cour Pénale Internationale ne pouvant connaître que des crimes internationaux commis après 2002, date à laquelle son statut est entré en vigueur, Hissène Habré a été jugé par un tribunal ad hoc créé par un Etat africain, le Sénégal, sur mandat explicite de l'Union Africaine. Ce tribunal ad hoc s'est inspiré en partie du modèle des chambres extraordinaires créées au sein des tribunaux cambodgiens trois décennies après la chute des Khmers rouges pour connaître des crimes commis par les plus hauts responsables du régime du Kampuchéa démocratique. En effet, ces deux juridictions qui se présentent comme faisant partie du système judiciaire national d'un Etat, traitent de crimes internationaux remontant à plusieurs décennies. Les chambres africaines extraordinaires comme celles cambodgiennes se sont focalisées sur des crimes commis pendant une période bien définie : de 1982 à 1990 pour ce qui concerne les Chambres Africaines ; de 1975 à 1979 pour les Chambres Cambodgiennes. Ces chambres extraordinaires ont en commun leur nature mixte mettant ensemble des caractéristiques internes et internationales. Ainsi, elles sont toutes les deux des catégories de juridiction pénale internationalisée. Elles intègrent dans leur statut deux ordres juridiques différents avec à la base la signature d'une convention entre une entité internationale et un Etat. La création des Chambres Cambodgiennes Extraordinaires résultant d'un accord de 2004 entre les Nations Unies et le gouvernement du Cambodge et celle des Chambres Africaines Extraordinaires étant le fruit d'une entente entre l'Union africaine et le gouvernement du Sénégal. C'est d'ailleurs le caractère mixte de ces deux tribunaux ad hoc que l'on retrouve également dans leur mode de fonctionnement et dans la composition de leur personnel. En effet, de part et d'autres les chambres sont composées de juges nationaux et internationaux. Pour ce qui est de la procédure, il est fait appel aussi bien au droit national (règles procédurales sénégalaises et cambodgiennes) mais aussi et surtout au droit et à la coutume internationale.

Cependant, certains critiques reprochent aux Chambres Africaines Extraordinaires d'être plus sénégalaises qu'internationales du fait que la majeure partie des juges y siégeant sont de nationalité sénégalaise. Seuls les présidents des deux chambres d'Assises de première instance et d'Appel sont issus de pays membres de l'Union Africaine autre que le Sénégal.

Le choix d'un tribunal hybride pour juger Hissène Habré comporte certains avantages mais aussi des inconvénients à l'image de tous les tribunaux ad hoc. En effet, du fait de leur mixité, les tribunaux hybrides permettent de légitimer l'action pénale engagée le plus souvent contre de hauts responsables civils ou militaires d'un Etat donné. Ainsi, l'intervention du juge national sous un contrôle international permet de légitimer les tribunaux internationalisés et les décisions qu'ils rendent. D'ailleurs pour certains auteurs, les juridictions mixtes favorisent la réconciliation parce que créées pour sanctionner des crimes commis à l'occasion de conflits généralisés sur leur territoire d'action. Mais aussi c'est « le meilleur moyen d'équilibrer la nécessité d'une participation nationale et d'une participation internationale aux travaux du tribunal » ou des chambres et d'asseoir une « justice acceptée ». C'est en réalité l'idéal même qui est recherché dans la justice internationale : venir en renfort aux juridictions nationales, et ainsi consolider leur légitimité.

A côté des avantages qu'offrent les juridictions mixtes comme les CAE, il y a quelques difficultés pratiques relatives à leur fonctionnement notamment pour ce qui concerne les lenteurs liées à leur mise en place. Les causes de ces lenteurs sont souvent à rechercher dans leur mode de financement. Le mode souvent utilisé pour financer les juridictions hybrides comme les Chambres Africaines Extraordinaires est la mobilisation de fonds au niveau national et international. C'est le cas, par exemple, du tribunal spécial pour le Liban dont les contributions à son financement étaient fixées comme suit : la République libanaise pour 51% et les contributeurs pour 49%. Donc, une partie du financement provient de l'Etat qui accueille la juridiction internationalisée et le reste est mobilisé à partir de contributions d'organisations internationales ou d'Etats tiers. Il faut rappeler que pour ce qui concerne les Chambres Africaines Extraordinaires, 8, 6 millions d'euros (soit 5,6 milliards de francs CFA) ont été mobilisés pour son financement avec comme principaux bailleurs l'Union Européenne, la Belgique, la France, les Pays-Bas, l'Allemagne, l'Union Africaine et le Tchad. Le financement de ce type de juridiction mixte est le principal défi pour ne pas dire l'obstacle majeur à leur pertinence pour juger des crimes internationaux et des violations graves des droits humains. La participation de l'Etat dans le ressort duquel la juridiction est installée est certainement la tâche la plus ardue si on tient compte des contraintes budgétaires sévères que connaissent les pays africains. Ce fut le cas pour le procès Habré. Le Sénégal avait suspendu la poursuite de l'action judiciaire à la prise en charge par l'Union Africaine et la communauté internationale de la totalité des charges nécessaires à la tenue du procès en arguant du fait que le pays contribuait déjà en nature par la mise à disposition de ses juges.

Malgré les difficultés de financement de la justice internationale, il faut signaler que les Chambres Africaines Extraordinaires ont été moins couteuses par rapport aux tribunaux ad hoc et la CPI. Là où les Chambres Africaines ont nécessité 8, 6 millions d'euros, certains observateurs pensent qu'une même affaire devant le Tribunal Pénal International pour l'ex-Yougoslavie (TPIY) aurait coûté plus du double ; devant les Chambres Cambodgiennes Extraordinaires il aurait coûté six fois plus, et devant la CPI dix fois plus ». Certes, les Chambres Africaines Extraordinaires ont bénéficié d'un important travail d'enquête mené avant leur création par la justice belge, ce qui a amoindri les coûts et les délais mais il est important de noter qu'elles ont battu un record en termes d'efficacité avec un budget moins lourd et une diligence à saluer. L'enquête, l'instruction et le procès en première instance se sont déroulés en un trois (03) ans entre 2013 et 2016. Il faut aussi saluer à nouveau la volonté politique du Sénégal et de son Président Macky Sall de mener le procès à son terme conformément à ses engagements.

Une autre difficulté de fonctionnement des tribunaux hybrides peut être recherchée dans les tensions qui peuvent résulter d'un passé douloureux qu'ils risquent de faire ressurgir. En effet, il peut arriver que des témoins clés ou même des personnes incriminées ou citées dans le procès soient toujours en fonction et que leur gouvernement s'oppose à leur audition. A cet égard, malgré les commissions rogatoires au Tchad et les saisines par voie diplomatique, certaines personnes incriminées dans le réquisitoire du parquet général n'ont pu être ni transférées à Dakar, ni entendues par les Chambres Africaines Extraordinaires. De la même manière, les Chambres extraordinaires au sein des juridictions cambodgiennes ont été bloquées à un moment par des tensions sans précédent. Hun Sen, refusant l'ouverture d'une nouvelle audience au-delà du procès N°2. Pour certains observateurs, il marquait ainsi son refus de voir d'anciens hauts responsables Khmers rouges membres de son gouvernement appelés à la barre du tribunal pour témoigner.

Au-delà de ces questions que l'on peut considérer comme subsidiaires, les Chambres Africaines Extraordinaires ouvrent la voie pour une justice internationale africanisée. A l'heure où l'actualité judiciaire internationale est marquée par le retrait de plusieurs Etats africains de la CPI, les Chambres Africaines Extraordinaires offrent un bel optimisme quant à une justice internationale acceptée et conforme aux réalités africaines. La pérennisation des acquis de la tenue du procès de Hissène Habré pourrait passer par une convention africaine pour la poursuite en Afrique des auteurs de crimes internationaux où les Etats parties s'engageraient au nom de la compétence africaine spécifique à juger les crimes internationaux commis dans un autre pays africain par des auteurs se trouvant sur leur sol, (The Conversation, 2015). A cet égard, la ratification d'une telle convention donnerait obligation aux Etats signataires de poursuivre au sein de leur propre système judiciaire les auteurs de crimes internationaux et de violations graves des droits humains. Cela entrerait d'ailleurs en droite ligne avec les dispositions de l'acte constitutif de l'Union Africaine qui condamnent « les crimes internationaux comme le génocide, les crimes contre l'humanité et les crimes de guerre » et prône la lutte contre l'impunité de leurs auteurs.

La poursuite au sein des juridictions nationales des auteurs de crimes internationaux et de violations graves des droits humains a plusieurs avantages : pour les victimes, elle permet d'avoir un interlocuteur, l'Etat où se trouvent les auteurs présumés et de pouvoir répondre à plusieurs questions processuelles : qui saisir ? Comment le saisir ? Dans quel délai ?

Avec quels moyens ? Elle permet ainsi de faire face à l'impunité plus efficacement en évitant les hésitations constatées dans la création de tribunaux hybrides et réglerait la question du financement très onéreux des procès internationaux.

Traiter les crimes internationaux comme les crimes tout court au niveau des juridictions nationales des pays africains est le moyen le plus efficace de pérenniser les acquis historiques des Chambres Africaines Extraordinaires qui sont une contribution significative de l'Afrique à l'évolution du droit pénal international dont le dépérissement progressif devrait se faire au profit du renforcement du droit pénal respectif des nations qui constituent dans leur ensemble la communauté internationale au nom duquel le droit pénal international agit.

A la lumière de l'analyse critique développée dans cette étude, il ressort que nous avons minutieusement, et objectivement tenu à construire une problématique originale et politique sur l'affaire Hissène Habré, tout au long du processus, du début de la mise sur pied des chambres extraordinaires africaines, au déroulement du procès, avec une description approfondie des plaidoiries des conseils des victimes et de l'accusé.

Une lecture immanente et rationnelle de cette trame narrative élaborée dans cette étude révèle un traitement fiable et équitable, soutenu par des données empiriques des intérêts opposés des deux camps.

Peut-on mettre à égalité sur la balance juridictionnelle, d'un côté les charges de « crimes contre l'humanité, crimes de guerre, de violence et de torture » introduites par les victimes et de l'autre côte, la réponse de la théorie du « complot » ourdi par des forces occultes dont le seul but serait de détruire à jamais l'ancien président tchadien, servie par la défense?

Il s'agit là d'une question de morale et d'éthique qui fortuitement, a été tranchée par la découverte de faits têtus sur le terrain, dans un contexte où l'Afrique est aux prises avec les convulsions de l'histoire et d'un idéal démocratique à construire.

Comme nous l'avions précédemment indiqué dans cette étude, la portée historiquement inédite de ce procès lui confère un cachet hautement politique. Indéniablement, l'Afrique est entrée dans le concert des grandes nations démocratiques, avec l'édification des chambres extraordinaires pour juger Hissène Habré. Elle a démontré qu'elle pouvait organiser un procès dans les règles juridictionnelles de la Cour Pénale Internationale (CPI). Il s'agit là d'une révolution politique passive, pour reprendre ce concept de Gramsci, (2012) dans la mesure où, elle induit une dynamique politique de transformation de la pratique juridictionnelle en Afrique, sans pour autant ébranler les fondements institutionnels des Etats membres de l'Union Africaine.

De ce point de vue, la création de ces chambres extraordinaires et le verdict rendu après plus de six mois d'instruction représentent un acquis politique historique obtenu de haute lutte par les victimes et l'Afrique toute entière.

Il faut aussi saluer, le courage et la volonté politique du Président sénégalais Macky Sall qui a pris à bras le corps l'organisation de ce procès, à la suite du mandat de l'Union Africaine donné au Sénégal, de l'instruire dans son territoire. En effet, le président Macky Sall n'a ménagé aucun effort à instruire la Ministre de la justice que nous fûmes à l'époque, de réunir toutes les conditions pour une conduite équitable dans le fonctionnement des chambres extraordinaires. Il y'a eu plusieurs tentatives infructueuses de traduire en justice Hissène Habré qui bénéficiait d'un droit d'asile au Sénégal, et c'est avec l'élection de Macky Sall en 2012, que la procédure de le faire juger sur un territoire étranger a été déclenchée. Un signal fort à toute la communauté internationale et à l'Afrique a été donné : l'Afrique peut compter sur elle-même pour juger des dirigeants accusés d'avoir commis des crimes contre l'humanité en s'appuyant sur son propre arsenal juridique. Au départ, le scepticisme était de mise, mais à l'arrivée, l'Afrique en est sortie victorieuse et fière de son avenir.

Références des Auteurs cités.

Wilfrid S. Araba « Radvan Karadic, Ratko Mladic : Infractions pénales Internationales et actualités du principe de compétence universelle » Session CIFAF, 2014
Delay Birkett « Victims Justice? Reparations and Assets forfeitures at the Extraordinary African Chambers », Journal of African Laws, Volume 63 numero 2, June 2019.
Reed Brody " Bringing a Dictator to justice : The case of Hissène Habré", Journal of International Criminal Justice, volume 13, May 2015.

Michael Broache « The International Criminal Court and Atrocities in DRC septembre 2014, disponible http:/papers ssrn.com
Reed Brody "Bringing a Dictator to justice: The case of Hissène Habré", Journal of International Criminal Justice, volume 13, May 2015.
Reed Brody "Victims bring a dictator to Justice: The case of Hissène Habré", Publisher, Bread for the World, 2017.

R. Buutenhujs « L.Art de ménager la chèvre et le chou : La politique Tchadienne de François Mitterrand », dans Politique Africaine p 107, 1981.

Jean-Pierre Chrétien, « Hutu et Tutsi au Rwanda et au Burundi », dans Au cœur del'ethnie : Ethnie, Tribalisme et Etat en Afrique, Editions la Découverte, paris ,1985

Kate Crontin Furman « Managing expectations : International criminal trials and the prospects for deterence of mass atrocity ». International journaloftransitional justice 2013 pp 1-21

Michel Danti-Juan « Droit Pénal Spécial, CUJAS 5ème Edition Reference, Paris, 10 juillet, 2010.

René Degni-Segur, «Rapport sur la situation des Droits de l'Homme au Rwanda.» Document des Nations Unies ECN Juin 1994

Sara Dezalay L'Afrique contre la cour pénale internationale ? Eléments de Sociogenèse sur les possibles de la Justice Internationale» , dans Politique Africaine, 2017 /2 numéro 146.

Gérard- François Dumont « Géopolitique et Population au Tchad » Eres 2008 pp 203-288
Michel Foucault "Introduction a l'Archéologie du savoir", Revue, les études philosophiques, 2015.
Marie Gibert « The Hissène Habré trial, a triumph for victims and civil society", South African Institute of International Affairs, May 30, 2016.
Antonio Gramci « Guerre de mouvement et guerre de position, La Fabrique Editions, 2012.
Francois Guichard, Deni de Justice, Word Press.com
Jurgen Habermas "Knowledge and human interests" Polity Press and Blackwell Publishers, 1987.
Jurgen Habermas « La Logique des sciences sociales » PUF, Paris 2005.
Pierre Hazan « Le procès Habré, un moment crucial de la justice », The Conversation, 15 Juin 2016.
Celeste Hicks « The trial of Hissène Habré. How the people of Chad brought a tyrant to justice" Zed Books, 2018.

Human Rights Watch « The Case of Hissène Habré before the Extraordinary African Chambers in Senegal », May 3, 2016.

Souare Isssaka, « Guerres civiles et coups d'état en Afrique de l'Ouest » 2007 Editions L'Harmattan, Paris.

Chris Jenks et Guidob Acquariva « Le rôle que joue la justice pénale internationale dans la promotion du respect du droit international humanitaire » dans Revue internationale de la Croix rouge volume 76, sélection française, 2014.

Fannie Lafontaine « La compétence universelle et l'Afrique : Ingérence ou complémentarité » dans Etudes Internationales vol 45 numero1, 2014.
Lucherhoff et Guillemette (Editeurs), « Méthodologie de la théorisation ancrée : Fondements, procédures, et usages, Presse de l'Université du Québec, 2012.
Anne Charlotte Martineau « La Justice Pénal internationale, l'Afrique et le refoule coloniale » Champ Pénal vol 13 2016.
Anne Charlotte Martineau « Les juridictions pénales internationale : Un nouveau modèle de justice hybride ? Dans Perspectives Internationales numéro 28 Cerdin Paris 1, Mai 2007.

Mutoy Mubiala « Chronique de droit pénal de l'Union Africaine» dans Revue Internationale de droit pénal volume 85 pages 749-758 2014.
Remy Ourdan « Une Justice Internationale à la peine » Le Monde. 4 Juin 2019.
Yves Petit « Droit International du maintien de la Paix. LGDJ 2000
Thomas Piketty « Capital et idéologie, », Editions du Seuil Septembre 2019.

Zappala Salvatore « La justice pénale internationale Montchrestien, Clef Politique, Paris 2007

Damien Scalia « Expérience de justice internationale : Perception de domination par d'anciens dominants. Revue québéquoise de droit international pages 15-33 2015
Thiery Seelinger "The Landmark Trial against dictator Hissène Habré. Serving justice in Chad, making history in Senegal Foreign Affairs, June 2016.

William Shabas « Truth commission and court working in parallels: The Siera Leone expérience in American Society of International law proceeding 2004 p 189.
François Soudan « La Cour Pénale Internationale : Quelle justice pour l'Afrique ? »
Jeune Afrique numéro 2771 du 16 au 25 Février 2014.
Christoph Sperfeldt « The Trial againt Hissène Habré: networked justice and reparations at the Extraordinary African Chambers". In the International Journal of Human Rights, vol 21, 2017.
Immanuel Wallerstein « The uncertainties of knowledge, Temple University press, 2004.
Max Weber « La Domination » Edition La Découverte, Paris, 2013.

Max Weber « Le savant et le politique », Editions Plon, Paris 2012

J.A Wlliamson « Un aperçu des Juridictions pénales internationales en Afrique » Revue Internationale de la Croix Rouge 31 3 2006.

TABLE DE MATIERES

Structures éditoriales du groupe L'Harmattan

L'Harmattan Italie
Via degli Artisti, 15
10124 Torino
harmattan.italia@gmail.com

L'Harmattan Hongrie
Kossuth l. u. 14-16.
1053 Budapest
harmattan@harmattan.hu

L'Harmattan Sénégal
10 VDN en face Mermoz
BP 45034 Dakar-Fann
senharmattan@gmail.com

L'Harmattan Cameroun
TSINGA/FECAFOOT
BP 11486 Yaoundé
inkoukam@gmail.com

L'Harmattan Burkina Faso
Achille Somé – tengnule@hotmail.fr

L'Harmattan Guinée
Almamya, rue KA 028 OKB Agency
BP 3470 Conakry
harmattanguinee@yahoo.fr

L'Harmattan RDC
185, avenue Nyangwe
Commune de Lingwala – Kinshasa
matangilamusadila@yahoo.fr

L'Harmattan Congo
67, boulevard Denis-Sassou-N'Guesso
BP 2874 Brazzaville
harmattan.congo@yahoo.fr

L'Harmattan Mali
ACI 2000 - Immeuble Mgr Jean Marie Cisse
Bureau 10
BP 145 Bamako-Mali
mali@harmattan.fr

L'Harmattan Togo
Djidjole – Lomé
Maison Amela
face EPP BATOME
ddamela@aol.com

L'Harmattan Côte d'Ivoire
Résidence Karl – Cité des Arts
Abidjan-Cocody
03 BP 1588 Abidjan
espace_harmattan.ci@hotmail.fr

Nos librairies en France

Librairie internationale
16, rue des Écoles
75005 Paris
librairie.internationale@harmattan.fr
01 40 46 79 11
www.librairieharmattan.com

Librairie des savoirs
21, rue des Écoles
75005 Paris
librairie.sh@harmattan.fr
01 46 34 13 71
www.librairieharmattansh.com

Librairie Le Lucernaire
53, rue Notre-Dame-des-Champs
75006 Paris
librairie@lucernaire.fr
01 42 22 67 13

www.ingramcontent.com/pod-product-compliance
Lightning Source LLC
LaVergne TN
LVHW011313061026
849535LV00005B/1532